Architekturführer Kopenhagen

Architekturführer Kopenhagen

Insa Reichenau / Adeline Seidel

DOM publishers

Inhaltsverzeichnis

Benutzerinformation

Alle Projekte sind nummeriert und geografisch verortet

Indre By 41

Stadtteil

Projektbezeichnung

Adresse

Projektnummer

Kartennummer

Geodaten als QR-Code

Danish Jewish Museum **003** **A**

Proviantpassagen 6

Studio Daniel Libeskind

2004

Architekt

Baujahr

Das Dänische Jüdische Museum im alten Königlichen Bootshaus dokumentiert die 400-jährige Geschichte der Juden in Dänemark. Entwurfsidee war das hebräische Wort *mitzwa*, das »Verpflichtung« oder auch »gute Tat« bedeutet: Denn »gute Taten« waren es, die die meisten der in Dänemark lebenden Juden vor dem Holocaust retteten. Libeskind transformierte die vier hebräischen Lettern in ein räumliches Gesamtgefüge. Bewusst entschied sich der Architekt dafür, das Museum in die historischen Strukturen der Königlichen Bibliothek zu integrieren. So ist ein architektonischer Dialog zwischen der Vergangenheit und

Sie lieben Design? Kopenhagen auch!

Nach wie vor gilt die skandinavische Metropole als Mekka für Architektur- und Designliebhaber. Fest in der dänischen Bautradition verankert ist auch ihr Gespür für's Detail. Die präzise Durcharbeitung macht den unverwechselbaren Charakter dänischer Architektur aus. »Von Kopf bis Fuß« – besser: vom Konzept bis zur Innenausstattung wird ein gesamtes Raumerlebnis gedacht. Dabei ermöglicht die dänische Offenheit innovative und unkonventionelle Ideen. Gerade in den vergangenen zehn Jahren haben sich zahlreiche junge Büros etablieren können und mit ihrer Experimentierfreude die Stadtkultur maßgeblich geprägt.

Viel kann das Ausland von Kopenhagen lernen: Hier werden öffentliche Räume wertgeschätzt, Stadtlandschaft wird neu definiert, Schulräume werden zukunftsweisend gestaltet und wahre Wohnwelten ermöglichen ein Leben fern von normativer Technokratie. Die Dänen haben etwas geschafft, woran viele andere Länder noch arbeiten müssen: Die Zielsetzung zur Reduzierung des CO_2-Verbrauchs ist gesetzlich festgeschrieben und Grundlage für alle neuen Bauprojekte. Diese innovative

ökologische Stadtkultur ist überall in Kopenhagen spürbar. Wo sonst kann man im Hafen baden? Oder stellt zum ersten Mal fest, dass man auch mit einem Fahrrad auf Parkplatzsuche gehen muss?
Kopenhagens Alltag und seine unterschiedlichen Quartiere bieten Vielfalt, Kontraste und Atmosphäre. Ein Streifzug quer durch die Stadt ist wie eine kleine Zeitreise: Die Entwicklungsstufen der dänischen Hauptstadt sind les- und erlebbar. Am besten sollte man sie wie ein Kopenhagener erkunden: mit dem Fahrrad, dem Fortbewegungsmittel Nummer 1. Die Stadt kalkuliert, dass bis zum Jahr 2015 die Hälfte der Bevölkerung das Fahrrad als Haupttransportmittel nutzen wird. Einige Routenvorschläge sind in diesem Architekturführer zu finden. Sie dienen als Anregung, dürfen und sollen den persönlichen Interessen angepasst werden. Genießen Sie die besondere Wasserlage Kopenhagens und »erfahren« Sie das alltägliche Leben in den großzügigen und weitläufigen Grünräumen der Stadt!

Rådhus
Christiansborg Slot – Reitbahn

Børsen

Frederiks Kirke

Christiansborg Slot – Reitbahn
Christiansborg Slotskirke
SAS Hotel

Frøsilo
Havneholmen Housing
Aller Building

Copenhagen Marriott
Havnebadet – Harbour Bath

Øresund-Verbindung
Prismen

Stadtentwicklung Kopenhagen – ein Überblick

Michael Kuss

Mittelalter

Kopenhagens erstes schriftliches Zeugnis stammt aus dem Jahr 1043: Unter dem Namen *Havn* (»Hafen«) wird eine Fischersiedlung in der Nähe des heutigen Rathauses erwähnt. 1167 übernahm Absalon, Bischof von Roskilde und Erzbischof von Lund, die Herrschaft über die Hafensiedlung und ließ zu ihrem Schutz eine Burg errichten. Diese wurde später zum Schloss ausgebaut (an dessen Stelle steht heute Schloss Christiansborg).

Die günstige Lage am Øresund, zwischen dem Bischofs- und Königssitz in Roskilde und dem damals dänischen Erzbischofssitz in Lund, machte die Siedlung zu einem bedeutenden Handelsstandort. Dies schlug sich auch in ihrem Namen nieder: *Køpmannæhafn* (»Hafen der Kaufmänner«). Im Jahr 1254 erhielt sie das Stadtrecht – zu diesem Zeitpunkt lebten hier bereits 5.000 Menschen.

Stadt und Burg wurden im 14. Jahrhundert zweimal durch die konkurrierende Hanse zerstört; doch schon 1416 wurde das wiedererstarkte Kopenhagen Königsresidenz und ab 1443 auch dänische Hauptstadt, in der sich Christian I. als erster dänischer König krönen ließ. Unter seiner Herrschaft wurde 1479 die Universität Kopenhagen gegründet, was entscheidend zum Aufstieg der Stadt zum politischen, kulturellen und wirtschaftlichen Mittelpunkt Dänemarks beitrug. Bis in das ausgehende 16. Jahrhundert sollte Kopenhagen dieselbe Ausdehnung und Struktur wie im Mittelhalter behalten – heute noch ablesbar in der Altstadt, im Bezirk Indre By.

Stadterweiterung und Ausbau zur Festungsstadt

Unter König Christian IV. (1588–1648) wurde die Stadt erstmals erweitert. Ihre Ausdehnung verdreifachte sich, um die um 1650 bereits 30.000 hier lebenden Menschen aufnehmen zu können. Der volkstümliche König ließ Kopenhagen glanzvoll ausgestalten. Im Norden der alten Stadt wurde 1606 Schloss Rosenborg als Sommerresidenz erbaut. Weiter nördlich entstanden die *Nyboder* (Reihenhäuser): Unterkünfte für die Mitglieder der Königlichen Marine und ihre Familien. Auf der Insel Amager wurde ab 1617 Christianshavn als selbstständige Stadt errichtet, jedoch schon 1674 in Kopenhagen eingemeindet.

In der Zeit des dänisch-schwedischen Kriegs 1657–1660 wurde Kopenhagen lange belagert – letztlich erfolglos. Daran schlossen sich Jahre des Wiederaufbaus und der Verbesserung der Verteidigungsanlagen an. Christians IV. Nachfolger Frederik III. (1648–1670), der die absolutistische Staatsform in Dänemark etablierte, ließ die Festung (*Kastellet*) für das stehende Heer (etwa 3.000 Mann) ausbauen. Dieses Bauwerk ist größtenteils noch heute erhalten. Darüber hinaus wurde eine Kette von Bastionen errichtet, die die nun etwa 300 Hektar

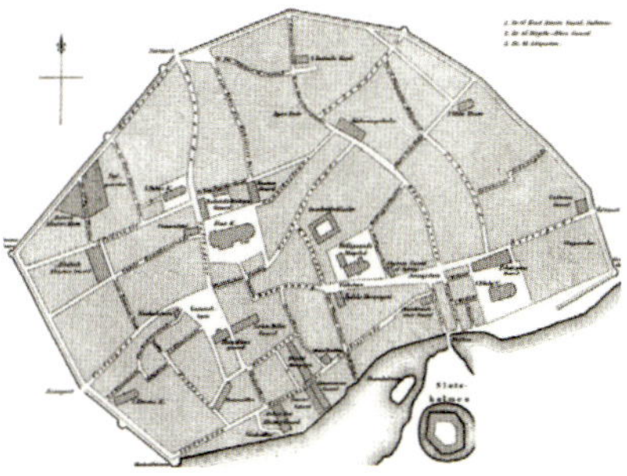

Kopenhagen um 1500

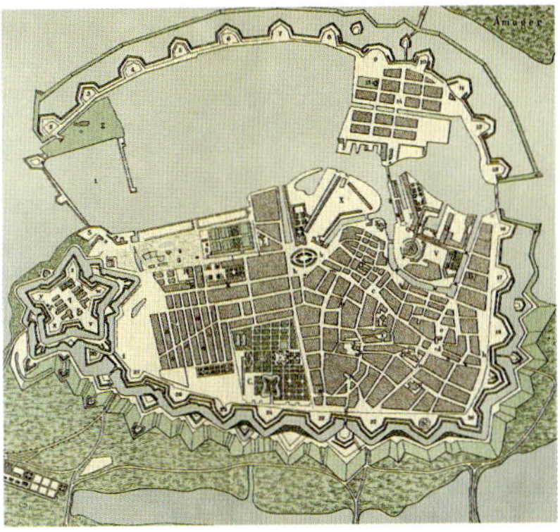

Kopenhagen 1728

große Stadt umschloss. Christian V. (1670–1699) ließ 1671 einen neuen Hafen (*Nyhavn*) anlegen, um Schiffe und Handel näher an die Stadt zu bringen. Dieser Stichkanal führte zum Neuen Königlichen Markt (*Kongens Nytorv*) am Rande der mittelalterlichen Altstadt, der 1680 als repräsentativer Platz ausgebaut wurde. Heute ist er ein wichtiger Verkehrsknotenpunkt und bildet ein Ende der Einkaufsstraße *Strøget*.

18. Jahrhundert: Krisen- und Blütezeit

Hatte sich die Bevölkerung zwischen 1660 und 1690 auf 60.000 Einwohner verdoppelt, so wuchs Kopenhagen bis 1800 verhältnismäßig moderat zur Großstadt. Dabei kam es wiederholt zu schweren Krisen: 1711 wütete fünf Monate die Pest, die rund 23.000 Menschen das Leben kostete. Darüber hinaus kam es wiederholt zu katastrophalen Bränden: Ein Feuer im Jahr 1728 zerstörte 1.700 Häuser und machte 12.000 Menschen obdachlos. 1795 fielen ein weiteres Mal große Teile Kopenhagens den Flammen zum Opfer.

Im 18. Jahrhundert entstanden aber auch die meisten der noch heute bestehenden Kopenhagener Schlösser und Großbauten. Schloss Frederiksberg wurde 1709 erweitert, bis 1722 wurde das Jagdschloss Fredensborg im Norden der Stadt errichtet. Nach dem verheerenden Brand von 1728 ließ Christian VI. (1730–1746) Schloss Christiansborg anstelle des alten Schlosses bauen. Es beherbergt heute neben dem dänischen Parlament auch das Oberste Gericht, einen Dienstsitz des Ministerpräsidenten sowie königliche Empfangsräume. Unter Frederik V. (1746–1766) entstand unter anderem das Schloss Amalienborg mit dem umgebenden barocken Palaisviertel Frederiksstaden.

Zusammenbruch und neues Wachstum

1801 und 1807 griff die englische Kriegsmarine Kopenhagen an. Dänemark war 1800 dem Neutralitätsbund Schwedens, Preußens und Russlands beigetreten, um den Auseinandersetzungen zwischen England und dem napoleonischen Frankreich aus dem Weg zu gehen, und hatte sich später einer Allianz mit England verweigert. Die Bombardements von 1807 zerstörten fast ein Drittel aller Gebäude in Kopenhagen. Der Wiederaufbau erfolgte nur sehr langsam. Darüber hinaus verlor Kopenhagen durch die Neuordnung Europas nach dem Wiener Kongress 1815 seine Bedeutung als Umschlaghafen für Nord- und Osteuropa an Hamburg.

Im Zuge der europäischen Revolutionen wurde 1849 in Dänemark die absolutistische Regierungsform durch eine konstitutionelle Monarchie mit Zweikammernparlament abgelöst. Daneben machte sich, trotz stagnierender Wirtschaft, die beginnende Industrialisierung bemerkbar: 1847 wurde die Eisenbahnlinie

zwischen Kopenhagen und Roskilde in Betrieb genommen, die Bevölkerung in der Hauptstadt wuchs insbesondere durch die Zuwanderung vom Land rasch an. Um dem zunehmenden Bevölkerungsdruck und Wohnungsmangel zu begegnen, wurde 1852 das Gesetz aufgehoben, das das Bauen außerhalb der Kopenhagener Stadtmauern untersagte. Bis dahin war Kopenhagen eine ausgeprägte Festungsstadt gewesen. Fast alle Wohnungen und wirtschaftlichen Aktivitäten hatten sich innerhalb der Umwallung konzentriert. Dies war zwar zur Verteidigung zweckdienlich, die hygienischen Verhältnisse in der dicht bebauten und überfüllten Stadt dagegen waren katastrophal. Die durchschnittliche Lebenserwartung der Kopenhagener war mehr als zehn Jahre niedriger als die der Landbevölkerung. Noch 1853 lösten diese Missstände eine Cholera-Epidemie aus.

1868 wurden die Befestigungsanlagen fast komplett geschleift und teilweise in Parks (darunter *Tivoli*, *Ørstedsparken* und *Østre Anlæg*) umgewandelt. Um die mittelalterliche Stadt herum entstanden schnell die sogenannten Brückenviertel Nørrebro, Østerbro und Vesterbro auf der Insel Sjælland. Wenig später wuchs Kopenhagen mit den umgebenden Gemeinden wie Frederiksberg zusammen.

Nachkriegsgeschichte. Der Fingerplan als Leitbild der Stadtentwicklung

1947 wurde der Fingerplan als Regionalplan für den Großraum Kopenhagen vorgestellt. Als offizielles Leitbild der Kopenhagener Stadtentwicklung ist er bis heute von Bedeutung. Der einprägsame Plan basiert auf den Ideen der städtebaulichen Moderne: Grundidee ist ein strahlenförmig vom Zentrum ausgehendes Verkehrsnetz, das insbesondere auf dem 1934 eingeführten S-Bahn-Betrieb basiert. Im Zentrum sollten Arbeitsplätze angesiedelt werden und außerhalb der Kernstadt in einem Radius von einem Kilometer um die S-Bahn-Haltestellen Wohngebiete entstehen. Die zwischen diesen fünf »Stadtfingern« befindlichen Freiräume sollten als »grüne Keile« freigehalten werden und hauptsächlich der Naherholung dienen. Dieser Versuch, die Lebensbereiche im großen Stil zu

Kopenhagen 1888

trennen und zugleich ein unkontrolliertes Außenwachstum zu vermeiden, schlug zunächst fehl: Die homogenen Wohngebiete des Fingerplans zogen eine Verlagerung von Arbeitsplätzen nach sich und drohten durch die Ausbildung neuer Kerngebiete das Konzept zu sprengen. Neue Planungen wurden entwickelt, die auf das Wachstum der Bevölkerung und speziell des Individualverkehrs reagierten. In der Folge entstand Dänemarks größtes zusammenhängendes Wohnungsbauprojekt für 150.000 Menschen in einem neuen Stadtfinger im Südwesten von Kopenhagen, dem sogenannten Koegebucht-Finger. Im Großen und Ganzen wurde aber an dem Fingerkonzept festgehalten.

Auch in den Siebzigerjahren hatte man sich (begünstigt durch die Ölkrise) darauf besonnen, die grünen Keile zwischen den Fingern von der Siedlungsentwicklung zu verschonen – trotz des enormen Bevölkerungswachstums: 1973 wohnten etwa 1,8 Millionen Menschen im Großraum Kopenhagen.

In den Achtzigerjahren hatte die Stadt mit erheblichen Strukturproblemen und hohen Arbeitsplatzverlusten zu kämpfen. Nun lag die Priorität in der Erneuerung des Bestands, vor allem der inzwischen ungenutzten Industrieareale und verarmten Gründerzeitquartiere. Ehemals vorgesehene Entlastungszentren an den Übergängen der Kernstadt in die Fingerausläufe wurden nicht realisiert. In den nachfolgenden Jahren hielt die Regionalplanung an der Grundstruktur des Fingerplans fest: Die grünen Keile blieben weiterhin tabu, wobei außerhalb des Fingerplangebiets auch neue Siedlungsstrukturen ermöglicht wurden.

Neuer Aufschwung

Seit Mitte der Neunzigerjahre entwickelt sich Kopenhagen zur Weltstadt. Dieser Wandel geht mit einem erneuten Wirtschafts- und Bevölkerungswachstum einher. Einen wesentlichen Anteil daran hat die rege Bautätigkeit, die durch die Ernennung zur Europäischen Kulturhauptstadt im Jahr 1996 angestoßen wurde. Zudem hat sich die verkehrliche Anbindung der Hauptstadtregion an das europäische Verkehrsnetz entscheidend verbessert: Seit 1998 kann der Große Belt via Tunnel und Brücke überquert werden, seit 2000 besteht durch die Öresundbrücke eine Verbindung nach Schweden. Zudem existiert seit 2002 die fahrerlos operierende Kopenhagener Metro, die seit 2007 auch den Flughafen an die dänische Hauptstadt anbindet.

Fakten:

Einwohner:	539.542
Fläche:	88,25 km²
Bevölkerungsdichte:	6.114 Einwohner/km²

(www.statistikbanken.dk, www.kk.dk)

Kopenhagen »erfahren«

Kopenhagen ist die europäische Radfahrer-Hauptstadt: Hier werden mehr als 60 Prozent aller Wege mit dem Fahrrad zurückgelegt. Damit steht Kopenhagen noch vor Amsterdam. Wenig verwunderlich also, dass das Fahrrad in der Stadt oberste Priorität hat.

Insgesamt verfügt Kopenhagen über knapp 115 Kilometer Radwege. Zur Rushhour strömen Tausende Radfahrer die Hauptverkehrsstraßen entlang – und stauen sich an den Ampeln. Mit der wachsenden Zahl an Zweirädern steht die Stadt vor ähnlichen Herausforderungen wie bei den vierrädrigen Fortbewegungsmitteln: Wo parken all diese Massen? Und wie kann die Sicherheit aller Verkehrsteilnehmer gewahrt werden? Letzteres sollen die »Grünen Fahrradwege« lösen. Sie sind eine Art Highway für Radfahrer und sollen es ermöglichen, schneller und ohne nennenswerten Kontakt mit dem Autoverkehr in einem grünen Korridor von A nach B zu gelangen. Attraktive Verbindungen von Quartier zu Quartier sollen noch mehr Menschen zum Radfahren bewegen. Dabei ersetzen sie nicht die vorhandenen Wege, sondern ergänzen diese. Darüber hinaus sind diese Grünräume auch wichtige Orte zur Erholung und für die Freizeit.

Kopenhagen erkundet man am besten mit dem Fahrrad. Die folgenden Routen sind Anregungen für mögliche Touren, die selbstverständlich individuell angepasst und verändert werden können.

Die Touren:

1. Stadt und Strand (19 Kilometer)
Amager Vest und Ørestad

2. Insel-Hopping (4 Kilometer)
Islands Brygge und Havnestaden

3. Insel-Hopping XXL (9 Kilometer)
Islands Brygge, Sluseholmen & Co.

4. Platzhirsche (8 Kilometer)
Indre Bys öffentliche Räume

5. High and Low (5 Kilometer)
Christianshavn und Holmen

6. Nordost-Passage (14 Kilometer)
Nordhavnen und Østerbro

7. Royales, Bier & Fleisch (8 Kilometer)
Tivoli, Carlsberg und Meatpacking

4
5
1
2

» START
132
133
131
130
139
138
134
136
135
137
141
142
140
150
151
154
155
153
152
156
157
149
158
159
160
147
148
162
163
165
166
167
168
161
170
169
171
172
173
174
176
175
178
177

1

Stadt und Strand

19 Kilometer/Tagestour

Diese Tour beginnt bei den Highlights in Ørestadt Nord, führt dann weiter nach Ørestadt City und Syd. Von Ørestad Syd geht es durch die heterogene Siedlungsstruktur von Amager bis zum *Kastrup Søbad* und zum Amager Strand. Wer Zeit hat, sollte dort den Nachmittag genießen. Danach geht es auf dem Prags Boulevard zurück in die Stadt.

2

Insel-Hopping

4 Kilometer/etwa 5 Stunden

Die Tour beginnt bei *The Crystal*, führt dann über *Politigården* weiter zur SEB-Hauptverwaltung mit ihrer beeindruckenden Freiraumgestaltung. Hier sollte man ruhig ein wenig verweilen. Dann geht es vorbei an den *New Danish National Archives* bis zum Wohnungsbauprojekt *Havneholmen* und über die *Bryggebroen* zum *Frøsilo*. Die Tour endet beim *Harbour Bath*, das nicht nur im Sommer ein Ort der Erholung ist.

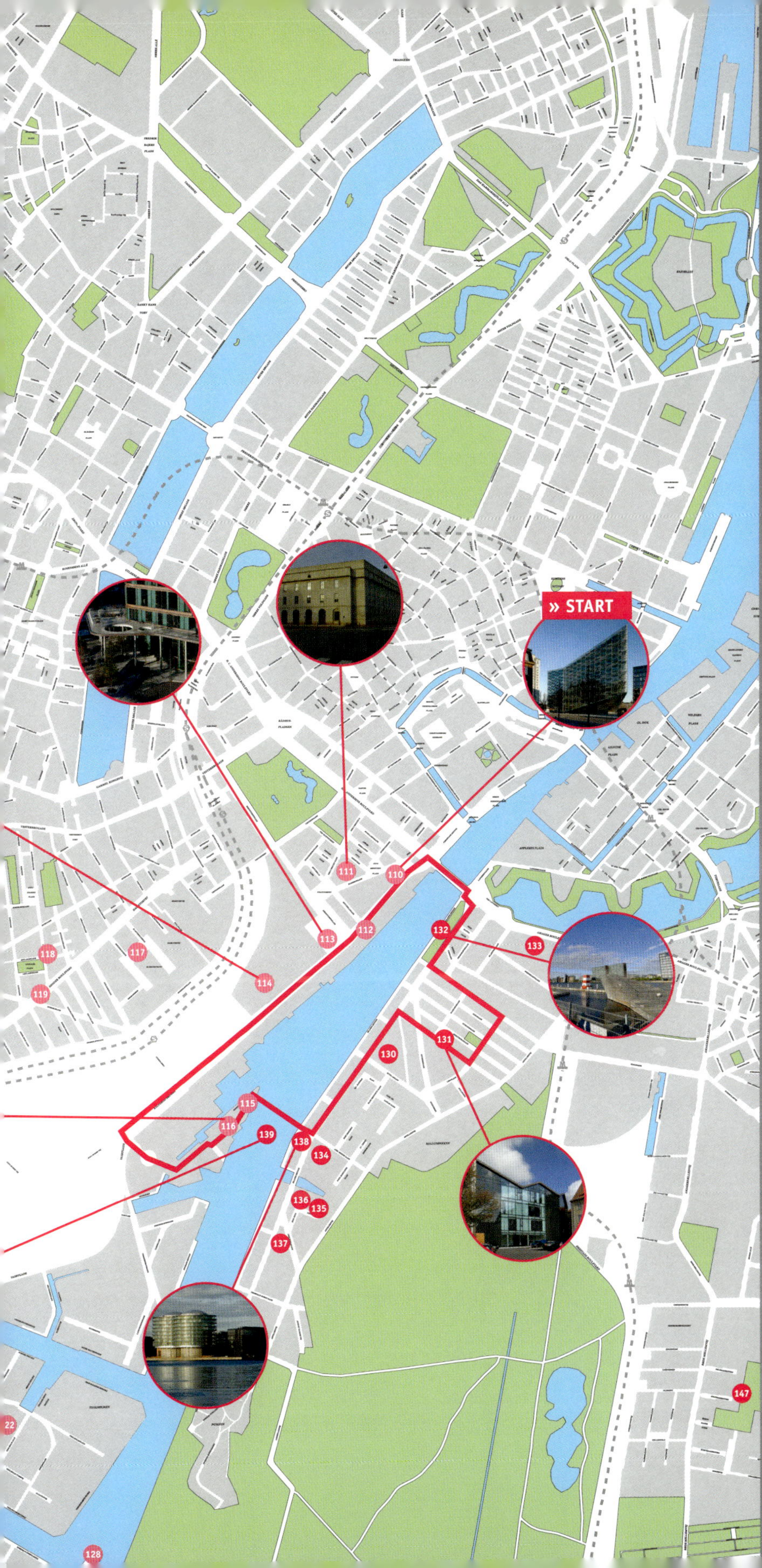
» START
110
111
112
113
114
115
116
117
118
119
128
130
131
132
133
134
135
136
137
138
139
147
22

» START
110
111
112
113
114
115
116
117
118
119
122
123
124
125
126
127
128
130
131
132
133
134
135
136
137
138
139

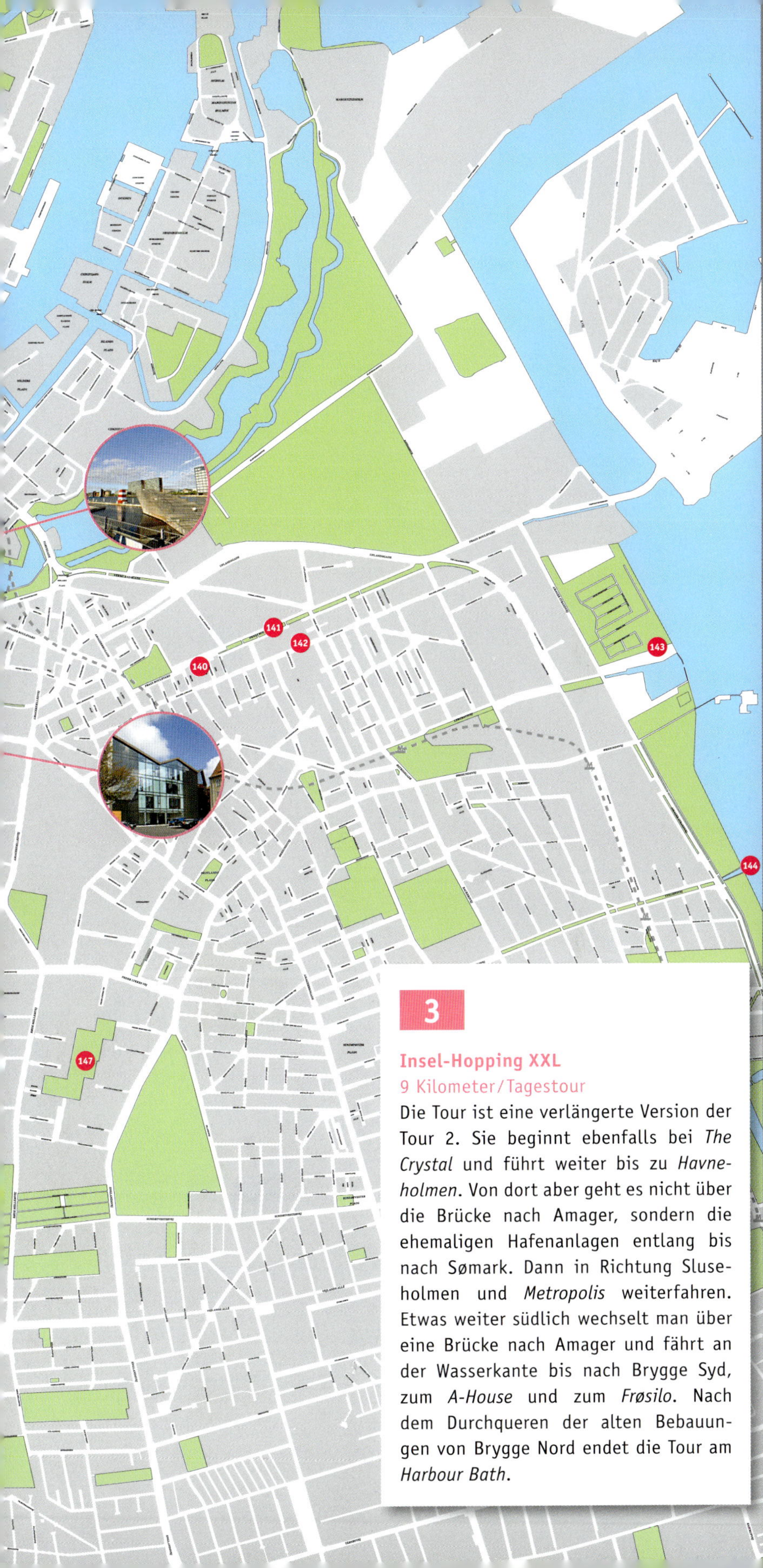

3

Insel-Hopping XXL

9 Kilometer / Tagestour

Die Tour ist eine verlängerte Version der Tour 2. Sie beginnt ebenfalls bei *The Crystal* und führt weiter bis zu *Havneholmen*. Von dort aber geht es nicht über die Brücke nach Amager, sondern die ehemaligen Hafenanlagen entlang bis nach Sømark. Dann in Richtung Sluseholmen und *Metropolis* weiterfahren. Etwas weiter südlich wechselt man über eine Brücke nach Amager und fährt an der Wasserkante bis nach Brygge Syd, zum *A-House* und zum *Frøsilo*. Nach dem Durchqueren der alten Bebauungen von Brygge Nord endet die Tour am *Harbour Bath*.

» START
001
002
003
004
005
006
007
008
009
010
011
012
013
014
015
016
017
018
019
020
021
022
023
024
025
026
027
028
029
030
031
032
033
034
035
036
037
038
039
040
041
042
043
044
045
047
048
049
050
052
053
055
056
057
058
059
060

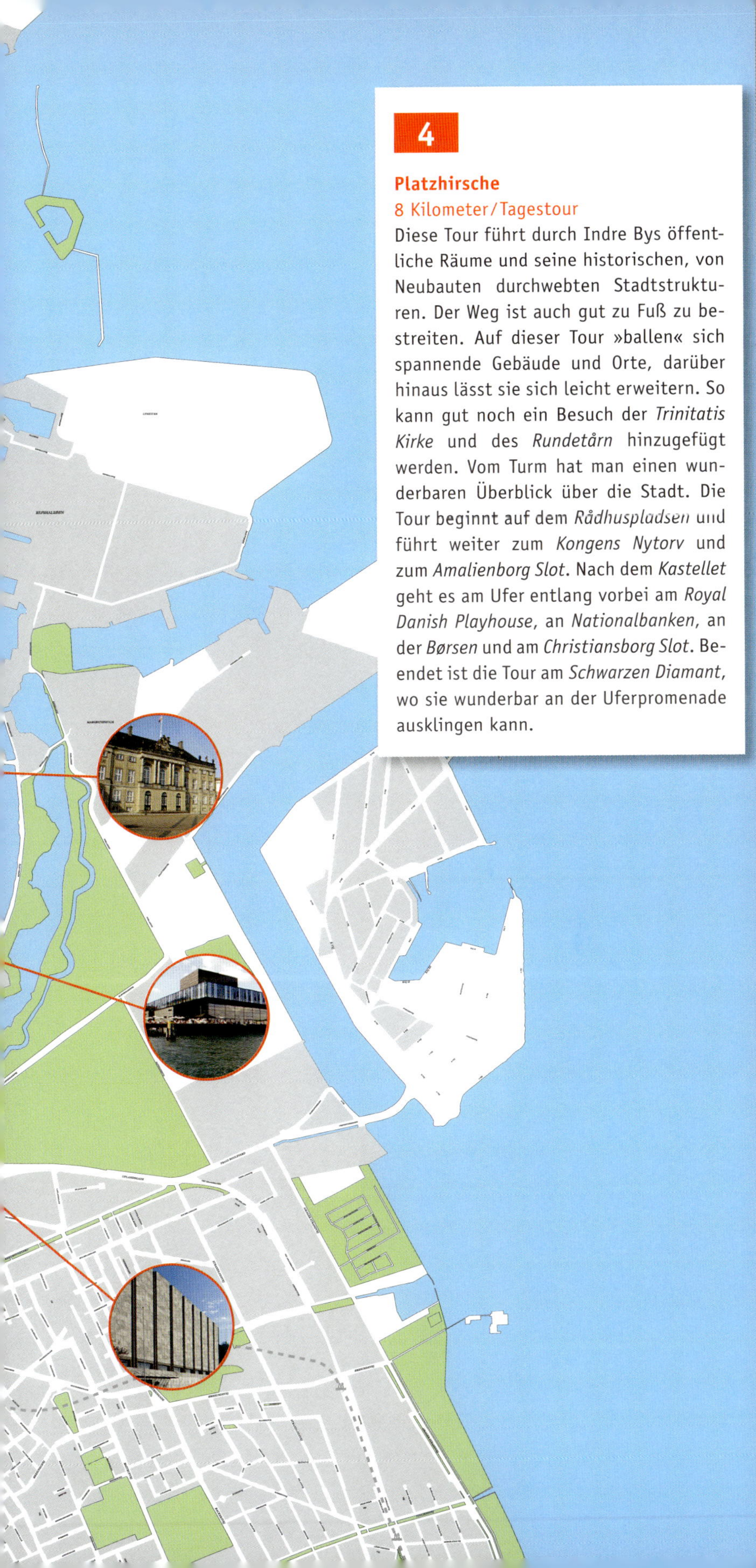

4

Platzhirsche

8 Kilometer/Tagestour

Diese Tour führt durch Indre Bys öffentliche Räume und seine historischen, von Neubauten durchwebten Stadtstrukturen. Der Weg ist auch gut zu Fuß zu bestreiten. Auf dieser Tour »ballen« sich spannende Gebäude und Orte, darüber hinaus lässt sie sich leicht erweitern. So kann gut noch ein Besuch der *Trinitatis Kirke* und des *Rundetårn* hinzugefügt werden. Vom Turm hat man einen wunderbaren Überblick über die Stadt. Die Tour beginnt auf dem *Rådhuspladsen* und führt weiter zum *Kongens Nytorv* und zum *Amalienborg Slot*. Nach dem *Kastellet* geht es am Ufer entlang vorbei am *Royal Danish Playhouse*, an *Nationalbanken*, an der *Børsen* und am *Christiansborg Slot*. Beendet ist die Tour am *Schwarzen Diamant*, wo sie wunderbar an der Uferpromenade ausklingen kann.

5

High and Low

5 Kilometer/etwa 5 Stunden

Diese Tour führt durch Christianshavn und Holmen vorbei an Hafenanlagen und historischen Gebäuden, an ehemaligen Wehranlagen und Kanälen. Begonnen wird die Tour an der *Christians Kirke* und der *Vor Frelsers Kirke*. Bei Letzterer empfiehlt es sich, den Turm zu besteigen und den Rundblick über Kopenhagen zu genießen. Später erreicht man die neue Oper, die Architekturschule und die Wohnanlage *Torpedohallen*. Zum Abschluss wird *Christiania* besucht. Hier sollte man sich ein wenig Zeit nehmen, um vom touristischen Teil im vorderen Bereich weg und weiter auf die Wehranlagen zu gehen. Dort sind spannende Bauten zu sehen, die ohne Architekten errichtet wurden.

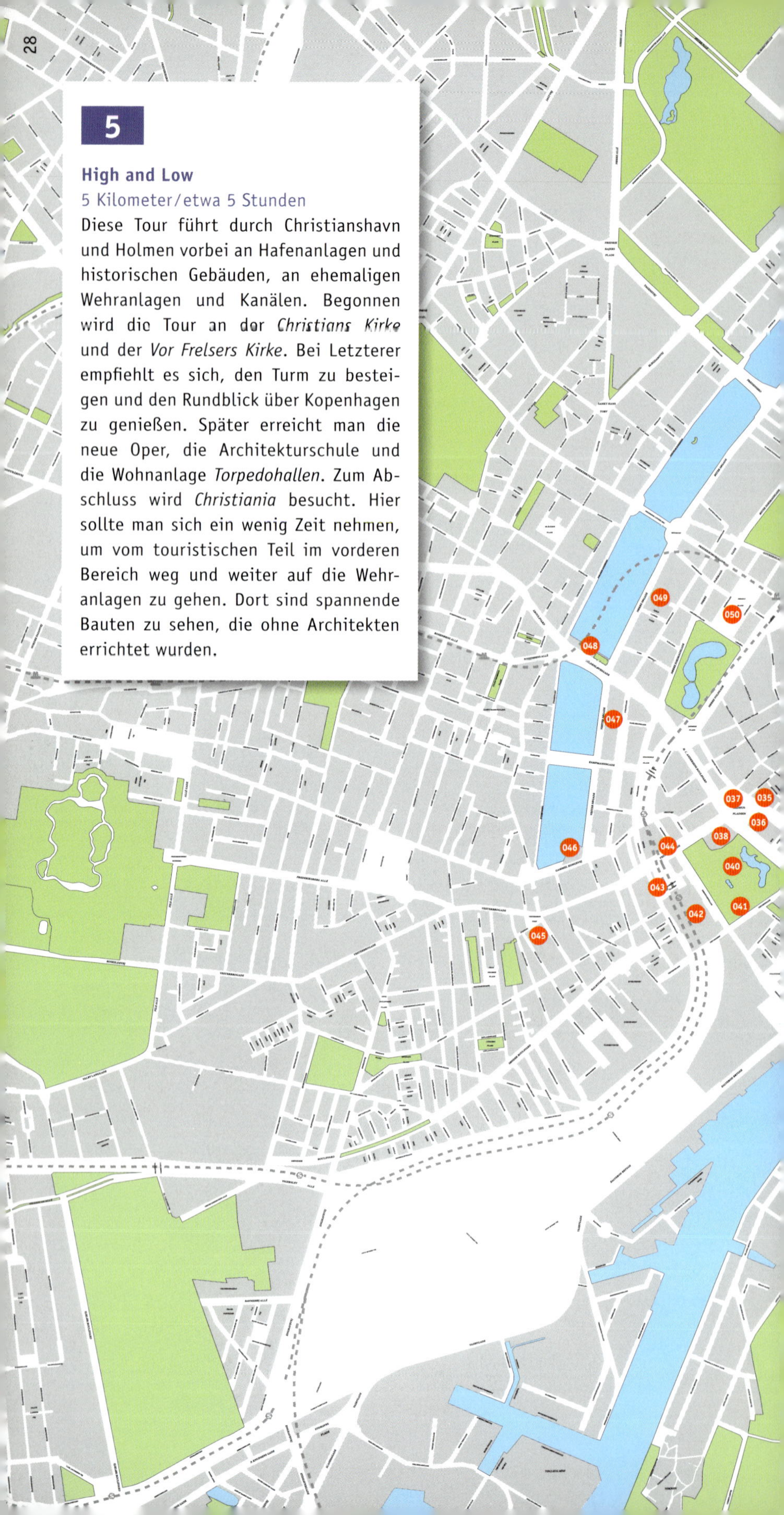

021
020
023
024
025
027
019
018
017
015
016
028
053
051
052
012
011
013
014
054
010
006
007
005
008
009
004
055
003
002
001
056
057
058
059
060
CHRISTIANIA
» START

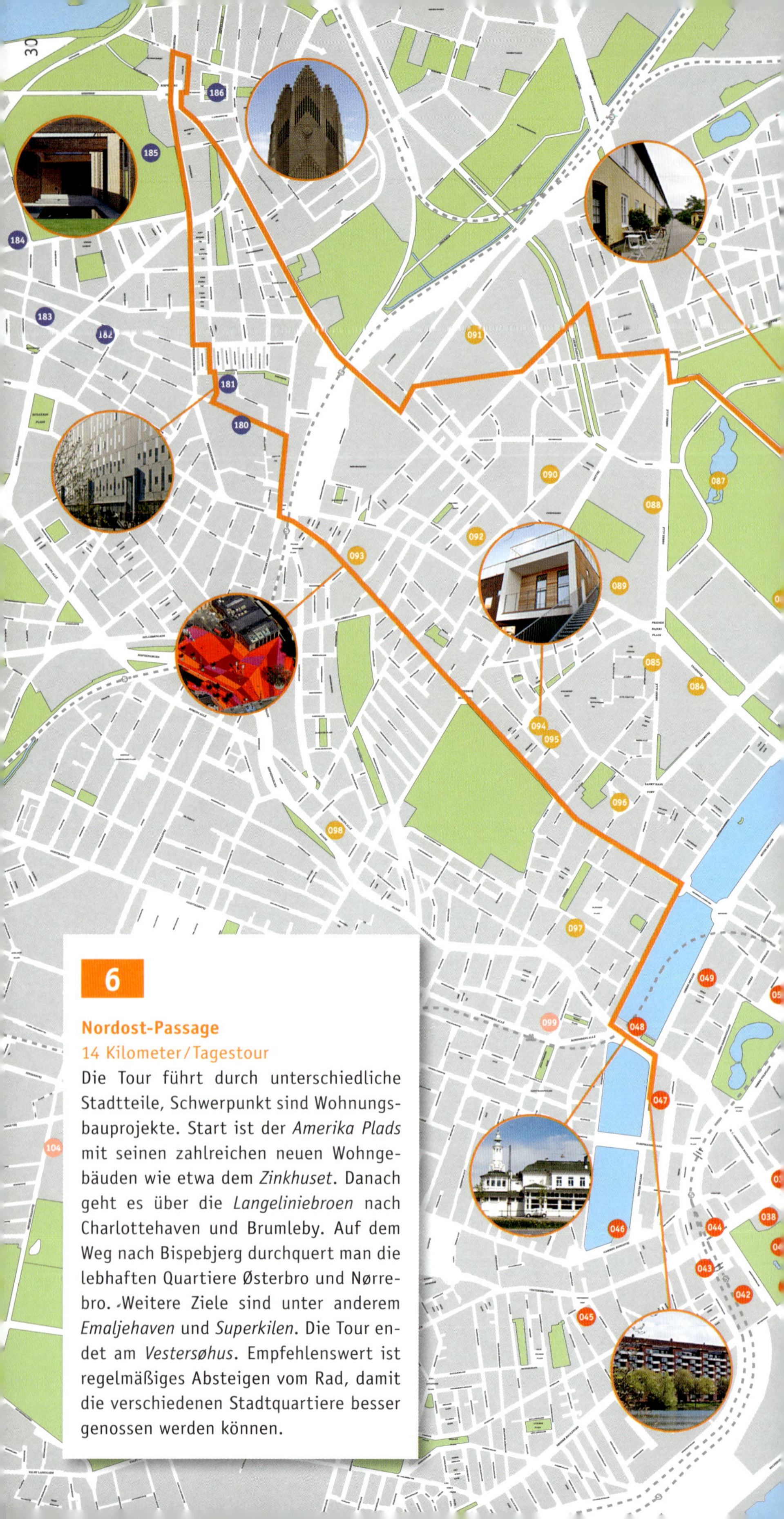

6

Nordost-Passage

14 Kilometer / Tagestour

Die Tour führt durch unterschiedliche Stadtteile, Schwerpunkt sind Wohnungsbauprojekte. Start ist der *Amerika Plads* mit seinen zahlreichen neuen Wohngebäuden wie etwa dem *Zinkhuset*. Danach geht es über die *Langeliniebroen* nach Charlottehaven und Brumleby. Auf dem Weg nach Bispebjerg durchquert man die lebhaften Quartiere Østerbro und Nørrebro. Weitere Ziele sind unter anderem *Emaljehaven* und *Superkilen*. Die Tour endet am *Vestersøhus*. Empfehlenswert ist regelmäßiges Absteigen vom Rad, damit die verschiedenen Stadtquartiere besser genossen werden können.

» START
001
002
003
004
005
006
007
008
009
010
011
012
013
014
015
016
017
018
019
020
021
022
023
024
025
026
027
028
029
030
031
034
051
052
053
054
055
056
057
058
059
060
061
062
063
064
065
066
067
068
069
070
071
072
078
079
080
081

7

Royales, Bier & Fleisch

8 Kilometer/Tagestour

Gestartet wird im *Tivoli*. Am Vormittag ist hier noch genug Ruhe, um die Anlage uneingeschränkt besichtigen zu können. Auf der belebten Vesterbrogade geht es dann in Richtung Frederiksberg. An dem von SLA neu gestalteten Platz sind unterschiedliche Wirtschaftshochschulen und das Frederiksberg-Gymnasium platziert. Für eine mittäglichen Rast empfiehlt sich das *Frederiksberg Slot* mit seinen großzügigen Parkanlagen. Wieder in Richtung Innenstadt radelnd, durchquert man das Carlsberg-Areal. Vorbei am Sønder Boulevard endet die Tour im *Meatpacking District*. Dort können zahlreiche Bars, Clubs, Galerien und Restaurants erkundet werden.

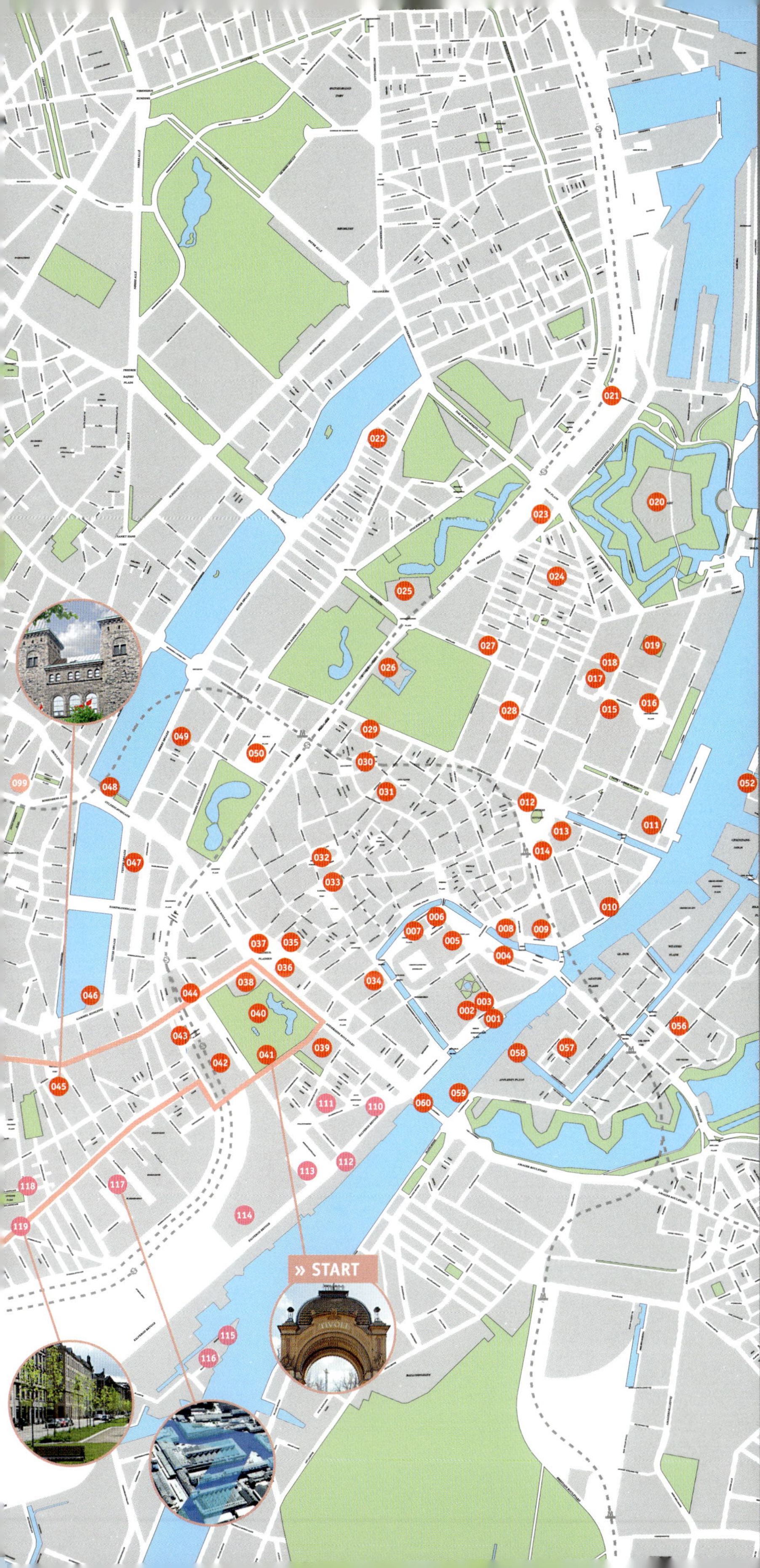
» START
TIVOLI
001
002
003
004
005
006
007
008
009
010
011
012
013
014
015
016
017
018
019
020
021
022
023
024
025
026
027
028
029
030
031
032
033
034
035
036
037
038
039
040
041
042
043
044
045
046
047
048
049
050
052
056
057
058
059
060
099
110
111
112
113
114
115
116
117
118
119

Indre By

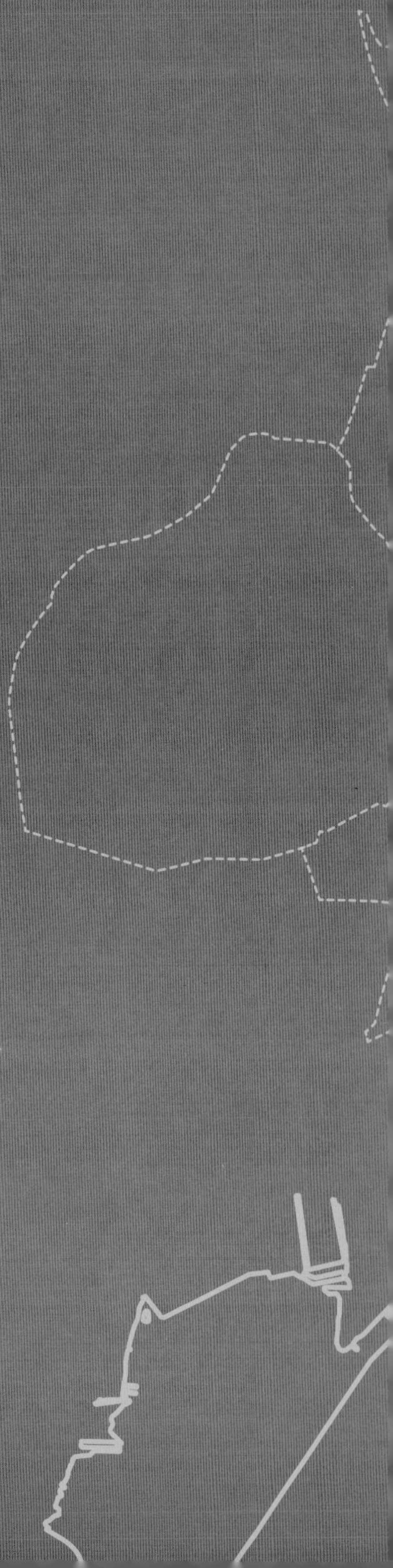

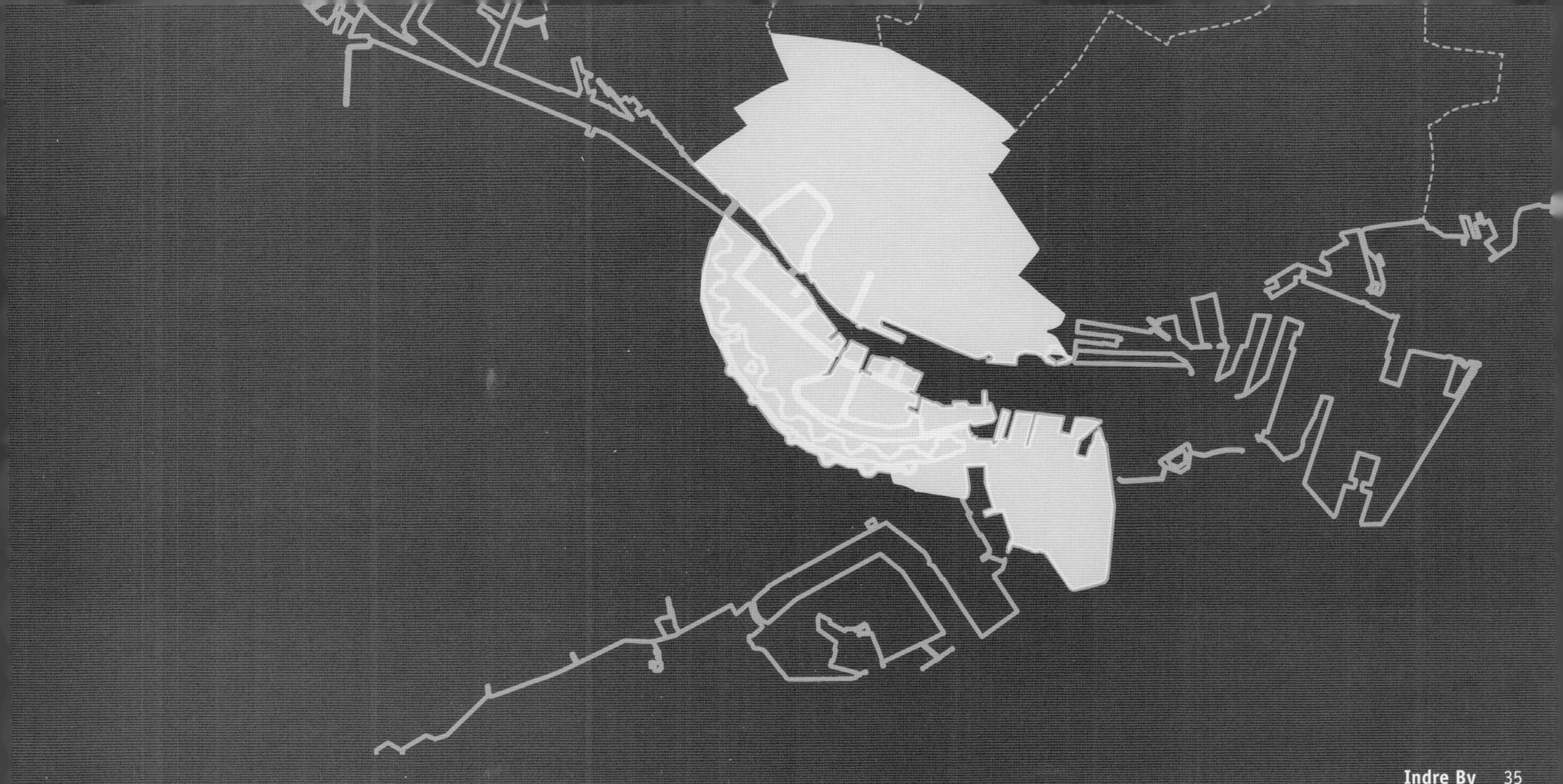

Vor Frue Kirke
Trinitatis Kirke
Thorvaldsens Museum
Christiansborg Slot – Reitbahn
Danish Jewish Museum
Det Kongelige Bibliotek

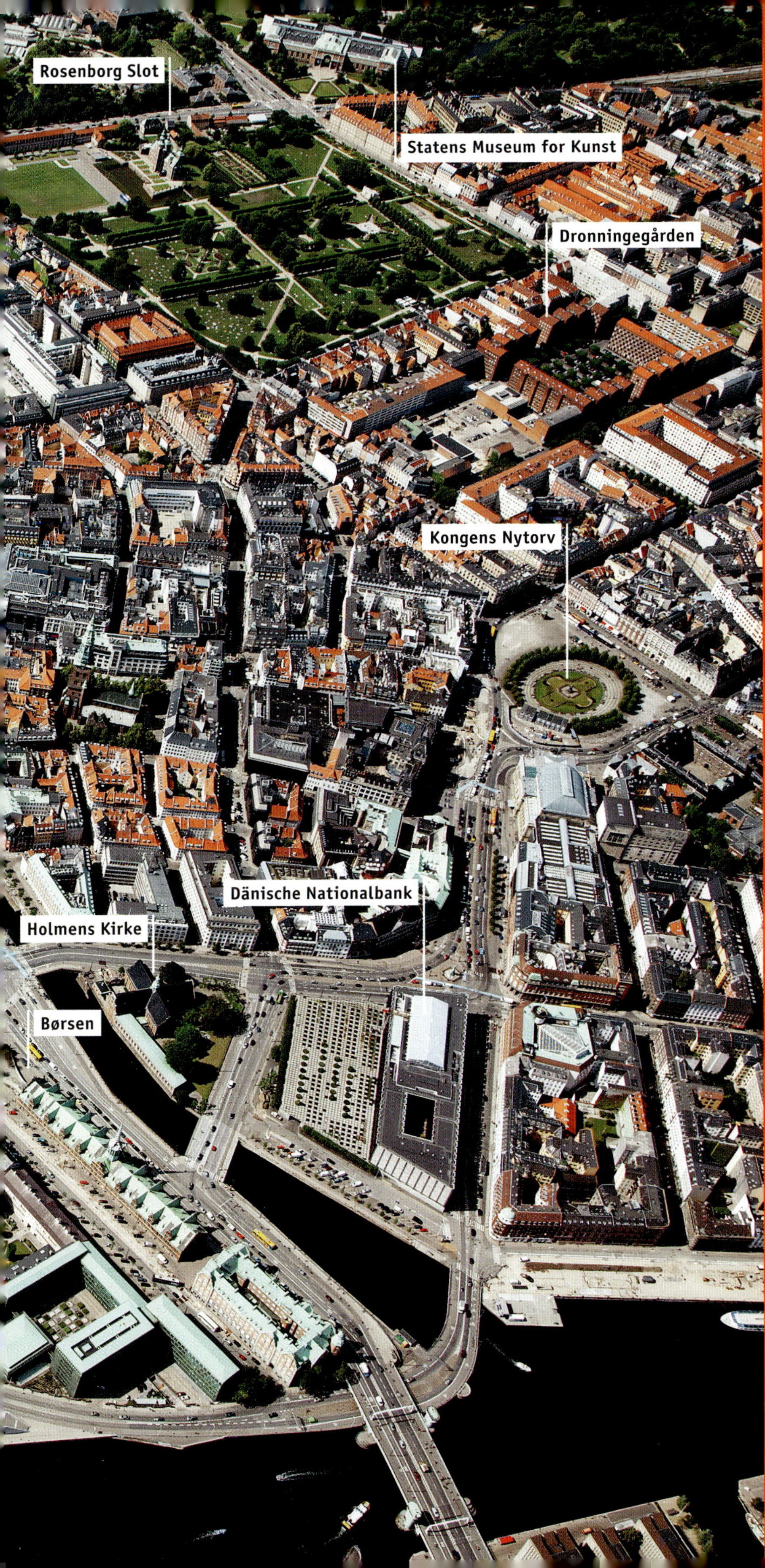
Rosenborg Slot
Statens Museum for Kunst
Dronningegården
Kongens Nytorv
Dänische Nationalbank
Holmens Kirke
Børsen

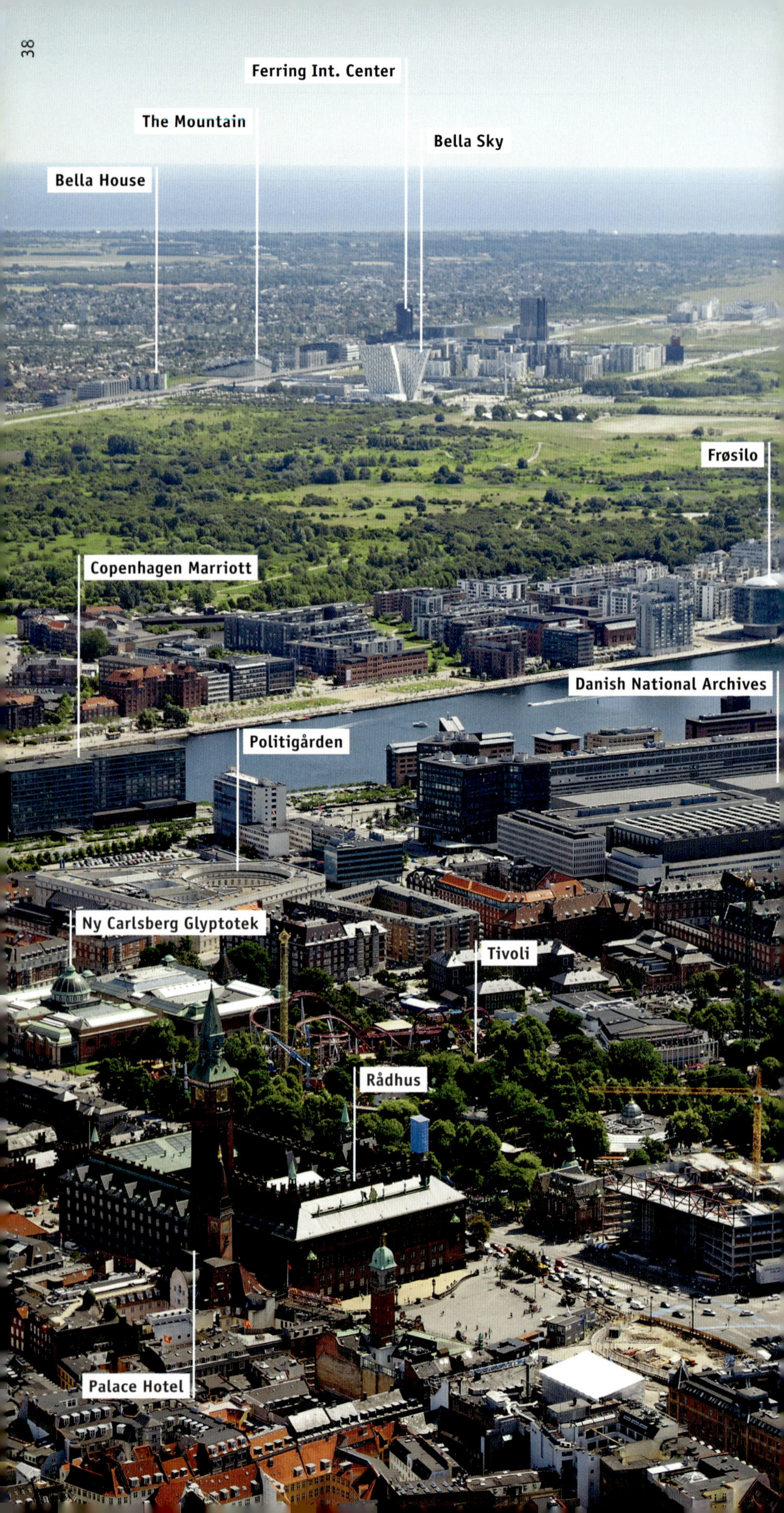
Ferring Int. Center
The Mountain
Bella Sky
Bella House
Frøsilo
Copenhagen Marriott
Danish National Archives
Politigården
Ny Carlsberg Glyptotek
Tivoli
Rådhus
Palace Hotel

Bryggebroen
Havneholmen Housing
Metropolis
SAS Hotel
Københavns Hovedbanegård
Industriens Hus

Det Kongelige Bibliotek

001 A

Søren Kierkegaards Plads 1
schmidt hammer lassen
1999

Die Dänische Königliche Bibliothek, im Jahr 1648 von Frederik III. gegründet, ist Dänemarks Nationalbibliothek. Ihr altes Gebäude hatte seine Kapazitätsgrenzen Mitte der Neunzigerjahre ausgeschöpft. Für die Erweiterung wurde ein Architekturwettbewerb ausgeschrieben. Aus ihm ging das dänische Büro schmidt hammer lassen als Sieger hervor, das den Anbau 1999 fertigstellte. Heute ist das Gebäude, aufgrund seiner schwarzen monolithischen Fassade auch *Den sorte diamant* (»Der schwarze Diamant«) genannt, eines der bedeutendsten architektonischen Wahrzeichen der Stadt. Mehr als eine bloße Erweiterung für Bücher und Medien, öffnet sich der Bau der Öffentlichkeit: Neben der Bibliothek und den sechs Lesesälen beherbergt er auch wissenschaftliche und literarische Institutionen, Ausstellungsräume, eine Buchhandlung, ein Café, ein Restaurant und eine Dachterrasse sowie einen Saal mit 600 Sitzplätzen für Konzerte, Theateraufführungen und Tagungen. Durch die Christians-Brygge-Straße in zwei Teile geschnitten, fügt sich der schmalere Teil des Anbaus direkt an das historische Bestandgebäude, das über eine Brücke im zweiten Obergeschoss mit dem Hauptteil verbunden ist. Die schwarze, in Richtung Wasser geneigte Granitfassade markiert den zentralen Eingang des Würfels. Innen wird das Motiv des Trennens und Verbindens konsequent weitergeführt: Ein 29 Meter hohes, bis zur Decke verglastes Atrium scheidet die öffentlichen Funktionen von den internen Bibliotheksnutzungen. Im Foyer verbindet eine Rolltreppe den Eingangsbereich mit dem Bestandsgebäude. Die transparente Glasfassade gewährt einen beeindruckenden Blick auf das Wasser. Der dem Würfel vorgelagerte Platz ist ein wichtiger Treffpunkt im Alltagsleben der Kopenhagener geworden: Hier begegnen sich Touristen, Studierende und Flaneure, alle den unmittelbaren Kontakt zum Wasser genießend.

Universitätsbibliothek

002 A

Søren Kierkegaards Plads 1
Johan Daniel Herholdt
1861

1482 wurde die erste Universitätsbibliothek des Landes gegründet. Ab 1657 befanden sich ihre Räumlichkeiten im Dachstuhl der *Trinitatis Kirke* mit dem *Rundetårn*. Allerdings fiel ein Großteil des Bestandes beim Großbrand von 1728 den Flammen zum Opfer. Ab 1857 wurde nach Plänen des Architekten Johan Daniel Herholdt eines neues Bibliotheksgebäude errichtet. Der längliche neogotische Bau hat einen sakralen Charakter. Von Motiven des italienischen Mittelalters geprägt, stand das Gebäude damals im Kontrast zu den strengen klassizistischen Bauten der Umgebung. Die Fenster in den Rundbögen rhythmisieren den Baukörper. Architektonisches Vorbild für die Raumaufteilung und für die künstlerische Ausgestaltung war die Kirche San Fermo Maggiore in Verona. Bei der Planung lag das Hauptaugenmerk auf dem Brandschutz: So wurde fast ausschließlich Mauerwerk und Gusseisen verwendet. Bis heute hat der Lesesaal eine ganz besondere Atmosphäre. Der zweigeschossige Mittelgang verbindet zwei Ebenen. Filigrane Stützen aus Gusseisen und Rundbögen bilden das statische System. Nahezu ehrfürchtig betritt der Besucher den Raum mit den wertvollen alten Regalen und der leichten Brüstung aus zarten Streben.

Danish Jewish Museum

003 A

Proviantpassagen 6
Studio Daniel Libeskind
2004

Das Dänische Jüdische Museum im alten Königlichen Bootshaus dokumentiert die 400-jährige Geschichte der Juden in Dänemark. Entwurfsidee war das hebräische Wort *mitzwa*, das »Verpflichtung« oder auch »gute Tat« bedeutet: Denn »gute Taten« waren es, die die meisten der in Dänemark lebenden Juden vor dem Holocaust retteten. Libeskind transformierte die vier hebräischen Lettern in ein räumliches Gesamtgefüge. Bewusst entschied sich der Architekt dafür, das Museum in die historischen Strukturen der Königlichen Bibliothek zu integrieren. So ist ein architektonischer Dialog zwischen der Vergangenheit und der Gegenwart entstanden. Das alte rotbraune Mauerwerk wird durch helle Holz- und Betonoberflächen im Innen- und Außenraum ergänzt. Der Museumseingang befindet sich im Garten der Königlichen Bibliothek. Lichtschlitze im Boden zeigen die teilweise unterirdisch liegende Funktion.

Børsen ≈ 004 A

Børsgade 1
Lorentz und Hans van Steenwinckel d. J. u. a.
1625

1619 beauftragte König Christian IV. die Errichtung des ersten Börsengebäudes. Sechs Jahre später wurde der 127 Meter lange zweigeschossige Bau fertiggestellt. Zu Beginn beherbergte er lediglich Lagerräume und eine Verkaufshalle. Das Gebäude ist maßgeblich vom Stil der Niederländischen Renaissance prägt – zu erkennen an den Giebeln und Erkern mit ihren prachtvollen Verzierungen. 1857 plante Harald Conrad Stilling das Gebäude zur Börse um. Im Zuge dieser Baumaßnahmen wurde der Börsensaal errichtet. Zwischen 1880 und 1883 bekam die Fassade eine Vorsatzschale aus schmalen roten Ziegeln. Bis ins 19. Jahrhundert wurde *Børsen* als Warenbörse genutzt, noch bis 1974 diente das Haus als Aktienbörse. Heute ist es ein Bürogebäude. Der rote Backsteinbau ist symmetrisch gegliedert. Die Mitte markiert der 56 Meter hohe, aus vier ineinander verschlungenen Drachenschwänzen bestehende Dachreiter des Bildhauers Ludwig Heidritter. Rechts und links strukturieren jeweils vier Giebel den länglichen Bau. Sockelzonen und Gesimse aus sandfarbenem Stein heben sich von der roten Fassade ab und verstärken optisch die Länge des Gebäudes.

Christiansborg Slot – Reitbahn » 005 A

Christiansborg Slotsplads
1937
(3. Schloss Christiansborg)

Schloss Christiansborg vereint die drei Staatsgewalten – Exekutive, Legislative und Judikative – des Königreichs Dänemark unter einem Dach. Darüber hinaus beherbergt es die Räume des Parlaments *Folketing* (»Volksversammlung«), das Oberste Gericht, einen Dienstsitz des Ministerpräsidenten und die königlichen Empfangsräume. Erschlossen wird das dreiflügelige Hauptgebäude von drei Portalen: Am nördlichen Flügel führt das Königinportal zu den royalen Repräsentationsräumen. Das Portal am Südflügel bildet den Eingang zum *Folketing*. Und das Königsportal am Schlossplatz wirkt zwar wie der Haupteingang – doch hier gelangt man nur zu der unterirdischen Ausstellung der mittelalterlichen Grundmauern. Christian VI. ließ das erste Schloss Christiansborg 1733–1745 von dem deutschen Architekten Elias David Häusser (1687–1745) an der Stelle der alten Burg errichten: einen vierflügeligen Rokoko-Palast mit Reitbahn, Hoftheater und Schlosskirche. Nur ein halbes Jahrhundert später, am 26. Februar 1794, brannte das Schloss jedoch mitsamt der Schlosskirche und der Königlichen Musikbibliothek aus. Das zweite Schloss Christiansborg, 1806–1828 von

Christian Frederik Hansen (1756–1845) im klassizistischen Stil erbaut, wurde ebenfalls ein Opfer der Flammen: Wie beim ersten Feuer war auch diesmal, am 3. Oktober 1884, vermutlich ein Ofenbrand die Ursache. Nur die Schlosskirche blieb verschont. Das heutige Schloss im neobarocken Stil ist das Resultat eines Architekturwettbewerbs von 1905, den der Architekt (und ab 1911 Königliche Bauinspektor) Thorvald Jørgensen (1867–1946) für sich entscheiden konnte. Schon im folgenden Jahr begannen die Bauarbeiten, die sich dann über drei Jahrzehnte hinzogen. Lange und heftig wurde der Sinn und Zweck eines erneuten Schlossbaus diskutiert. Auch musste Jørgensen einige Veränderungen in seinem Entwurf hinnehmen. Beim Prinz-Jørgen-Hof wurden die Sandsteinfassaden des klassizistischen Vorgängerbaus verarbeitet. Die für das Souterrain und das Erdgeschoss verwendeten grob behauenen Feldsteine stammen aus über 700 dänischen Kirchspielen. Sie verleihen *Christiansborg Slot* einen nahezu festungsartigen Charakter, können aber bei genauerer Betrachtung mit einem faszinierenden Farbenspiel aufwarten. Die anderen Fassadenteile sind mit Granit verkleidet, der nur wenig Ornament zulässt. Nachdem die Schlosskirche im Jahr 1992 durch einen weiteren Brand zerstört wurde, konnte sie erst 1997 nach umfangreichen Restaurierungsarbeiten wiedereröffnet werden.

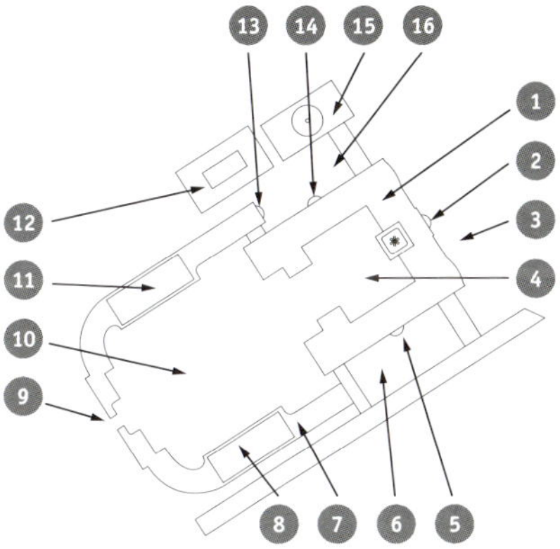

1 Schloss
2 Königsportal
3 Slotsplads
4 Indre Slotsgård (Innenhof)
5 Eingang zum Folketing
6 Rigsdagsgården
7 Theater-Museum
8 Königl. Ställe und Kutschenmuseum
9 Marmorbrücke
10 Ridebanen (Reitbahn)
11 Ridehuset
12 Thorvaldsen-Museum
13 Eingang zum Obersten Gerichtshof
14 Königinportal
15 Schlosskirche
16 Prinz-Jørgen-Hof

Christian Frederik Hansen
(1756–1845)
Christian Frederik Hansen zählt zu den einflussreichsten Architekten des klassizistischen Stils in Nordeuropa. 1756 in Kopenhagen geboren, besuchte er schon als Zehnjähriger die Königlich Dänische Kunstakademie. Seine Ausbildung als Architekt beendete er 1779. Im Jahr 1782 unternahm Hansen eine Studienreise, die ihn nach Wien und Rom führte. Seine Zeichnungen römischer Architektur wurden in der Kunstakademie in Kopenhagen ausgestellt. Neben französischen Einflüssen waren es vor allem die Erinnerungen an antike Bauten sowie an die Villen und Paläste von Andrea Palladio und Giacomo Barozzi da Vignola, die sein Schaffen bestimmten. Dies zeigt sich an Bauten wie dem Kopenhagener Rats- und Gerichtsgebäude (1805–1812), *Christiansborg Slot* (Projekte 005, 006) und der *Vor Frue Kirke* (Projekt 032). 1784 wurde Hansen Landesbaumeister für (das damals dänische) Schleswig-Holstein und Altona. Zu seinen frühen Bauten gehören auch einige Landhäuser an der Elbe. 1808 wurde Hansen auf den Architektur-Lehrstuhl der Königlichen Kunstakademie und zu ihrem Direktor sowie zum Oberbaudirektor des Königreichs Dänemark berufen.

Martin Nyrop
(1849–1921)
Martin Nyrop zählt zu den Hauptvertretern der dänischen Nationalromantik. 1849 als Sohn einer Pfarrersfamilie geboren, begann er nach einer Zimmermannslehre ein Architekturstudium an der Kopenhagener Akademie der Künste, das er 1876 erfolgreich abschloss. Danach arbeitete er zunächst als Assistent bei Hans Jørgen Holm, bevor es ihn wieder an die Akademie zog, an der er fortan als Professor lehrte. 1908 wurde Nyrop schließlich zu ihrem Direktor ernannt. Für sein sowohl von der norditalienischen Architekur als auch von der historischen Baukunst Skandinaviens inspiriertes Schaffen erhielt Nyrop zahlreiche Auszeichnungen, unter anderem den *Grand Prix* bei der Weltausstellung 1900 in Paris. Er war Mitglied der Schwedischen Akademie (ab 1901) und des *Royal Institute of British Architects* (ab 1906). Zu seinen Bauten in der dänischen Hauptstadt zählen der Gasbehälter *Østre Gasværk* (1881–1883), die *Eliaskirken* (Projekt 045), das Krankenhaus Bispebjerg (1908–1913) sowie das Rathaus und der Rathausplatz (Projekte 036, 037).

Jørn Utzon
(1918–2008)
Jørn Utzon wurde im Jahr 1918 als Sohn eines Schiffsbauingenieurs geboren. Der frühe Kontakt durch das Elternhaus mit dem Schiffsbau hatte großen Einfluss auf seine Architektentätigkeit. Seine Ausbildung schloss er 1942 an der Kunstakademie für Architektur in Kopenhagen ab. Kurz darauf ging er nach Stockholm und arbeitete bei dem bekannten schwedischen Architekten Hakon Ahlberg. Es folgten Reisen nach Europa, Mexiko, Marokko, China, Japan und in die USA sowie eine Anstellung im Büro von Alvar Aalto in Helsinki, bevor er 1946 wieder nach Dänemark zurückkehrte. Gegen Ende der Vierzigerjahre arbeitete Utzon eng mit der Gruppe PAGON (*Progressive Architects Group Oslo Norway*) zusammen, dem norwegischen Zweig der CIAM. 1950 gründete er sein eigenes Büro in Kopenhagen. Bekannt wurde Utzon durch seine Wohnungsbauprojekte. Beispielhaft hierfür sind die Gartenhofanlage *Kingo* in Helsingør (1958–1960) und die Reihenhofsiedlung in Fredensborg (1962–1963). Mit dem Bau des *Sydney Opera House* (1956–1966) erlangte Utzon internationale Berühmtheit. Es folgten Bauten im Iran, in Saudi-Arabien und Kuwait. Im Jahr 2003 wurde Utzon mit dem renommierten Pritzker-Preis für sein Lebenswerk ausgezeichnet.

Christiansborg Slotskirke ≽ 006 A

Christiansborg Slotsplads
Christian Frederik Hansen
1826

Die ursprüngliche Kirche war ein Werk des königlichen Hofbaumeisters Nicolai Eigtved, erbaut 1738–1742 im Auftrag Christians VI. Als *Christiansborg Slot* 1794 bis auf die Grundmauern niederbrannte, erlitt auch die Schlosskapelle großen Schaden. Christian Frederik Hansen verantwortete ihren Wiederaufbau im Stil des dänischen Neoklassizismus. Der 1826 eingeweihte Bau zeigt deutlich die Einflüsse seiner Italienreise. Die strenge Schlichtheit des Kircheninneren und die Kuppel mit ihren Kassetten erinnern an das Pantheon in Rom. 1992 zerstörte erneut ein Feuer die Schlosskirche. Leider waren Zeichnungen und Pläne von Hansen nicht mehr vorhanden. So erfassten zunächst Archäologen systematisch die verkohlten Überreste, bevor mit der gewaltigen Aufgabe des Wiederaufbaus begonnen werden konnte. 1997 wurde die neu errichtete Kapelle wiedereröffnet.

Thorvaldsens Museum ≼ 007 A

Bertel Thorvaldsens Plads 2
Michael Gottlieb Bindesbøll
1848

Das *Thorvaldsens Museum* im Zentrum von Kopenhagen entstand zwischen 1839 und 1848 auf Anregung des dänischen Bildhauers Bertel Thorvaldsen (1770–1844), der zu den bekanntesten Vertretern des neoklassizistischen Stils in Europa gehört. Thorvaldsen war mehr als 40 Jahre in Italien, vor allem in Rom, künstlerisch tätig gewesen, ehe er kurz vor seinem Tod nach Kopenhagen zurückkehrte. Er vermachte seine gesamte Kunstsammlung der Stadt, verbunden mit dem Wunsch, dass ein Museum dafür errichtet werden sollte. Bereits zu seinen Lebzeiten war mit den Bauarbeiten begonnen worden. Das Haus ist Dänemarks ältestes Museumsgebäude. Es gilt als Wendepunkt des skandinavischen Klassizismus. Der Bau zeichnet sich durch seine klare Struktur und die farbenfrohe Fassade mit den großen gestalteten Toröffnungen und der Siegesgöttin Victoria auf dem Dach aus. Im Inneren kann der Besucher über einen Rundgang durch die Ausstellungsräume der zwei Geschosse flanieren, entlang eines Innenhofs mit äußerst angenehmen Proportionen. Auch die Innenräume weisen eine charakteristische Farbgebung auf. Das einfallende Licht lässt auf den Wänden, Böden und Decken abwechslungsreiche Licht- und Schattenspiele entstehen.

Holmens Kirke **008** **A**

Holmens Kanal 21
Peter de Dunker
1562,
1619 (Umnutzung)

Das Gebäude der heutigen *Holmens Kirke* auf Bremerholm, errichtet vom holländischen Baumeister Peter de Dunker, diente zunächst als Ankerschmiede für das Militär. 1619 ließ es Christian IV. zu einer Kirche für die Marineangehörigen umbauen. 1705–1708 wurde das Gotteshaus durch eine Kapelle erweitert. Dadurch bekam es die heutige Form einer Kreuzkirche. Die vom Boden bis zur Decke reichende Kanzel ist die größte von Kopenhagen. Noch heute gehört die Kirche der Marine, zugleich ist sie die Hauskirche der dänischen Königsfamilie. Hier gab Margarethe II. 1967 ihrem Mann Prinz Henrik das Ja-Wort.

Nationalbanken **009** **A**

Havnegade 5
Arne Jacobsen / Dissing + Weitling
1978

1961 gewann Arne Jacobsen den ausgeschriebenen Wettbewerb für den Neubau der dänischen Nationalbank. Bis dahin hatte diese in einem im Renaissancestil gestalteten Gebäude aus dem Jahr 1870 (Architekt: Johan Daniel Herholdt) am Holmens Kanal residiert. Die Einweihung des neuen Bankhauses erlebte Jacobsen allerdings nicht mehr, er verstarb 1971. Fertiggestellt wurde die Nationalbank von Hans Dissing und Otto Weitling, zwei Mitarbeitern Jacobsens, die nach dessem Tod ein eigenes Architekturbüro gründeten. Der längliche Kubus mit den zwei Innenhöfen beherbergt eine Gelddruckerei, gesicherte

Aufbewahrungseinheiten und Büros. Die steinerne Sockelzone, die dunkle Fassade und nicht zuletzt auch seine Massivität und Größe verleihen dem Gebäude einen fast monumentalen Charakter. Das mit grauen Marmorplatten verblendete Erdgeschoss agiert als optischer Sockel. Die oberen Geschosse sind mit einer Curtain-Wall-Fassade verkleidet. Sie besteht an den Stirnseiten aus Marmorplatten und an den langen Fassadenseiten aus getönten Glasfeldern, die durch zurückliegende schwarze Stahlträger geteilt werden. Auf den schmalen Seiten wird die Fassade durch dünne, vertikal verlaufende Fensterscheiben unterbrochen – zum Kanal hin befindet sich hier auch der eher unscheinbare Haupteingang. Dieser führt über eine Sicherheitsschleuse in eine kathedralenartige, 20 Meter hohe Lobby. Sie ist im Eingangsbereich am schmalsten und verbreitert sich zur gegenüberliegenden Seite hin. Dies und die schmalen Fensterbänder, durch die nur wenig Tageslicht dringt, verstärken die fast sakrale Raumatmosphäre. Zentrales Element ist die feine Treppe aus Glas und Stahl am Ende der Lobby, die die sechs Geschosse erschließt. Auf den Betrachter wirkt es, als verschwände sie in der Decke des Gebäudes. Akzente in dem sonst homogen gehaltenen Innendesign setzen rot und orangefarben gestaltete Wandelemente von Kim Naver und die wenigen Möbel (vier Jacobsen-Sessel vom Typ *Schwan* auf einem runden Teppich). Eine Besichtigung der Innenräume ist aus Sicherheitsgründen in der Regel nicht möglich. So erhält man lediglich vom Foyer aus einen kleinen Einblick in die Räumlichkeiten und die grünen Innenhöfe.

Neugestaltung Havnegade

010 A

Havnegade, zwischen
Christian IV's Bro und Nyhavn
Stadt Kopenhagen
2012

Ab 2008 war der Abschnitt des Hafenufers zwischen Christian IV's Bro und Nyhavn durch Baustellen geprägt. Jetzt ist an dieser Stelle eine neu gestaltete Uferpromenade entstanden: Ein heller und moderner Stadtpark bildet nun die Verbindung zum Wasser. Im Bereich der Havnegade ist die Wasserstraße sehr breit. Wichtiger Bestandteil der Umgestaltung war es also, einen Weg zu finden, dem öffentlichen Uferraum einen menschlichen Maßstab zurückzugeben. Jetzt sind die Grenzen durch eine neue Bepflanzung definiert. Hohe Eichen und flache Lavendelbeete gliedern den neuen Freizeitraum am Wasser.

Det Kongelige Teater
Skuespil

Det nye Skuespilhus

011 A

Sankt Annæ Plads 36
Lundgaard & Tranberg
2008

Das Neue Königliche Schauspielhaus hat, wie viele andere Kopenhagener Kultureinrichtungen, seinen Standort am Stadthafen. Hier trifft das alte Stadtquartier *Frederiksstaden* aus dem 18. Jahrhundert auf das Wasser. Der Bau des neuen Schauspielhauses markiert diesen Bereich am Ende des Sankt Annæ Plads und ergänzt die bestehenden stadträumlichen Qualitäten. Zugleich gilt das Haus als effiziente »Theater-Maschine«. Das Gebäude selbst besteht aus drei Elementen: Die öffentlich zugängliche Holzpromenade schwebt auf dünnen Stützen über dem Wasser. Sie erschließt das Foyer, das mit einem Panoramablick auf den Hafen und die historische Skyline aufwartet. Der Bühnenbau mit Auditorium und drei (Kammerspiel-) Bühnen nimmt mit grobem Klinker und einem kupferverkleideten Turm den Materialcharakter des Hafengebiets auf. Das ausladende und alles überspannende »Dachgeschoss« schließlich beherbergt Büros und Räume für die Akteure. Es ist vollflächig verglast und lässt in alle Richtungen spektakuläre Ausblicke zu. Eine Reihe moderner technischer und klimatischer Ausstattungen sind in den Theaterbau integriert. So wird Meerwasser zur Regulierung der Temperatur im Gebäude eingesetzt, dadurch können 75 bis 80 Prozent der Energiekosten eingespart werden. Das Neue Königliche Schauspielhaus wurde mit zahlreichen Preisen ausgezeichnet, etwa mit dem *RIBA European Award 2008*.

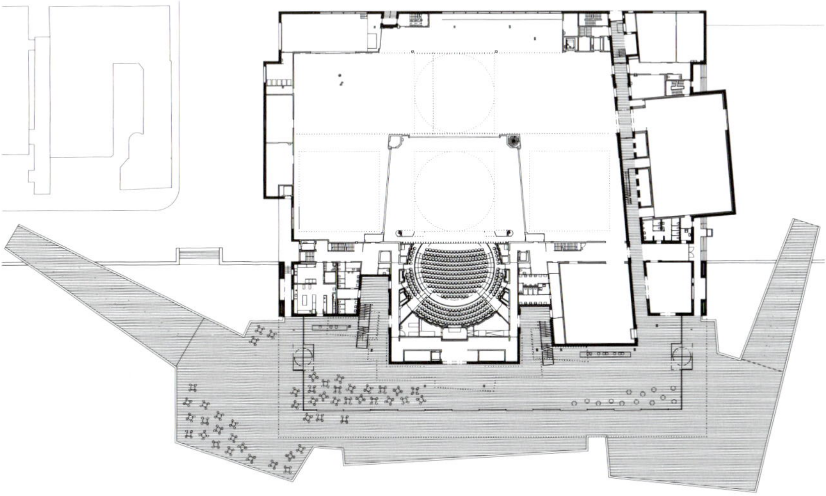

Kay Otto Fisker
(1893–1965)
Kay Otto Fisker war einer der bedeutendsten dänischen Wohnungsbauarchitekten. Nach dem Studium an der Königlich Dänischen Kunstakademie in Kopenhagen arbeitete er für verschiedene Architekturbüros der Hauptstadt. Ab 1936 lehrte er als Professor an der Königlich Dänischen Kunstakademie. Zunächst waren Fiskers Arbeiten vom Neoklassizismus geprägt. Während eines Deutschland-Aufenthalts besuchte er auch die Große Bauausstellung in Berlin (1931), was sich später prägend auf seine Architektur auswirkte: Sein neues Ideal war eine funktionale und rationale Formensprache, die sich bestehender traditioneller Elemente und Materialien bediente und diese durch neue ergänzte. Grundsätzlich verwendete Fisker nur dann neue Materialien, wenn diese den alten überlegen waren und ihr Einsatz erforderlich wurde. So sind seine Bauten von dem für Kopenhagen typischen gelben beziehungsweise roten Backstein geprägt und werden etwa gegebenenfalls durch Beton ergänzt. Darüber hinaus entwarf Fisker Möbel, kunsthandwerkliche Produkte und Typografien.

Arne Jacobsen
(1902–1971)
Arne Jacobsen gilt als Dänemarks international bedeutendster Architekt und Designer im 20. Jahrhundert. Nach einer Maurerlehre und dem Abschluss der Technischen Gesellschaftsschule studierte er 1924–1927 an der Königlich Dänischen Kunstakademie in Kopenhagen. 1929 schloss sich Jacobsen mit dem Architekt Flemming Lassen zusammen und entwickelte das »Haus der Zukunft«. Zugleich war er als Architekt im städtischen Bauamt tätig. In den folgenden Jahren kultivierte Jacobsen in zahlreichen Bauten seinen markanten funktionalistischen Stil, wie beispielsweise bei der Siedlung *Bellavista* (Projekt 197) in Klampenborg, der Tankstelle Skovshoved (Projekt 196), dem SAS Hotel (Projekt 044) und der Nationalbank (Projekt 009). 1956–1965 lehrte er als Professor an der Königlich Dänischen Kunstakademie. Jacobsen betrachtete die Architektur als »Gesamtkunstwerk« und entwarf daher auch das Interieur seiner Bauten. Die Zusammenarbeit mit dem Möbelhersteller Fritz Hansen führte zu mehreren populären Designobjekten: *Die Ameise* (1951), *Das Ei* (1957), *Der Schwan* (1957) oder *Serie 7*. Bis heute gehen die Stühle in der Hansen A/S in Produktion.

Henning Larsen
(*1925)
Henning Larsen studierte an der Architectural Association in London (1951 Abschluss). In Kopenhagen absolvierte er ein weiteres Studium an der Königlich Dänischen Kunstakademie. Nach dem Abschluss und einer darauf folgenden, durch ein Stipendium finanzierten Reise durch die USA bildete er 1956 zusammen mit Gehrdt Bornebusch, Max Brüel und Jørgen Selchau eine Bürogemeinschaft in Kopenhagen. 1959 gründete er dann sein eigenes Büro: Henning Larsen Architects. Hier sind heute 160 Angestellte aus 18 Nationen beschäftigt. Henning Larsen Architects hat viele bedeutende Projekte weltweit realisiert, darunter mehrere Bildungseinrichtungen sowie Museen, Konzertsäle und Bibliotheken. Schon ab 1970 begann Henning Larsen Architects im Nahen Osten zu arbeiten. 1980 gewann das Büro den internationalen Wettbewerb für das neue Außenministerium sowie den Wettbewerb für den neuen Masterplan eines Finanzzentrums in Riad (Saudi-Arabien). Seit 1995 lehrt Henning Larsen als Professor an der Königlich Dänischen Kunstakademie in Kopenhagen. 2012 erhielt er als erster skandinavischer Preisträger überhaupt den *Praemium Imperiale* – den »Nobelpreis der Künste« – in der Kategorie »Architektur«.

Kongens Nytorv

012 A

Kongens Nytorv
Erik Erstad-Jørgensen
ab 1680

Ende des 17. Jahrhunderts entstanden mehr und mehr repräsentative Bauten für Staat und Kirche. 1670 gab Christian V., inspiriert von den royalen Stadtplanungen in Paris, den Bau und die Gestaltung des *Kongens Nytorv* (Königlicher Neuer Markt) in Auftrag. Der Platz mit seiner ovalen Grundfläche ist an fünf Seiten von Gebäuden umgeben, wie dem Königlich Dänischen Theater (Projekt 014) oder dem *Charlottenborg Slot* (Projekt 013). Seit jeher ist der *Kongens Nytorv* der größte Platz in der Kopenhagener Innenstadt und einer ihrer wichtigsten Verkehrsknotenpunkte. Seine Lage ergab sich aus militärischen und strategischen Gründen: Von hier aus hatte man stets denselben Abstand zur Stadtmauer. 1688 wurde in seinem Zentrum eine Reiterstatue von Christian V. aufgestellt, umsäumt von einem Baumkranz. Dieser wurde jedoch 1747 auf Anweisung von Frederik V. wieder entfernt: Er wollte den Platz für Militärparaden freihalten.

Mitte des 19. Jahrhunderts wurden frei wachsende Ulmen gepflanzt, die 1908 im Zuge einer neuerlichen Umgestaltung durch den Landschaftsarchitekten Erik Erstad-Jørgensen einem Parterre aus Buchsbäumen rund um die Statue weichen mussten. Schließlich wurde 1916 der Ulmenkranz wiederhergestellt. Im Jahr 1990 erfolgte eine umfassende Neugestaltung: Der Platz wurde mit Chausseesteinen gepflastert, das Parterre neu bepflanzt und kranke Ulmen wurden ausgetauscht. 2001 ließ die Stadt den vorhandenen Baumbestand durch Linden ersetzen.

Charlottenborg Slot ≈

013 A

Nyhavn 2
Hans van Steenwinckel/
Ferdinand Meldahl, Albert Jensen
1683/1883

Direkt am *Kongens Nytorv* (Projekt 012), gesäumt von herrschaftlichen Gebäuden und dem Königlichen Theater (Projekt 014), steht Schloss Charlottenborg. Erbaut 1673–1683 nach Plänen des Baumeisters Hans van Steenwinckel, war es das erste feste Gebäude am Neuen Königlichen Markt. Seinen Namen erhielt es von Charlotte Amalie von Hessen-Kassel, der Gemahlin Christians V., die es bis zu ihrem Tod im Jahr 1714 als Witwensitz nutzte. Das dreigeschossige Stadtschloss gilt als eines der wichtigsten Gebäude des dänischen Barock. Die vierflügelige axialsymmetrische Anlage aus dunkelrotem Backstein umschließt einen Innenhof. Pilaster aus Sandstein schmücken die Eingangsfront zum *Kongens Nytorv*. Seit 1753 residiert hier die Königlich Dänische Kunstakademie. 1883 wurde rückseitig ein Ausstellungsgebäude von den Architekten Ferdinand Meldahl und Albert Jensen errichtet. In diesem Haus werden seit 2008 die Expositionen der Kunsthalle Charlottenborg, einer der wichtigsten Kunstinstitutionen in Dänemark, der Öffentlichkeit präsentiert.

Det Kongelige Teater ⌐

014 A

Kongens Nytorv 9
Vilhelm Dahlerup,
Ove Petersen
1874

Det Kongelige Teater wurde 1748 gegründet. Unter diesem Titel sind das Theater selbst, die Oper (*Den Kongelige Opera*), das Ballett (*Den Kongelige Ballet*) und das Orchester (*Det Kongelige Kapel*) zusammengefasst, die sich heute an mehreren Standorten in der Stadt befinden. Nach Plänen von Vilhelm Dahlerup und Ove Petersen wurde 1872–1874 das Gebäude am *Kongens Nytorv* errichtet. Inspiriert von Theaterbühnen in Paris und Wien, entwickelten die beiden Architekten einen monumentalen Bau. Die Fassadengestaltung ist an die italienische Renaissance angelehnt. Im Inneren gilt das Motiv »Sehen und Gesehen werden« nicht nur für die Bühne: Die öffentlichen Bereiche sind mit Stuck, Gold, Spiegeln und rotem Samt üppig dekoriert. 1983–1985 wurde der Theaterbau renoviert und umgebaut. Um die ursprüngliche Atmosphäre von Auditorium und öffentlichen Bereichen zu erhalten, wurden diese nur restauriert. Es waren jedoch größere Umbaumaßnahmen erforderlich, um die Bühne einer technischen Modernisierung zu unterziehen. Zwei neue Fassaden in Richtung

Holmens Kanal und Tordenskjoldsgade zeigen stringent und kontrastreich den Umbau. Der Annex aus dem Jahr 1931, der die Neue Bühne (*Stærekassen*, deutsch: Starenkasten) beherbergt, wurde 2001–2002 saniert. Im Zuge dieser Arbeiten wurde das im Art-déco-Stil opulent verzierte Innere restauriert und der Zuschauerraum erfuhr eine Modernisierung. Heute zeigt das Theatergebäude am *Kongens Nytorv* hauptsächlich Ballett- und kleinere Opernaufführungen.

Bernstorffs Palæ und Dehns Palæ » **015 A**

Bredgade 42, 54
Nicolai Eigtved, J. G. Rosenberg
1760, 1756

Die Achse zwischen dem Amalienborger Schlossplatz und der *Frederiks Kirke* wird auf beiden Seiten von zwei eleganten Doppelvillen, dem *Bernstorffs Palæ* und dem *Dehns Palæ*, flankiert. Bei diesen beiden Palais handelt es sich um äußerlich identische, aber spiegelbildlich ausgeführte Gebäude. Sie wurden von Nicolai Eigtved und Johann Gottfried Rosenberg erbaut für die Königlichen Hofräte Bernstoff und Dehn. *Bernstorffs Palæ* an der Bredgade 42 war 1760 bezugsfertig. Seitdem war es Residenz des Kronprinzen Ferdinand und von Prinzessin Caroline, später von König Georg I. von Griechenland sowie hernach Oberstes Gericht. 1752–1756 wurde das *Dehns Palæ* an der Bredgade 54 erbaut. Es war ebenfalls Heimat mehrerer gekrönter Häupter. Beide Gebäude sind im spätbarocken Stil errichtet. Die strenge Struktur der Palais wird durch den Wechsel der Geschosshöhen, von zwei- auf dreigeschossig, gebrochen. Reich dekoriert ist die Beletage mit ihren großen Rundbogenfenstern. Vasen und Kartuschen zieren das Mansarddach.

Amalienborg Slot

016 A

Amalienborg Slotsplads
Nicolai Eigtved
1760

In der Mitte des 18. Jahrhunderts beschloss König Frederik V. (1746–1766), Kopenhagen durch ein neues, barockes Stadtviertel nach französischem Vorbild zu erweitern. Zentrum der *Frederiksstaden* wurde ein oktogonaler, von Adelspalais umgebener Platz, dessen Sichtachse zur *Frederiks Kirke* führte. 1749 wurde der Hofbaumeister Nicolai Eigtved mit diesem Projekt betraut. Frederik V. war es durchaus bewusst, dass eine solche »Retortenplanung« mit Leben gefüllt werden musste. So bot er adeligen Familien Bauplätze direkt am Platz an. Damit die Planung Eigtveds nicht durch den persönlichen Geschmack der Bauherren verloren ging, wurde diesen 40 Jahre Steuererlass zugesichert, wenn sie sich an die Gestaltungsvorgaben hielten. Die Bauarbeiten begannen 1750. Als erstes Gebäude wurde das Palais Moltke für den Oberhofmarschall Adam Gottlob von Moltke 1754 fertiggestellt, 1757 folgte das Palais der aus Holstein stammenden Gräfin Schack. 1760 waren die Arbeiten an den Häusern des Barons Brockdorff und des Grafen Levetzau beendet. Nach dem verheerenden Brand in Schloss Christiansborg von 1794 zog die Königsfamilie ins Palais Moltke und erwarb nach und nach die übrigen Bauten hinzu. Die Adelspalais sind alle von fast gleicher Gestalt. Gruppiert um den oktogonalen Schlossplatz, bestehen sie aus einem großen quaderförmigen Mittelbau mit angewinkelten Seitenflügeln und verschiedenen Nebenbauten, wie Remisen und Wirtschaftsgebäuden. Die Fassaden sind mit kolossalen Säulen und Pilastern versehen und ganz dem dänischen Barock verpflichtet.

1 Amalienborger Schlossplatz mit Reiterstatue Frederiks V.
2 Palais Levetzau
3 Palais Brockdorff
4 Palais Schack
5 Palais Moltke
6 Amalienhaven

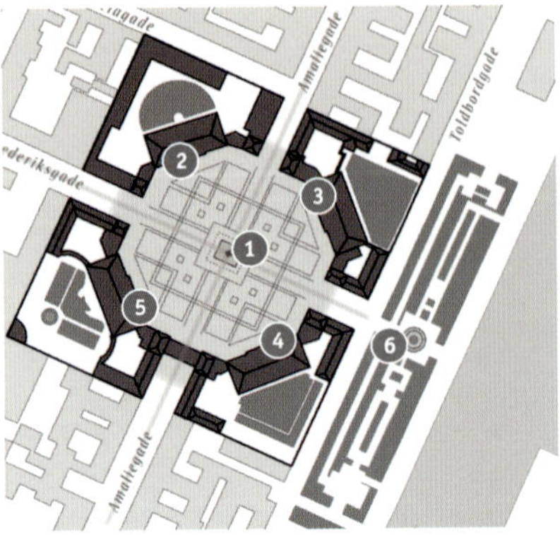

Frederiks Kirke »

017 A

Frederiksgade 4
Ferdinand Meldahl
1770, 1894

Die *Frederiks Kirke* – auch *Marmorkirken* (Marmorkirche) genannt – hat eine bewegte Baugeschichte. Eingeweiht Ende des 19. Jahrhunderts, war ihr Grundstein bereits 1749 gelegt worden. Die ehrgeizigen Baupläne von Nicolai Eigtved, und nach dessem Tod im Jahr 1754 von Nicolas-Henri Jardin, waren aber ihrer Zeit weit voraus und nicht umsetzbar. Einen nicht unwesentlichen Anteil daran hatte auch die Forderung Frederiks V., die Kirche in Marmor auszuführen. So

zierte *Frederiksstaden* über 100 Jahre eine romantische Bauruine. 1870 erwarb der Kaufmann Carl Frederik Tietgen die Kirchenruine sowie die umliegenden Grundstücke und ließ durch Ferdinand Meldahl die Kirche nach neuen Plänen fertigstellen. Bis heute ist ihre kupfergedeckte Kuppel ein imposanter und monumentaler Baustein in der Skyline von Kopenhagen. Der zylindrische Innenraum ist nur schwach von oben belichtet. Formen, Farben und symbolische Dekors erzeugen eine einzigartige, tempelähnliche Stimmung. Die Kirche und die umliegenden Gebäude, ebenfalls von Meldahl entworfen, bilden zusammen einen atmosphärischen urbanen Raum.

Østre Landsret

018 A

Bredgade 59
vermutlich Johan Conrad Ernst
1703

Das Gebäude für den mit der Funktion eines (Ober-)Landesgerichts vergleichbaren *Østre Landsret* (»Landgericht Ostdänemark«) an der Ecke Bredgade und Fredericiagade war ursprünglich als Königliches Opernhaus für Frederik IV. erbaut worden. Es wird angenommen, dass der Entwurf von dem königlichen Baumeister Johan Conrad Ernst stammt. Im Laufe der Zeit wurde der Bau unterschiedlich genutzt: Ab 1721 beherbergte das Gebäude die Kadettenschule der Königlichen Armee, nach dem Brand von Christiansborg im Jahr 1884 war es der neue Sitz des Dänischen Parlaments. Schließlich zog 1918 das Oberste Gericht ein. Der Barockbau ist streng symmetrisch aufgebaut, was durch den Dreiecksgiebel zusätzlich betont wird. Charakteristisches Merkmal des Gebäudes ist das Muster aus hellen und roten Ziegelsteinen zwischen den die Fassade rhythmisierenden Pilastern.

Designmuseum Danmark

019 A

Bredgade 68
Nicolai Eigtved, Lauritz de Thurah
1757

Dieses Gebäude beherbergt Dänemarks größtes Museum für dänisches und internationales Design. 1890 als *Det danske Kunstindustriemuseum* gegründet, öffnete es erstmals im Jahr 1895 am Hans-Christian-Andersen-Boulevard dem interessierten Publikum seine Pforten. Seit 1926 ist das heutige *Designmuseum Dänemark* im ehemaligen König-Frederik-Krankenhaus, einem der schönsten Rokokobauten von Kopenhagen, untergebracht. Unter Frederik V. in den Jahren 1752–1757 nach den Plänen von Nicolai Eigtved und Lauritz de Thurah erbaut, war dieses Hospital Dänemarks erstes Krankenhaus im modernen Sinne. In den frühen Zwanzigerjahren des 20. Jahrhunderts wurde das Gebäude renoviert und neu eingerichtet, um dem musealen Zweck gerecht zu werden. Wie die Palais in *Frederiksstaden* wird der zweigeschossige Bau durch Pilaster struktruriert, die auch den Haupteingang markieren.

Kastellet und Kastelsparken

020 A

Kastellet
Henrik Ruse
1667

Das Kopenhagener Kastell gilt mit seinen Gebäuden und Gräben als eine der am besten erhaltenen Festungen in Nordeuropa. Mit seiner Gestalt in Form eines fast regelmäßigen Fünfecks kommt es dem Idealentwurf einer militärischen

Anlage sehr nahe. Vorbild waren vermutlich die Zeichnungen und Schriften des italienischen Architekten, Mathematikers und Militäringenieurs Pietro Cataneo. 1662 beauftragte Friedrich III. den holländischen Festungsbaumeister Henrik Ruse mit der Errichtung des Kastells, die 1667 abgeschlossen war. In der Folgezeit kam es wiederholt zu Umbauten. So wurde etwa 1892 der östliche Teil der Festung an die Stadt abgetreten, die eine Straße und eine Bahntrasse durch das Kastell legen ließ. Über das *Sjaellandsporten* im Süden und über das vorgelagerte *Norgesporten* (»Norwegisches Tor«) im Norden erfolgt der Zugang. Im Inneren der Anlage befinden sich, geschützt durch fünf Bastionen und einen Wassergraben, das Kommandantenhaus, Kasernengebäude, Lagerhäuser, eine Kirche, ein Gefängnis, ein Waffenmagazin und sogar – auf der *Kongens Bastion* – eine Windmühle. Das zweigeschossige gelbe Kommandantenhaus (*Kommandantbolig*) im barocken Stil wurde 1725 von Elias David Häusser erbaut. Auch heute noch ist es die Residenz des Oberkommandierenden der Dänischen Armee. Die Reihen roter Kasernengebäude beherbergten die Unterkünfte der in der Zitadelle stationierten Soldaten. In den vier mal vier Meter großen Räumen standen jeweils zwei dreietagige Betten, ein kleiner Tisch und zwei Bänke. An die barocke Kirche aus dem Jahr 1704 schließt sich das Gefängnis an: So konnten dessen Insassen die Gottesdienste auch in ihren Zellen mitverfolgen. Das als Lager für Schwarzpulver genutzte Magazin wurde aus Sicherheitsgründen von den anderen Gebäuden entfernt platziert und tiefer in den Boden »eingegraben«. Noch heute wird die Anlage vom Militär als repräsentativer Ort für das dänische Verteidigungsministerium genutzt. Dies macht sie aber nicht zu einem schwer zugänglichen Gebiet, im Gegenteil: Als wichtiger Bestandteil der historischen Stadt sind ihre Grünanlagen öffentlicher Raum für Freizeit und Erholung.

Langeliniebroen 021 A
zwischen Østbanegade und
Folke Bernadottes Allé
Bystrup Arkitekter
2006

Wie ein sanft geschwungener Bogen legt sich die *Langeliniebroen*, eine Brücke für Fußgänger und Radfahrer, über die Gleise des Rangierbahnhofs. Sie verbindet den Wohnbezirk Østerbro (Østbanegade) mit dem nördlichen Zugang des *Kastellet* (Folke Bernadottes Allé). Als beruhigendes Element spannt die Brücke – einem schlichten Band gleich – über das wirre, aus Drähten, Masten und Gleisen bestehende Geflecht des Bahngeländes. Die sieben Meter breite Fahrbahn in warmem Rot wird von einer Stahlkonstruktion getragen. Besonders markant ist die nächtliche Neonbeleuchtung, die die Brücke in eine elegante Linie aus schimmerndem Licht verwandelt.

Bordings Friskole » 022 A
Øster Søgade 86–88
Dorte Mandrup Arkitekter
2009

Das Areal der *Bordings Friskole* (» Bordings Unabhängige Schule«) liegt direkt am Sortedams Sø, zwischen zwei sehr unterschiedlichen städtischen Bebauungen. Hier stoßen traditionelle vier- bis fünfgeschossige Blockstrukturen auf enge Straßenzüge aus Reihenhäusern. An dieser Schnittstelle positioniert sich der Erweiterungsbau der Schule. Der Baukörper besteht aus drei gegeneinander verschobenen Elementen: einem Untergeschoss mit in die Tiefe gehendem Hof, dem zweigeschossigen Gebäudevolumen und der vorgelagerten perforierten Cortenstahlfassade. Das skulpturale Gebäude beherbergt Unterrichtsräume für Musik und Kunst sowie einen Mehrzweckraum im Erdgeschoss. Dank großer

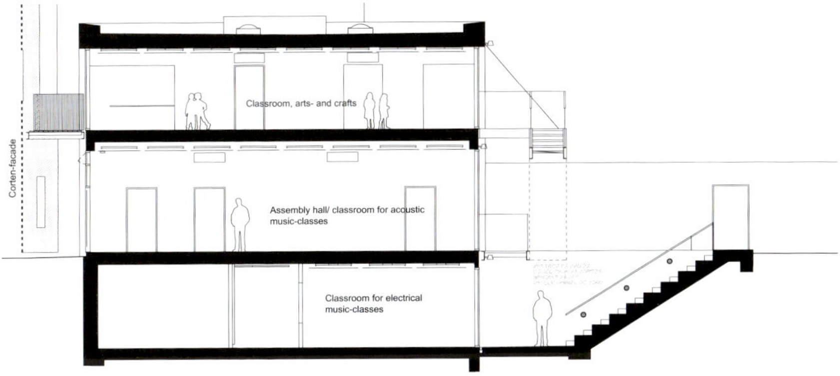

Schiebetüren und ansteigender Sitzstufen öffnet sich das Untergeschoss zum Außenraum. Großflächige Verglasungen an der Ost- und Westfassade lassen viel Tageslicht in die Innenräume. Die vorgelagerte gelochte Fassade ist Sicht- und Sonnenschutz zugleich. Das neue Gebäude ist in hohem Maß flexibel, so dass die Nutzung der Räume dem Bedarf der Schule angepasst werden kann.

Nyboder School Multiroom «

023 A

Øster Voldgade 15
BBP Arkitekter
2006

Eine moderne multifunktionale Sporthalle erweitert seit 2006 das Gelände der Grundschule Nyboder. Zwischen den bestehenden Ziegelbauten wurden die Halle und der dazugehörige Freibereich als ein Baukörper konzipiert. Die organisch gerundete Form des Hallengrundrisses spiegelt die hier integrierten Funktionen wider: Aktivitäten von Spiel bis Sport. Eine geschwungene umlaufende Hülle aus Stahlgewebe umschließt das Bauwerk. Sie dient sowohl als Umzäunung für den Ballspielbereich außen als auch als Sonnenschutz für die großflächigen Verglasungen des Hallenkörpers, die Ein- und Ausblicke zulassen. Der einheitliche rote Bodenbelag lässt die Grenzen zwischen Innen- und Außenbereich weiter verschwimmen. Die zur Mehrzweckhalle gehörenden Umkleideräume wurden im Keller untergebracht, dort sind sie direkt mit dem Hauptgebäude der Schule verbunden. Über eine Wendeltreppe gelangt man aus dem Umkleidebereich in die Halle.

Wohnbebauung Nyboder ≈

024 A

Øster Søgade 86–88
Hans van Steenwinckel d. J.,
Leonhard Blasius/
Philip de Lange
ab 1631/ab 1756

Vor allem für die Angehörigen der rasch anwachsenden Königlichen Dänischen Marine und für ihre Familien ließ König Christian IV. ab 1631 außerhalb der Stadtwälle 600 Wohneinheiten durch die Baumeister Hans van Steenwinckel d. J. und Leonhard Blasius errichten: Es entstand das Quartier *Nyboder* (»neues [kleines] Haus«). Die schon bald »überbevölkerten« Reihenhäuser wurden ab 1756 nach dem Entwurf von Philip de Lange aufgestockt. Von den ursprünglichen eingeschossigen Bauten ist nur noch eine einzige Reihe im Originalzustand erhalten geblieben. Die zur Straße hin orientierten Gebäude bieten hinter dem Haus einen privaten Garten. Bekannt sind die Reihenbauten für ihre leuchtend gelbe Farbe – auch »Nyborder-Gelb« genannt. Ursprünglich waren sie jedoch in Rot und Weiß gestaltet. Noch bis 2006 waren die Häuser ausschließlich Militärangehörigen vorbehalten.

Statens Museum for Kunst

025 A

Sølvgade 48–50
Vilhelm Dahlerup,
Georg E. W. Møller
1896

Ursprünglich war die königliche Kunstsammlung im Schloss Christiansborg untergebracht – bis zum großen Brand von 1884. Ab 1889 wurde für sie ein neues Gebäude im Stadtpark *Østre Anlæg* errichtet. Um die monumentale Wirkung zu verstärken, platzierte Vilhelm Dahlerup den Museumsbau auf einer kleinen Anhöhe im Süden der Anlage. Die Eingangsfassade ist mit Reliefs und Statuen reich verziert, der Haupteingang als ein markanter gräkoromanischer Bogen ausgeführt. Der Grundriss des Museums ist symmetrisch aufgebaut. Im Zentrum befindet sich der Eingangs- und Hauptraum mit prächtigen Treppenanlagen, rechts und links davon schließen sich große Ausstellungshallen an. Schon zu seiner Eröffnung im Jahr 1896 waren die Ausstellungsflächen des *Statens Museum for Kunst* zu klein. Doch erst 1998 wurde ein neues Gebäude ergänzt. Der helle, schlanke Bau von C. F. Møller Architects flankiert das historische Gebäude an seiner Nordseite und ist mit ihm über eine Glasfuge verbunden. Er beherbergt auf Parkniveau einen fließenden Multifunktionsraum mit großer Treppe und Sitzstufen, der auch als Auditorium genutzt werden kann. Die moderne Formensprache der Erweiterung ergänzt geschickt das Gesamtensemble und verhilft ihm darüber hinaus zu einer neuen Offenheit.

Rosenberg Slot

026 A

Øster Voldgade 4A
u. a. Hans van Steenwinckel d. J.
1634

Die Geschichte von *Rosenborg Slot* (Schloss Rosenborg) beginnt im frühen 17. Jahrhundert. 1606/1607 ließ König Christian IV. den *Kongens Have* (»Garten des Königs«) anlegen und darin auch ein zweigeschossiges Sommerhaus errichten. Aus diesem Gebäude entstand durch verschiedene Erweiterungen mit der Zeit die heutige Kubatur des Schlosses. So wurde der Bau 1613–1615 nach Norden hin verlängert. Zwischen 1616 und 1624 wurde ein drittes Geschoss aufgesetzt und man ergänzte drei verschieden hohe Türme auf beiden Seiten. Letztes Element war 1634 ein weiterer Treppenturm an der Ostfassade, hinzugefügt durch Hans van Steenwinckel d. J. Die schlanken Proportionen und der Einsatz von rotem Ziegel kombiniert mit grauen Sandsteindekorationen zeigen deutlich die Orientierung der Schlossbaumeister am Stil der Niederländischen Renaissance, der typisch ist für die dänische Architektursprache jener Zeit. Bis 1710 war *Rosenborg Slot* königliche Residenz. Ab 1833 wurde das Schloss zum Museum umgenutzt und stellt seit der Öffnung für das Publikum im Jahr 1838 unter anderem die dänischen Kronjuwelen aus.

Sølvgades Skole

027 A

Sølvgade 16
C. F. Møller Architects
2012

Die 1847 erbaute *Sølvgades Skole* gehört zu den ältesten Schulen in der Innenstadt von Kopenhagen. Das denkmalgeschützte Gebäude wurde ab 2008 saniert und durch einen sechsgeschossigen Erweiterungsbau ergänzt, der die nordöstliche Ecke des Grundstücks besetzt. Direkt an die Nachbarbebauung anschließend und das Schulgelände einfassend, vermittelt er mit seiner Kubatur zwischen den angrenzenden Häusern, die von der Klerkegade zur Kronprinsessegade hin niedriger werden. Der Schulhof ist von einer alten grünen Hecke eingefasst. Diese wird im Bereich des Neubaus durch eine bedruckte Glasbrüstung ersetzt, die auch ins Erdgeschoss integriert wurde. Zur Kronprinsessegade hin spielt das Gebäude sensibel mit einer zweischichtigen Fassade. Mühelos fügt sich der moderne Bau dadurch in sein traditionelles urbanes Umfeld ein. Auch im Inneren lebt das Haus von seiner Farbgebung und spricht so die Sprache seiner jungen Nutzer.

Dronningegården

028 A

Dronningens Tværgade 23–35
Kay Fisker, Christian Frederik Møller, Svenn Eske Kristensen
1958

Ein bemerkenswertes Beispiel des nordischen Funktionalismus ist die im Zentrum der Stadt gelegene Wohnanlage *Dronningegården*. 1939 war die Erneuerung des durch Brände (1728, 1795) und drastischen Verfall stark zerstörten Stadtquartiers entlang der Borgergade und Adelgade, in dem einige Häuser noch aus dem späten 17. und aus dem 18. Jahrhundert stammten, beschlossen worden. Sie begann mit einem der größten Enteignungsverfahren innerhalb des Stadtgebiets. *Dronningegården*, erbaut zwischen 1943 und 1958, war eines der ersten neuen Wohnprojekte. Der Komplex besteht aus vier L-förmigen neungeschossigen Gebäuden, die in ihrer Mitte einen zentralen städtischen Raum definieren. Monumentalität und zeitlose Architektursprache des Entwurfs zeigen sich im geschickten Einsatz und in der Qualität der Detaillierung. Die hohen homogenen Blöcke aus rotem Ziegelstein werden in Ost-West-Richtung durch den Richtungswechsel der Dachfirste rhythmisiert. So wechseln sich in den Ansichten Dachflächen und Giebelseiten ab. Offene Loggien und dekorative Kreuzmotive in gelbem Backstein strukturieren die Fassaden. Die Innenseiten der Loggien und die Fensterlaibungen sind im selben Material abgesetzt.

Reformert Kirke København

029 A

Gothersgade 109
Hendrik Brokhamm
1689

Auf Wunsch von Charlotte Amalie, der dem reformierten Glauben anhängenden Gemahlin Christians V., wurde die rote Backsteinkirche von dem niederländischen Bildhauer Hendrik Brokhamm errichtet. Nicht verwunderlich also, dass auch dieser Sakralbau stark vom schlichten niederländischen Barock geprägt ist. Die Fassade zur Gothersgade ist durch einen mittig platzierten Risalit gegliedert, der mit Pilastern und einem dreieckigen Ziergiebel versehen ist. 1728 wurde die Kirche bei einem Brand stark beschädigt, aber abschnittsweise wiederaufgebaut. Die damit einhergegangene Neugestaltung der Innenausstattung wird dem Bildhauer Friedrich Ehbisch zugeschrieben.

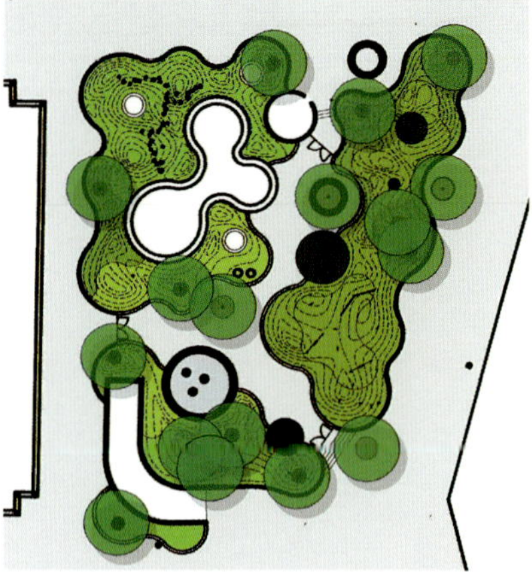

Center for Renhold

030 A

Hauser Plads 5
KBP.EU
2011

Die innovativen Arbeitsplätze der Mitarbeiter der Kopenhagener Stadtreinigung wurden im Stadtzentrum, zwischen mittelalterlichen Gebäuden, erstellt. Bisher hatte sich unter dem Hauser Plads eine Tiefgarage befunden, oberirdisch wurde und wird die Fläche als Spielplatz genutzt. Durch den Wegfall der Tiefgarage und die Kombination der Büronutzung mit dem Spielplatz obenauf wurde eine völlig neue Art von Gebäude gestaltet. Das unterirdisch liegende *Center for Renhold* beherbergt Büros, eine Küche mit Mensa sowie Ruheräume und Umkleiden mit Duschen für das Reinigungspersonal. Alle primären Funktionen sind um einen offenen Lichthof angeordnet. Das Atrium hat eine weich geschwungene Form, die die natürliche Belichtung und Belüftung im Inneren maximiert. Zugleich prägt der Hof die reinweißen Innenräume, die durch gezielt gesetzte grüne Farbtupfer belebt werden. Verschiedene Bepflanzungen und Terrassen lassen den Außenraum zum Erholungsort werden und erweitern im Sommer den Arbeitsbereich. Über die Rampe der ehemaligen Tiefgarage können Ausrüstung und Fahrzeuge der Stadtreinigung direkt vor Ort gelagert werden. Das Dach ist gekrönt von einem grasbewachsenen Hügel und von Wasserbassins, die den Kindern als neues Spielareal dienen.

Trinitatis Kirke ≈ ≈

031 A

Købmagergade 52A
Jorgen Scheffel,
Hans van Steenwinckel d. J.
1656

Auf Veranlassung von Christian IV. wurde die *Trinitatis Kirke* mit dem markanten *Rundetårn* (»Runder Turm«) im Süden ab 1637 für die Studenten der hiesigen Universität gebaut. In dem 210 Meter hohen Turm war bis 1861 das Observatorium der Universität untergebracht. Der Dachboden der Kirche beherbergte die Königliche Antiquitätensammlung und die Universitätsbibliothek. Nachdem 1728 ein Feuer die Räumlichkeiten der Bibliothek und die Inneneinrichtung der Kirche vollständig zerstört hatte, wurden diese durch eine Ausstattung in einem beeindruckenden barocken Stil ersetzt. Von außen wirkt der Sakralbau äußerst schlicht – im Stadtraum fällt vor allem der *Rundetårn* auf, nicht unbedingt die rote Ziegelfassade der Kirche. 1981–1985 restaurierten die Architekten Inger und Johannes Exner Kirche und Turm und gestalteten gemeinsam mit dem Landschaftsarchitekten Sven-Ingvar Andersson den Kirchplatz.

Vor Frue Kirke ≈

032 A

Frue Plads
Christian Frederik Hansen
1829

Die heutige Frauenkirche entstand ab 1811 auf den Ruinen mehrerer seit dem Mittelalter an diesem Standort erbauter Kirchen. Einige Vertreter der dänisch-norwegischen Monarchie ließen sich hier zum König krönen. Nachdem Kopenhagen 1807 durch die britische Armee teilweise zerstört worden war, wurde Christian Frederik Hansen mit dem Bau einer neuen Frauenkirche beauftragt. Hierfür nutzte Hansen noch vorhandene Elemente des Vorgängerbaus wie Teile der Außenwände und den Turm, denn Geld und Baumaterial waren nach dem Krieg knapp. Charakteristisch für den klassizistischen Sakralbau sind die eindrucksvollen Säulen, die schlichte Ausformung der Decke und die präzise Komposition. Unterhalb des Turms überspannt ein Säulenportal den Haupteingang. Die Eingangsfassade ist als Tempelfront mit sechs dorischen Säulen gestaltet. Das Hauptschiff misst in der Länge 60 Meter und ist 25 Meter hoch. Hansen betonte den oberen Teil des Kirchenraums und die Chorrundung durch einfallendes Tageslicht. Dieser Effekt wird durch die Farbgebung, grau im unteren Bereich und weiß darüber, zusätzlich verstärkt. Seinerzeit löste die Gestaltung heftige Proteste bei der zeitgenössischen Architektenschaft aus. Bei einer Restaurierung 1975–1979 wurden das Äußere und Innere der Kirche so weit wie möglich in den ursprünglichen Zustand zurückgeführt. In dieser bedeutenden Stadtkirche sind einige berühmte Dänen zu Grabe getragen worden, wie etwa Hans Christian Andersen im Jahr 1875. Seit 1924 hat die Kirche den Status der Kathedrale von Kopenhagen.

Torsten Stephensen
Architekt und Partner bei Vilhelm Lauritzen Arkitekter (www.vla.dk)

Was ist Ihrer Meinung nach das Besondere an Kopenhagens Architektur?
»Funktionalität zuerst« ist das unverwechselbare Charakteristikum der Kopenhagener Architektur. Der pure Nutzen und die Funktion dienten meistens als Grundlage für die Gestaltung der Gebäude – das ist für alle verständlich und auch ersichtlich. Die Architektur ist nicht ikonisch, sondern für jedermann zugänglich. Entstanden aus Respekt vor und im Kontext der direkten Umgebung.

Welchen Ort oder welches Gebäude sollte man auf keinen Fall bei einem Besuch in Kopenhagen verpassen?
Auf keinen Fall verpassen sollte man die SEB-Hauptverwaltung von Lundgaard & Tranberg direkt am Hafen und Kalvebod Wharf.

Was ist Ihr liebster Ort in Kopenhagen?
Bertel Thorvaldsens Plads. Das ist der Platz direkt neben dem Thorvaldsen-Museum.

Was würden Sie jemandem empfehlen, der nach einem typischen »Kopenhagen-Erlebnis« fragt?
Es empfiehlt sich eine Schiffstour durch den Hafen und die Kanäle, um Kopenhagen vom Wasser aus zu erleben. Entlang der Wasserkanten kann man wunderbar die alte Baukunst (Christianshavn) und die neue Architektur, wie die vom Südhafen, entdecken.

Stellings Hus ≈

033 A

Gammeltorv / Skindergade
Arne Jacobsen
1937

Stellings Hus war ursprünglich als ein Geschäftsgebäude mit Ladenlokal für A. Stelling, ein alteingesessenes Unternehmen für Mal- und Künstlerbedarf, entworfen worden. Für Jacobsen soll es eine Herausforderung gewesen sein, zwischen den historischen Häusern einen für ihn angemessenen architektonischen Ausdruck für den Neubau zu finden. Ende der Dreißigerjahre veränderte Jacobsen, von Gunnar Asplund beeinflusst, seine Architektursprache: weg von dem weißen Funktionalismus wie in *Bellavista* zu einem mehr von der Skandinavischen Moderne beeinflussten Stil. Das Haus aus Stahlbeton hat sechs Geschosse, das oberste ist ein wenig zurückgesetzt. Das Erdgeschoss und das erste Obergeschoss sind mit grün lackiertem Stahlblech verkleidet, während für die oberen Geschosse graue Fliesen verwendet wurden. Von den Zeitgenossen wurde Jacobsen für dieses Gebäude und die hier genutzten Materialen kritisiert. Auch wenn es heute weniger fremd im Kontext der historischen Umgebung erscheinen mag, wurde *Stellings Hus* doch erst 1992 unter Denkmalschutz gestellt.

Prinsens Palæ Nationalmuseum

034 A

Ny Vestergade 10
Nicolai Eigtved
1744

Das heutige Dänische Nationalmuseum wurde als Residenz für Kronprinz Frederik (später Frederik V.) erbaut. Der repräsentative Bau, eines der frühesten Rokokogebäude in Kopenhagen, wurde bis zu ihrem Umzug nach Amalienborg von der königlichen Familie als Wohnsitz genutzt. 1849 wurde das Haus dem Staat übertragen, es wurde Aufbewahrungsort der *National Collections*. 1892 eröffnete das Nationalmuseum. Das Palais besteht aus drei Flügeln, die einen Innenhof umschließen. Der mittlere Flügel ist elegant zurückversetzt. Das niedrige Portal betont die Eingangssituation zum Frederiksholm Kanal durch eine eingeschossige Galerie, die von einer Balustrade mit Vasen und Statuen gekrönt ist. Die jüngsten baulichen Änderungen erfolgten 1992 durch Gehrdt Bornebusch. Er überdeckte den Innenhof mit einem Glasdach und verwandelte ihn so in eine zentrale Lobby.

Palace Hotel »

035 A

Rådhuspladsen 57
Anton Sophus Rosen
1910

Das in direkter Nachbarschaft zu Rathaus und Hauptbahnhof gelegene *Palace Hotel* war zu seiner Erbauungszeit ein zukunftsweisendes Gebäude. Anton Rosen entwarf einen durch und durch im dänischen Jugendstil gestalteten Hotelbau von internationalem Format. Zum Rathausplatz präsentiert sich das Haus mit einer massiven Fassade, die von einem 65 Meter hohen, schlanken Turm gekrönt ist. Das Gebäude erstreckt sich um einen Innenhof durch den gesamten Häuserblock bis zur Mikkel Bryggers Gade. Hier bildet das 1923 erbaute Lichtspielhaus *Grand Teatret* mit einer weiteren Jugendstilfassade den Abschluss. Seinerzeit waren die Gemeinschaftsräume des Hotels von dezenter Eleganz und alle Zimmer individuell gestaltet. Rosen hatte alles selbst entworfen, vom Tapetenmuster bis hin zu den Möbeln und Textilien. Mit den Jahren verlor das Hotel jedoch seinen Charme – erst mit der zwischen 2003 und 2008 erfolgten behutsamen Sanierung der Interieurs wurde die alte Vielfalt der Jugendstilräume modern nachempfunden.

Rådhus

036 A

Rådhuspladsen
Martin Nyrop
1905

Gegen Ende des 19. Jahrhunderts wünschte man sich für die prosperierende, rasant anwachsende Stadt ein neues, repräsentatives Rathaus. Der letztlich realisierte Entwurf von Martin Nyrop konnte sich jedoch erst im zweiten Anlauf gegen den Konkurrenten Valdemar Koch durchsetzen. Inspiriert durch den Renaissancepalast des Rathauses im toskanischen Siena, entstand ab 1892 ein wuchtiger roter Backsteinbau mit einem 105,6 Meter hohen Glockenturm, der zugleich der höchste in Dänemark ist. Das Gebäudeensemble ist eine symmetrische Anlage, die lediglich vom Turm durchbrochen wird. Über der Eingangstür empfängt den Besucher die vergoldete Statue von Bischof Absalon, dem Stadtgründer. Die Figuren auf dem Dach verkörpern Nachtwächter verschiedener Generationen, Fallrohre sind mit dem Stadtwappen verziert und Eisbären auf dem Dachfirst stellen das nordische Pendant zum italienischen Renaissanceschmuck dar. Im Foyer befindet sich die berühmte, von Jens Olsen konzipierte Weltuhr. Aus zwölf Laufwerken bestehend, zeigt sie alle Uhrzeiten der Welt sowie den Sonnen- und Sternenverlauf seit 1955 präzise an. Im Inneren gibt es zwei Höfe: einen offenen Hof, um den die Büros der Verwaltung gruppiert sind, und einen geschlossenen Hof mit Glasdach. Über Letzteren gelangt man zum Festsaal, zum Besprechungsraum der Bürgervertretung und zum Standesamt. Das Kopenhagener Rathaus, eingeweiht am 12. September 1905, gilt als ein Monument der nationalromantischen Strömung. Von Martin Nyrop als ein »Haus für das Volk« konzipiert, zeugt es vom zeitgenössischen Systemwechsel hin zur Demokratie.

Rådhuspladsen

037 A

Rådhuspladsen
Martin Nyrop
1905

Von dem vor dem Kopenhagener Rathaus gelegenen Rathausplatz führt eine direkte Verbindung über die Fußgängerzone *Strøget* (»Strich«) hin zum *Kongens Nytorv* (Projekt 012), dem zweiten großen Platz in der Innenstadt. Flankiert wird

der Platz von den zwei großen Straßen H.C. Andersens Boulevard und Vester Voldgade; sie passieren das Rathaus an dessen Nordost- beziehungsweise Südwestseite. Das *Palace Hotel* (Projekt 035) und das *Industriens Hus* (Projekt 038) bilden den räumlichen Abschluss des Platzes. Die symmetrische Konfiguration des *Rådhuspladsen* ist von seinem Pendant in Siena inspiriert. Der Turm des Rathauses, der höchste der Stadt, steht asymmetrisch zum Platz. Im Zuge einer Neugestaltung im Jahr 1996 wurde der Platz mit poliertem Granit gepflastert. Seine Oberfläche wölbt sich wie eine Schüssel nach innen – ebenfalls eine Anleihe aus Siena. Ein Bus-Terminal schließt den Platz an der Nordwestseite ab.

Industriens Hus ⌃ 038 A

Vesterbrogade / H.C. Andersens Boulevard
Erik Møller / Transform
1979 / 2013 (Erweiterung)

Das direkt am *Rådhuspladsen* stehende *Industriens Hus* – das »Haus der dänischen Industrie« – ist Heimat des Arbeitgeberverbandes *Dansk Industri*. Markenzeichen des mit einem Kupferdach gedeckten Gebäudes war lange Zeit die geschlossen wirkende mokkafarbene Ziegelfassade mit den vielen bunten Leuchtreklamen, die für verschiedene Unternehmen warben. Derzeit wird das Haus saniert und zu einem modernen Büro- und Einzelhandelskomplex ausgebaut. Der Bestandsbau ist komplett entkernt und um weitere Geschosse und Gebäudeteile ergänzt worden. In Richtung *Rådhuspladsen* und H.C. Andersens Boulevard erhält das Gebäude ein neues Gesicht: Geplant ist eine zweischalige Glasfassade mit markantem Rautenmuster. Neues Herzstück des künftig 50.000 Quadratmeter fassenden Komplexes wird ein 55 Meter langes, 18 Meter breites und bis zu 26 Meter hohes Atrium sein. Es soll als visueller und räumlicher Orientierungspunkt dienen. Ein sechsgeschossiges Foyer empfängt die Besucher und Nutzer vom Rathausplatz aus und schafft einen fließenden Übergang zwischen Platz und Gebäude. Die ehemals abgeschlossenen Arkadengeschäfte werden dann, hell und offen, dem *Rådhuspladsen* zugewandt sein. Als eine Reminiszenz an die historischen Leuchtreklamen erhält die neue Glasfassade ein multifunktionales System aus LED-Leuchten.

Ny Carlsberg Glyptotek 039 A

Dantes Plads 7

Vilhelm Dahlerup / Hack Kampmann / Henning Larsen

1897 / 1906 / 1996

Am H. C. Andersens Boulevard, zwischen dem südlichen Ende des *Tivoli* und der *Langebro*, befindet sich die *Ny Carlsberg Glyptotek*. Begründet wurde das Museum von Carl Jacobsen, dem Besitzer der Carlsberg-Brauerei. Er stiftete 1888 die gesamte Kollektion seines Vaters Jacob C. Jacobsen, der einer der größten skandinavischen Kunstsammler war, der dänischen Nation. Vilhelm Dahlerup entwarf das erste Gebäude im historistischen Stil, das 1897 eröffnet wurde. Wie ein prächtiger venezianischer Palast wirkt die Eingangsfassade des dreiflügeligen Baus. Rotes Mauerwerk bildet den Hintergrund für die dekorativen polierten Granitsäulen. Das Innere besticht durch seine reiche Ausstattung: bemalte Decken, Friese und Wandreliefs, Mosaikböden und Marmorsäulen. 1906 fügte Hack Kampmann im Südwesten einen vierflügeligen neoklassizistischen Bau an und platzierte mittig einen Wintergarten mit Glaskuppel. Eine weitere Ergänzung erfolgte 1996 durch Henning Larsen. Die Sammlung der Glyptothek umfasst über 10.000 Kunstwerke: sowohl antike als auch moderne Skulpturen sowie Gemälde des dänischen und französischen Impressionismus und Postimpressionismus.

Tivoli » 040 A

Vesterbrogade 3

Verschiedene

1843

Das *Tivoli* ist einer der ältesten Freizeit- und Erholungsparks weltweit. Die Anlage liegt zentral zwischen Bahnhof und Rathaus. 1843 hatte Christian VIII. das ehemalige Militärareal, damals noch außerhalb der Stadtbefestigung befindlich, dem Offizier und Unternehmer Georg Carstensen zur Pacht überlassen, der dort im selben Jahr einen Vergnügungspark nach Londoner Vorbild eröffnete.

Sein Vorhaben soll Carstensen dem Monarchen folgendermaßen begründet haben: »Wenn die Menschen sich amüsieren können, dann denken sie nicht zu viel über Politik nach.« Der besondere Charme des *Tivoli* ist seine Mixtur aus Kirmes, Landschaftspark, Gastronomie und Kulturstätte, und das alles auf etwa 80.000 Quadratmetern. Fahrgeschäfte sind hier ebenso vorzufinden wie detailliert gestaltete Springbrunnen und angelegte Blumenbeete. Die einzelnen Gebäude sind klischeehafte Zitate aus den exotischen Ländern dieser Welt. Drei Freilichtbühnen, ein Kinder- und Pantomimentheater, ein chinesisches Pfauentheater, ein Kabarett und ein Konzertsaal ziehen jährlich etwa vier Millionen Besucher an. Das *Tivoli* ist ein Exportschlager: Es stand Pate für Disneyland in den USA und die Beleuchtung seiner Bauten und Bäume war Vorbild für die *Tivoli Lights*, die zur Weihnachtszeit New Yorks Park Avenue erstrahlen lassen. 1997 wurde in Kurashiki (Japan) sogar eine Kopie des Vergnügungsparks gebaut.

TIVOLI
TIVOLI
TIVOLI
TIVOLI

041 A

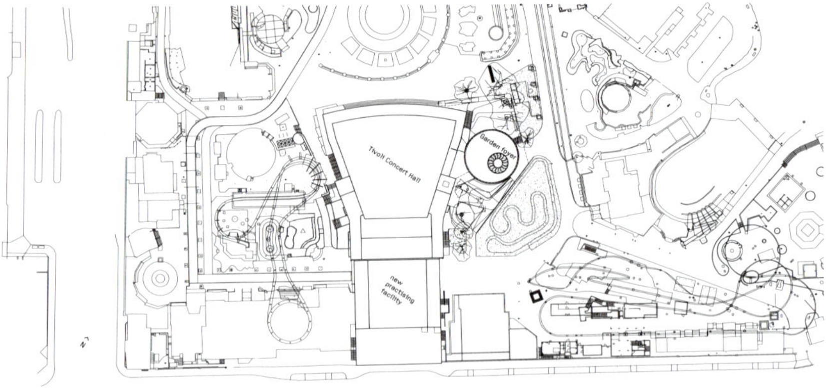

Tivoli Concert Hall 041 A

Vesterbrogade 3
Hans Hansen, Frits Schlegel/ 3XN architects
1956/2005

Bei ihrer Errichtung im Jahr 1956 war die *Tivoli Concert Hall* Skandinaviens größte und modernste Konzerthalle. 1.660 Menschen fanden hier einen Platz. Mit der 2005 erfolgten umfangreichen Modernisierung und Erweiterung sollte der Bau wieder diesen Attributen nahekommen, ohne dabei jedoch seinen besonderen Charme zu verlieren. Ergänzt wurde ein runder Eingangspavillon mit Foyer, Lounge, einer zweigeschossigen Bar und einem Café im Freien. Hell und transparent, reflektiert er mit seiner Fassade aus verdrehten, weiß lackierten Aluminium-»Saiten« tagsüber die Sonne sowie nachts die vielen Lichter des *Tivoli*. Die sogenannte Regenbogen-Halle im Keller unter dem Konzertsaal wurde zum Empfangsbereich mit Garderobe und Toiletten umgebaut. Ein 30 Meter langes Aquarium, das größte Meerwasseraquarium Europas, ist spektakuläre Attraktion und zugleich Lichtquelle dieser Lobby. Um den Konzertsaal besser an die Gärten des *Tivoli* anzubinden, ist er ausschließlich über den Park erreichbar.

Københavns Hovedbanegård 042 A
Bernstorffsgade 16–22
Heinrich Wenck
1911

1847 wurde Kopenhagens erster Bahnhof an diesem Ort, damals noch außerhalb der Stadtmauern gelegen, errichtet. Die hölzerne Station wurde 1864 durch ein Gebäude von Johan Daniel Herholdt ersetzt, das 40 Jahre später dem Entwurf von Heinrich Wenck weichen musste. Dieser dritte Hauptbahnhof wurde im Dezember 1911 feierlich eröffnet. Charakteristisch für Wencks Bau ist die Backsteinfassade mit den filigranen Details auf der Steinoberfläche und dem markanten schwarzen Schieferdach. Im Inneren zeigt sich der funktionale Anspruch des Architekten: Ursprünglich war die Wartehalle mit ihrer beeindruckenden Holzkonstruktion deutlich in Ankunfts- und Abfahrtsbereiche unterteilt. Von der Halle gelangt der Reisende noch heute direkt zu den Gleisen. Da die Züge unterirdisch über den Bahnhofsplatz in einen Tunnel Richtung Norden geleitet werden, entsteht der Eindruck, es handele sich um einen Kopfbahnhof. 1978 wurde die Wartehalle vom Architekturbüro Dissing + Weitling modernisiert. Die umfangreichste Renovierung erfolgte 2004–2008 durch PLH Arkitekter.

Hotel Astoria 043 A
Banegårdspladsen 4
Ole Falkentorp
1935

Das Hotel *Astoria* ist ein schönes Beispiel für die funktionalistische Architektur in Dänemark. Das schlanke Gebäude steht direkt gegenüber dem Hauptbahnhof. Von der Dänischen Staatsbahn in Auftrag gegeben, wurde es als Kopenhagens erstes Luxushotel 1934–1935 realisiert. Die besondere, die Vertikale betonende Form und die lang gestreckten Fassaden vermitteln Schnelligkeit und Komfort – wie es sich eben für ein modernes Hotel für Bahnreisende gehört. An seiner südlichen Stirnfassade wird das Gebäude durch einen eleganten zylindrischen Treppenturm gefasst, am nördlichen Ende ziert die vertikale Leuchtreklame »Astoria Hotel« die Fassade. Obenauf thront das historische Logo der Dänischen Staatsbahn, ein gekröntes und geflügeltes Rad. Im Inneren vermitteln Zimmer und Flure dem Hotelgast das Gefühl, in einem exklusiven Schlafwagen zu nächtigen. Unter Wahrung der ursprünglichen Atmosphäre wurde das Hotel 2007 saniert.

SAS Hotel **044 A**
Hammerichsgade 1
Arne Jacobsen
1960

Für Verehrer des dänischen Design gehört dieses Hotel zu den absoluten Highlights. Noch heute steht der Bau im Internationalen Stil für das Jet-Zeitalter der Sechziger- und Siebzigerjahre. Bei seiner Eröffnung war das damalige *Royal Hotel* Dänemarks größte Herberge – und mit einer Höhe von 60,90 Meter und 20 Geschossen Kopenhagens erstes Hochhaus. Die Fluggesellschaft SAS rechnete aufgrund der neuen Fluglinie Kopenhagen–Los Angeles mit einem erhöhten Touristenaufkommen. So war das Gebäude seinerzeit nicht nur Hotel, sondern auch Terminal für die Abfertigung von Flugpassagieren der SAS. Eine direkte Shuttlebusverbindung zum Flughafen sollte den internationalen Gästen erhöhten Komfort bieten. Schon vor der Auftragsvergabe waren die Abmessungen des Bauensembles durch die Kopenhagener Stadtplanung festgelegt. Jacobsen entwarf ein Haus, das aus zwei strukturell getrennten Baukörpern besteht, die funktional miteinander verbunden sind. Der untere Teil ist ein zweigeschossiger Flachbau mit zwei Untergeschossen. Darüber erhebt sich, auf sechs eigenen Fundamentträgern stehend, der 18-geschossige Hotelturm. Der Flachbau war ursprünglich in einen Hotel- und einen Terminalbereich aufgeteilt. Im südlichen Bereich, unter dem Hotelturm, sind das Foyer, Bars, ein Café, ein Restaurant und Geschäfte untergebracht. Der nördliche Teil beherbergte die Abfertigungshalle des SAS-Terminals mit den Check-in-Schaltern, Gepäckabfertigungsanlagen, Büros und Tagungsräumen. Über eine Galerie erfolgte der Zugang zu den Büros im ersten Geschoss. Nach 20 Jahren wurde dieser Terminalbereich aufgegeben. Es zogen weitere Konferenzsäle, Läden, ein Fitnessstudio und ein Reisebüro ein. Der Turm steht leichtfüßig, fast schwebend auf dem Horizontalbau. Dieser Effekt ist das Resultat eines verkleinerten dritten Geschosses, in dem die Büros der SAS-Verwaltung untergebracht waren. Die Regelgeschosse zwischen der vierten und der 18. Etage beherbergen Einzel- und Doppelzimmer. Das 19. Geschoss ist den Suiten vorbehalten, im 20. Geschoss befindet sich das Restaurant *Alberto*. Hier ist dank der umlaufenden Verglasung ein Rundblick über die Stadt möglich. Der gesamte Bau ist in Stahlbetonskelettbauweise ausgeführt. Die Fassade aus Aluminiumprofilen und aus transparentem beziehungsweise grüngrau eloxiertem Glas ist vorgehängt. Über dem 20. Geschoss wird die Fassade mit einem Blindgeschoss ohne Fenster fortgesetzt. Hier ist auf den beiden langen Gebäudeseiten eine Leuchtreklame mit dem damaligen Logo der SAS montiert – heute Radisson SAS. Dieses Hotel war Arne Jacobsens umfassendste Arbeit. Er verzichtete vollständig auf Entwürfe von anderen Designern und Architekten und versuchte, das Interieur durch eigene Kreationen wie Stühle und Stoffmuster zu beeinflussen. Als Sitzmöbel für das Foyer und die Zimmer entwarf Jacobsen die Sofaserie *3300*, den Stuhl *Tropfen* sowie die Sessel- und Sofavarianten *Schwan* und *Ei*. An den Wänden der Hotelzimmer wurden umlaufende multifunktionale Paneelwände aus Holz montiert. Diese waren halbhoch und konnten mit Tischen, Spiegeln, Regalen und Weiterem bestückt werden, was einen einfachen Austausch der Elemente erlaubte. Heute kann nur noch in Zimmer 606 die Originaleinrichtung bewundert werden. Alle anderen Räumlichkeiten sind bei der umfassenden Sanierung Ende der Neunzigerjahre umgebaut worden.

Eliaskirken ≈

045 A

Vesterbrogade 49
Martin Nyrop
1908

Die *Eliaskirken* befindet sich an einem kleinen Stadtplatz, dem *Vesterbros Torv*. Ohne Abstand zur Nachbarbebauung in die Fassadenreihe integriert, sticht der Sakralbau jedoch durch seine beiden Türme und die extreme Symmetrie hervor. Der graurote Neksø-Sandstein verleiht der Kirche die Anmutung italienischer Renaissancebauten. Eine breite, frei stehende Treppe führt zum Haupteingang hinauf. Dies verschafft der Kirche eine gewisse Distanz zu Straße und Platz. Der Innenraum ist wie eine Basilika aufgebaut: mit Hauptschiff und zwei Seitenschiffen. Rundbögen und Wandflächen aus grauem Kalksandstein verleihen ihm eine romantische Atmosphäre. Tageslicht fällt ausschließlich durch ein Oberlicht und zwei Seitenfenster im Tonnengewölbe des Kirchenschiffs.

Tycho-Brahe-Planetarium ≈

046 A

Gammel Kongevej 10
Knud Munk
1989

Direkt am Südufer des *Sankt Jørgens Sø* (St. Jörgen-See) steht das nach dem berühmten dänischen Astronomen Tycho Brahe (1546–1601) benannte Planetarium. Die auffällige, starke Architektursprache lässt wohl einige Betrachter an Bauten von Mario Botta denken. Das Wasser des Sees spiegelt die geometrisch exakte Form des Zylinderbaus wider und verleiht ihm die notwendige Ruhe vor dem heterogenen Stadtbild im Hintergrund. Das Bauwerk spielt mit einfachen Kontrasten: Über die helle Fassade verlaufen abgetreppte dunkle Streifen und das geneigte Runddach weist ein Fischgrätmuster auf. Im Innenraum erwartet den Besucher ein IMAX-Theater mit einem Projektor, der 4.000 Sterne, die Sonne und die Planeten unseres Sonnensystems zeigt.

Vestersøhus «

047 A

Vester Søgade 44–78
Kay Fisker, C. F. Møller
1939

Direkt am *Sankt Jørgens Sø* befindet sich auch das *Vestersøhus* mit seinen imposanten 300 Metern Gesamtlänge. Kay Fisker selbst hat seine Wohnhäuser einmal als eine funktionale, aber mit der dänischen Bautradition verwurzelte Architektur beschrieben. Der moderne, funktionale Ansatz wird in der strengen Fassadengliederung deutlich. 19 Treppenhäuser an der Seeseite erschließen die Wohnungen des achtgeschossigen Gebäudes. Jedes Treppenhaus führt zu einer gemeinschaftlich genutzten Dachterrasse. Für das *Vestersøhus* entwickelten Fisker und Møller das in Dänemark unter dem Namen *Altan-Karnap* (»Balkon-Erker«) bekannte Prinzip. Gemeint ist die Integration des Balkons in die Fassade und damit in den Wohnbereich, in den sich der Balkon gleichsam hineinschiebt. So entsteht auf der Fassade zum See eine Art Relief aus dichten Backsteinstrukturen und den halb vorspringenden weißen Stahl-Balkonen. Die Wohnungen sind mit Extras wie einem Müllschacht und vom Bad getrennten Toiletten ausgestattet. Sämtliche Details in diesem Gebäudeensemble wurden von Kay Fisker selbst entworfen: von der Türklinke über den Handlauf in den Treppenhäusern bis hin zum Schriftzug.

Søpavillonen »

048 A

Gyldenløvesgade 24
Vilhelm Dahlerup
1894

Die drei Seen im Kopenhagener Zentrum, *Sortedams Sø*, *Peblinge Sø* und *Sankt Jørgens Sø*, erstrecken sich über eine Gesamtlänge von drei Kilometern. Gegen Ende des 19. Jahrhunderts waren die *Brokvarter* (Brückenviertel) Vesterbro, Østerbro und Nørrebro rund um die Seen stark angewachsen. Hier lebten vor allem Arbeiter, die die Industrialisierung in die Stadt gezogen hatte, in einfachen Verhältnissen. Um eine Verbindung mit der Innenstadt zu ermöglichen, gab die Stadt entsprechende Brücken in Auftrag. Wesentlich an den Planungen beteiligt war Vilhelm Dahlerup. Neben den Brückenbauten errichtete er 1893–1894 den *Søpavillonen* (Seepavillon) am *Peblinge Sø*, einen symmetrischen weißen Holzbau mit zwei Türmen. Er entstand auf Initiative der damaligen Schlittschuh-Vereinigung. Diese nutzte das Gebäude bis zu seinem Verkauf im Jahr 1965 als Restaurant. 1984 wurde der Pavillon unter Denkmalschutz gestellt, nachdem es bereits Überlegungen bezüglich eines Abrisses gegeben hatte. Der Vorschlag von Jørn Utzon, ein Schwimmbad am Pavillon zu bauen, war von der Stadt verworfen worden. Heute wird das Haus als Veranstaltungsort, Restaurant, Bar und Club genutzt.

Charlotte Ammundsens Plads 049 A

Mogens Morgen Arkitekter/
1:1 Landskab
2008

Der nach der früheren Kopenhagener Bürgermeisterin Charlotte Ammundsen benannte Platz befindet sich mitten im attraktiven Wohnquartier Nansensgade: zwischen dem *Peblinge Sø* und *Ørestedparken,* dicht umschlossen von vier- bis fünfgeschossigen Wohnbauten, dem *Kulturhuset Indre By* (Kulturhaus Indre By) und einem Umspannwerk. Vor seiner Umgestaltung im Jahr 2008 war dieser Bereich düster und dunkel, ein mit Graffiti »dekorierter« Durchgangsraum zu den Seen. Heute ist der Platz ganz auf sportliche Aktivitäten wie Basketball, Skaten etc. ausgerichtet – perfekt illustriert durch die Graffiti ist hier Raum für eine echte urbane Szene entstanden. Der *Charlotte Ammundsens Plads* ist in drei Bereiche unterteilt: Da ist zunächst eine klassische Kopfsteinpflasterfläche, die das Café des Kulturhauses als Außenanlage nutzt; des Weiteren gibt es einen vertieft liegenden, schwarz asphaltierten Bereich, der für Ballspiele zur Verfügung steht, sowie einen Spielplatz mit schwarzem Gummibelag. Kontrastierend zu den dunklen Bodenflächen schlängelt sich eine weiße Felslandschaft wie eine dreidimensionale urbane Klippe die verschiedenen Bereiche entlang. Genutzt werden kann sie zum Klettern, Skaten oder Biken, zum Sitzen und Zuschauen.

Nørreport Station 050 A

Nørre Volgade
COBE
2014 (geplant)

Mit rund 250.000 Passagieren täglich ist *Nørreport* Dänemarks verkehrsreichster Bahnhof. Die Station liegt mitten im Zentrum an der viel befahrenen Nørre Volgade. 1918 als Bahnhof eröffnet, war der Ort auch vorher schon ein wichtiger Verkehrsknotenpunkt gewesen. Ab dem 17. Jahrhundert befand sich hier eines der vier Tore der städtischen Befestigungsanlage. Um der kontinuierlich wachsenden Verkehrs- und Passagierströme Herr zu werden, wird die Station derzeit neu organisiert: Sie soll offener, klarer strukturiert und übersichtlicher werden. Transparente Pavillons mit schwebenden Dächern bilden die bauliche Struktur. Ein weiteres Element im urbanen Raum sind die erforderlichen Fahrradstellplätze. Sie liegen, an strategisch wichtigen Bereichen zusammengefasst, 40 Zentimeter unterhalb der Bewegungsebene. Dies schafft eine klare Hierarchie und visuelle Orientierungspunkte innerhalb der Verkehrsströme und der bahnhofstypischen Hektik. Über elf Belüftungstürme erhält die U-Bahn-Station ihre Frischluftzufuhr. Mit integrierten LED-Bildschirmen ausgestattet, dienen sie zugleich als digitales Leitsystem. Im Oktober 2011 wurden die Arbeiten an dem neuen Bahnhof begonnen, bis 2014 sollen sie abgeschlossen sein.

The Royal Danish Academy of Fine Arts ≈

051 A

Philip de Langes Allé
Philip de Lange, Ferdinand Meldahl/Vilhelm Lauritzen
1999 (Erneuerung)

Als die dänische Marine 1991 unter anderem Frederiksholmen östlich des Opernhauses (Projekt 053) räumte, entschied die Stadt, auf diesem Areal verschiedene Kunsthochschulen anzusiedeln. Bis dahin waren die Hochschulen an unterschiedlichen Standorten in Kopenhagen untergebracht gewesen. Die teilweise aus dem 18. Jahrhundert stammenden denkmalgeschützten Gebäude auf Frederiksholmen sind von solch bedeutenden Architekten wie Philip de Lange und Ferdinand Meldahl errichtet worden. Bei der Sanierung wurde bewusst ihr robuster Charakter erhalten, der nur durch den dezenten Einsatz von Farben und Formen ergänzt wurde. Der Campus der *School of Architecture* wird durch zwei 150 Meter lange Gebäude markiert, die das Ufer und die Danneskiold-Samsøes Allé flankieren. In der Lagerhalle am Wasser sind Arbeitssäle und Büros untergebracht. Die alte Schmiede entlang der Straße beherbergt Auditorien und eine Ausstellungshalle. Kleinere, zwischen den beiden Riegeln gelegene Gebäude nehmen die Verwaltung, eine Kantine und Werkstätten auf. 2011 fusionierten die Kunsthochschulen des Standorts zu *The Royal Danish Academy of Fine Arts, Schools of Architecture, Design and Conservation*.

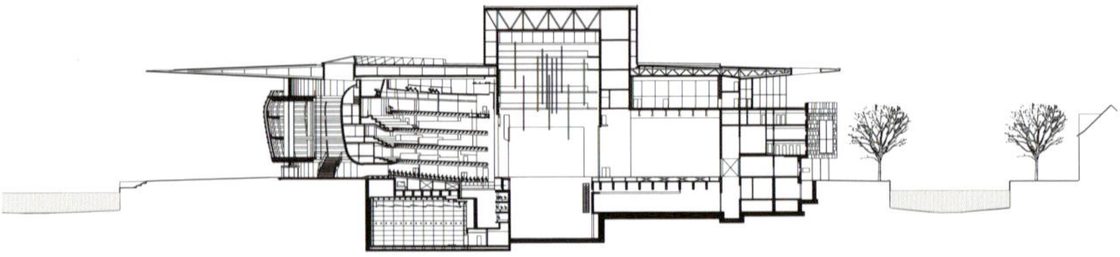

Opera Pavilion

052 A

Orlogsværftvej 1
C. F. Møller Architects
2011

Die neue Anlegestelle für das auf der Insel Holmen befindliche Opernhaus gewährleistet dessen direkte Anbindung an das städtische Wasserbus-System. Unmittelbar vor dem Opernfoyer gelegen, bietet der schwimmende Pavillon Platz für maximal 200 Personen. Zwei umlaufende Kupferbänder verkleiden Boden und Decke der kreisrunden Anlegestelle und fassen die umlaufende Verglasung ein. Der klare Körper besitzt ein leicht schräges Dach, in das ein asymmetrisch positioniertes rundes Fenster eingelassen ist. Das Spiel mit der Geometrie und mit der fünften Fassade verleiht dem kleinen Pavillon Leichtigkeit. Sein Innenraum ist, kontrastierend zur gläsernen Außenhaut, mit Eichenholz verkleidet und wird von einer umlaufenden Bank gefasst. Nachts erhält die Anlegestelle durch die gezielte Beleuchtung einen geradezu festlichen Charakter.

Operaen

053 A

Ekvipagemestervej 10
Henning Larsen Architects
2004

Im Kopenhagener Innenhafen, weit sichtbar von der Knippelsbro bis zum *Kastellet* und direkt gegenüber Schloss Amalienborg, thront das Gebäude der Königlichen Oper. Der Kulturbau ist eine der modernsten Opernbühnen weltweit. Insgesamt 41.000 Quadratmeter verteilen sich über 14 Geschosse, davon sind fünf unterirdisch. Mehr als 1.000 Räume unterschiedlichster Nutzung und zwei Säle sind in dem Haus untergebracht. Die Hauptbühne fasst zwischen 1.500 und 1.700 Zuschauer, je nach Größe des verstellbaren Orchestergrabens. Der kleine Saal (*Takkelloftet*) ist eine »Black Box«-Bühne für experimentelles Theater mit 200 Sitzplätzen. Gekrönt wird das Haus von einem 90 Meter breiten und 158 Meter langen schwebenden Dach. Durch eine 32-Meter-Auskragung markiert, gewährt das Foyer durch die gebäudehohe Glasfassade einen Panoramablick auf den Hafen. Dahinter liegt freigestellt der große Saal. Er ist mit gebeiztem Ahornholz verkleidet und erinnert – gewollt – an den Körper eines Saiteninstruments. Treppen, Stege und Balkone komplettieren den offen und dynamisch gestalteten Eingangsbereich. Eine Reihe dänischer Künstler hat mit eigens geschaffenen Werken zum Gesamtprojekt beigetragen. So stammen drei Lichtskulpturen im Foyer von Olafur Eliasson.

Was ist Ihrer Meinung nach das Besondere an Kopenhagens Architektur?
Die Liebe zum Detail ist bemerkenswert für Kopenhagen. Schau auf die Türgriffe, die Pflasterung der Wege und Straßen oder auch auf die großen Kraftwerke! Überall sind die alltäglichsten Dinge so gestaltet, dass sie Funktion und Gebrauch mit Ästhetik verbinden. Und das ist es auch, was die zugleich pragmatische und poetische Herangehensweise in der Architektur ausmacht.

Welchen Ort oder welches Gebäude sollte man auf keinen Fall bei einem Besuch in Kopenhagen verpassen?
Absolut lohnenswert ist die Eingangshalle der Dänischen Nationalbank von Arne Jacobsen. Wer etwas mehr Zeit dort verbringen kann oder gar die Möglichkeit hat, eine Führung durch das Gebäude zu erhalten, der wird erfahren, was Liebe zum Detail heißt!

Was ist Ihr liebster Ort in Kopenhagen?
Amager Strandpark! Die offenen, weiten Sandstrände und der Geruch von Salzwasser sind nur neun Minuten mit der Metro vom Stadtzentrum entfernt und erinnern mich trotzdem an jene dänische Insel, auf der ich groß geworden bin. Ich mag die Tatsache, dass eine dichte Stadt die Erinnerungen der Kindheit auf dem Land erwachen lässt.

Was würden Sie jemandem empfehlen, der nach einem typischen »Kopenhagen-Erlebnis« fragt?
Es ist zu einfach, aber wahr: Schnapp dir ein Fahrrad und auf geht's! Versuche dabei, das Rad wie ein Kopenhagener zu benutzen. Das heißt: Das Fahrrad ist in erster Linie ein Transportmittel und kein Sport oder eine Freizeitbeschäftigung. Am Abend fahren wir gemütlich Hand-in-Hand mit unseren Lieben nach Hause. Aber tagsüber, auf dem Weg zur Arbeit oder zur Schule, fahren wir schnell! Erlebe, wie die Stadt sich den Bedürfnissen anpasst: Die Fahrradstreifen sind breit und eben. Nimm das Fahrrad auch bei schlechtem Wetter! Denn in der Stadt haben die Radwege oberste Priorität: Im Winter werden sie noch vor den Straßen vom Schnee befreit.

Mikala Holme Samsøe
Business Developer bei Henning Larsen Architects in München (www.henninglarsen.com)

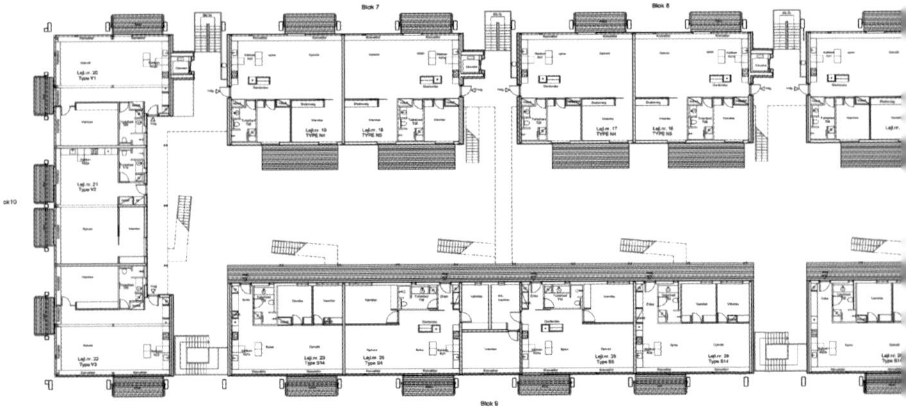

Torpedohallen

054 A

Galionsvej 1–11
Tegnestuen Vandkunsten
2003 (Umbau)

Unweit der Königlichen Oper befindet sich die Wohnanlage *Torpedohallen*. Der 160 Meter lange hangarartige Bau wurde zwischen 1952 und 2000 von der Marine als Fertigungshalle für Motorboote genutzt. Die schlichte Betonskelettkonstruktion von 33 Metern Breite und 17 Metern Höhe ist frei von überflüssigen Details und damit ein exzellentes Beispiel für Industriebauten der Fünfzigerjahre. Auch nach dem Umbau zum exklusiven Wohnquartier ist diese Struktur erhalten geblieben, ebenso die zentrale Halle und das ehemalige Becken, in dem die Boote zu Wasser gelassen wurden. Das Tonnendach über dem zentralen Raum wurde geöffnet und bildet einen Innenhof. Dort befinden sich die Treppen, Lifte und Laubengänge zu den Wohnungen. Das Skelett wurde mit Wänden, ähnlich wie Schiffsschotten, ergänzt, um die einzelnen Wohnungen auszubilden. New Yorker Lofts waren die Inspiration: Die Grundrisse sind bis auf den Versorgungskern offen. Hinzugefügt wurden Balkone zum Innenhof und nach außen. Das rohe Betonskelett prägt die Ansicht, die neuen Fassadenelemente sind von zurückhaltender Materialität. So ist der industrielle Charakter von *Torpedohallen* trotz der Umnutzung erhalten geblieben.

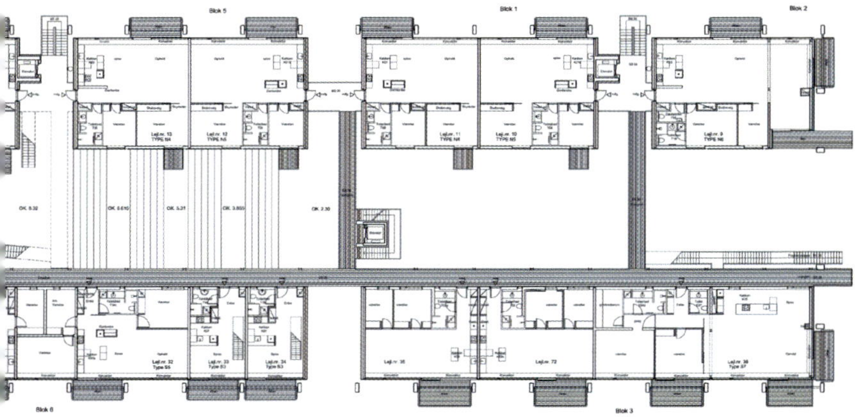

Freistadt Christiania

055 A

Prinsessegade 65
1971 (Gründung)

Die *Freistadt Christiania* ist eine kleine Stadt in der Stadt: eine alternative Wohnsiedlung im Stadtteil Christianshavn – direkt an und auf den ehemaligen Wallanlagen. Das 34 Hektar große Gebiet besteht aus alten Kasernenbaracken und Teilen der Stadtbefestigung. In den Sechzigerjahren war Christianshavn ein verarmtes Quartier und Wohnraum knapp. Schnell wurde das von der Marine freigeräumte grüne Gelände von den Anrainern als kostenlose Möglichkeit zum Wohnen und als Spielbereich für ihre Kinder okkupiert. Daraus entwickelte sich eine Bewegung des alternativen Lebens. Am 26. September 1971 proklamierten die Hausbesetzer schließlich ihre Unabhängigkeit und erhoben das Gelände des heutigen *Christiana* zum »Freistaat«. Versuche der dänischen Regierung, das okkupierte Gelände zu räumen, schlugen fehl, so dass die Besetzung von *Christiania* 1973 offiziell zu einem »sozialen Experiment« erklärt wurde. Es sollte so lange geduldet werden, bis über die Verwendung des Areals endgültig entschieden würde. Dank der Unterstützung der dänischen Bevölkerung existiert *Christiania* heute noch. Mittlerweile entrichten die Christianiter nicht nur den – als symbolische Zahlung angesetzten – Wasser- und Strombeitrag, sondern zahlen darüber hinaus auch Miete an die Stadt und kommen für die Müllentsorgung auf. Momentan leben etwa 800 Menschen in *Christiania* und verwalten sich unabhängig von den staatlichen Behörden des Gesamtstaats Dänemark. Zu Beginn der Besiedlung waren die meisten Einwohner noch Hippies, Anarchisten und Aussteiger. Heute mischen sich Ur-Bewohner mit Obdachlosen, Migranten, sozialen Randgruppen, Studenten und Berufstätigen, die sich die hohen Mieten in Kopenhagen sparen

möchten – oder schlichtweg nicht mehr leisten können. Einige leben schon in zweiter Generation in *Christiania* oder sind hier aufgewachsen. Die alternative Lebensform zeigt sich nicht zuletzt in einer individualistischen, pittoresken Architektur. Das Erscheinungsbild der Freistadt ist vielfältig: Streckenweise erinnert das Quartier an eine Bauwagensiedlung, dann an ein Dorf mit Bauernhöfen und schon ein paar Meter weiter an eine idyllische Ferienhausanlage am Wasser. Aus Geldmangel wurden die Gebäude meist aus gebrauchten Materialien errichtet. Gelungene Beispiele des Do-It-Yourself-Häuslebaus, wie das aus alten Fensterrahmen errichtete Glashaus, befinden sich etwas abseits des »touristischen« Zentrums nahe der Pusher Street. Allerdings werden Touristen in den Wohnbereichen nicht gern gesehen – und schon gar nicht welche mit Fotoapparat. Die alten Militärbauten wurden 2007 unter Schutz gestellt. Zu ihnen gehören *Den Grå Hal* (»Die graue Halle«), eine frühere Reithalle (erbaut 1891) mit einer einzigartigen Bohlendachkonstruktion und heute größter Veranstaltungsort von *Christiania*, des Weiteren *Den Grønne Hal* (»Die grüne Halle«), ursprünglich ein Reitstall, das Gebiet *Mælkebøtten* (»Löwenzahn«) sowie das mit Teilfachwerk versehene Kommandeurshaus und die aus dem 17. und 18. Jahrhundert stammenden Pulverkammern in den Bastionen. Ein Großteil der historischen Bauten wurde nach der Übernahme von *Christiania* verändert, nicht unbedingt in ihrer baulichen Struktur, aber doch in Nutzung und Aussehen. Trotz aller Attraktivität des »Andersseins« – heute ist *Christiania* ein langsam verblassender Hippie- und Anarchisten-Traum. Dies zeigt auch die zunehmende Kommerzialisierung des Ortes: Viele der Christianiter leben von den Touristen, denen sie ihre Produkte auf und nahe der Pusher Street verkaufen. Seit 1997 gibt es auch eine eigene Währung, den Løn. Die *Freistadt Christiania* ist zu einem Label geworden.

Vor Frelsers Kirke

056 A

Sankt Annæ Gade 29
Lambert van Haven
1696

Die *Vor Frelsers Kirke* (Erlöserkirche) befindet sich im Stadtteil Christianshavn auf der Insel Amager. Sie gehört zu den bekanntesten Sakralbauten der dänischen Hauptstadt, was wohl vor allem an ihrem markanten begehbaren Glockenturm liegt, von dem man eine beeindruckende Rundumsicht genießen kann. Errichtet wurde die Kirche ab 1689 vom königlichen Generalbaumeister Lambert van Haven, der für ihre Gestaltung den niederländischen Barockstil wählte. Der Grundriss ist ein gleichseitiges Kreuz mit Eckkapellen. Die roten Ziegelmauern stehen auf einem Granitsockel und werden von einem Sandsteingesims abgeschlossen. Das Kircheninnere ist streng perspektivisch angelegt und, wie so oft bei Barockbauten in Kopenhagen, weniger schlicht als die äußere Erscheinung. An der Westwand erhebt sich eine drei Etagen hohe Orgel, erbaut zwischen 1696 und 1698. Getragen wird sie von zwei Stuck-Elefanten. Die Kirche selbst bewirbt sie als »Stradivari unter den Orgeln«. Besonders bekannt aber ist die Erlöserkirche für ihren spindelförmigen Glockenturm, der 1752 von Lauritz de Thurah ausgeführt wurde. Über eine außen liegende Wendeltreppe erreicht man, lediglich von einem vergoldeten Eisengitter geschützt, die Turmspitze. Diese endet in einem goldenen Globus (Durchmesser: 2,50 Meter), auf dem eine fahnenschwingende Christusfigur steht. Der Turm wurde aus Eichenholz erstellt, was eine größere Höhe als bei einem Bau aus Ziegel oder Sandstein ermöglichte: 90 Meter misst der Kirchturm vom Kirchplatz bis hinauf zur Christusfahne.

KIRKEN

Christians Kirke ≈ 057 A

Strandgade 1
Nicolai Eigtved
1759

Der Rokokobau entstand auf Verfügung von König Christian VI., der damit der in Christianshavn lebenden deutschen Gemeinde eine eigene Kirche gewährte. Entworfen wurde sie von Nicolai Eigtved, der jedoch 1754, noch vor Baubeginn, verstarb. Daraufhin übernahm Eigtveds Schwiegersohn Georg David Anthon die Leitung der Bauarbeiten. Er entwarf auch den Turm, der jedoch erst 1769 hinzugefügt wurde. Der rechteckige Sakralbau steht auf einem Granitsockel. Ionische Pilaster schmücken das Portal, schlanke Rundbogenfenster gliedern die gelbe Backsteinfassade. Das Besondere ist der Innenraum: Ähnlich wie in einem Theater befinden sich hier über die gesamte Höhe verteilt drei geschlossene Holzgalerien. So können mehr Menschen am Gottesdienst teilnehmen, ohne dabei den visuellen Kontakt zum Pfarrer zu verlieren. Der schlanke Marmoraltar wird durch die schlichte Wand akzentuiert. Oberhalb des Altars ist die Orgel platziert. Aufgrund ihrer Gestaltung auch als »Theater-Kirche« bezeichnet, ist die *Christians Kirke* aufgrund ihrer guten Akustik ein beliebter Ort für Konzerte.

Cirkelbroen ≈ 058 A

Applebys Plads
Studio Olafur Eliasson
2013

Die 32 Meter lange Drehbrücke für Fußgänger und Radfahrer führt über den *Christianshavns Kanal* und verbindet den *Applebys Plads* mit der *Christiansbro*. Nun ist es erstmals möglich, den gesamten inneren Hafen in einem Rundweg zu erschließen. Bei der Gestaltung hat sich der dänisch-isländische Künstler Olafur Eliasson von der Kulturgeschichte des Hafens inspirieren lassen. Wie die Takelage bei einem Segelschiff sind die statischen Spannungseile an »Masten« befestigt. Die Brücke soll nicht nur ein Raum des Durchquerens sein. Um die Bewegungen zu entschleunigen, »windet« sie sich über das Wasser und die fünf kreisrunden Ausbuchten bieten Möglichkeiten zum Verweilen und Ausruhen.

CPH Living ≫

059 A

Langebrogade 1
Waterliving
2008

Kopenhagens erstes schwimmendes Hotel befindet sich direkt an der *Langebro*. Ein alter Lastkahn wurde in eine Herberge mit zwölf jeweils 25 Quadratmeter großen Doppelzimmern umgewandelt. Alle Zimmer sind über die ganze Höhe verglast, so dass sie einen wunderbaren Ausblick gewähren. Zur Langebrogade hin zeigt sich das Hausboot einladend: Eine warme Holzwand und signalrote Türen mit Bullaugen begrüßen die Hotelgäste, während die hölzerne Dachterrasse zum Sonnenbaden lockt.

Langebro ≪

060 A

Islands Brygge 1B
Kaj Gottlob
1954

Mit sechs Fahrbahnspuren plus Fußgänger- und Radweg zählt die 252 Meter lange und 32 Meter breite *Langebro* zu den wichtigsten Verkehrsverbindungen Kopenhagens. Die schlichte Klappbrücke aus drei flachen Bögen verbindet Amager und Sjælland. Das mittlere Segment lässt sich für den Schiffsverkehr aufklappen. Hier befindet sich auch der Steuerturm aus patiniertem Kupfer. Sowohl auf Amager wie auf Sjælland geben pilzförmige Betonstützen, verkleidet mit rotem Klinker, der Konstruktion Halt.

Østerbro

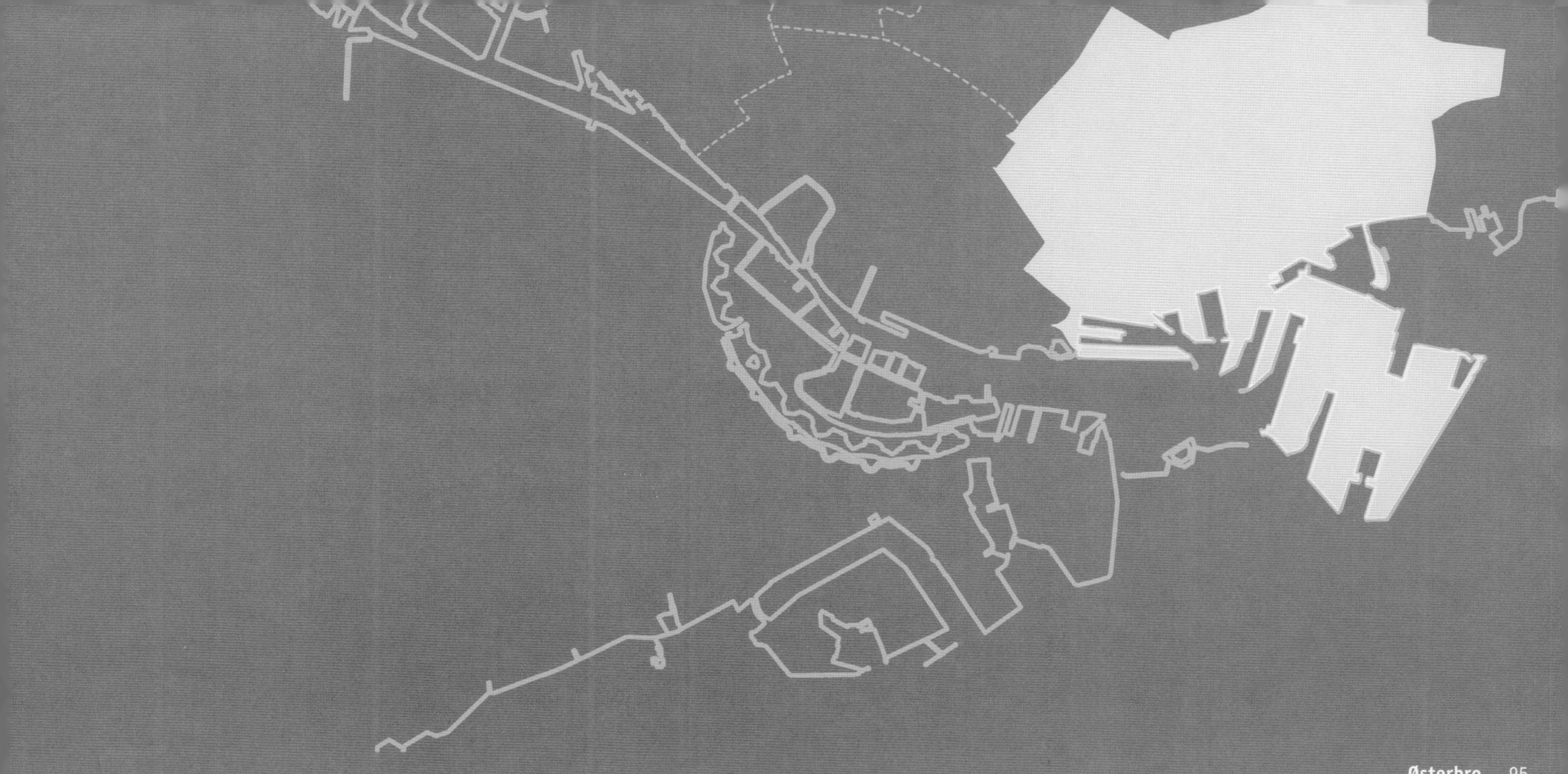

Horten Headquarters
Tower Blocks
Saxo Bank
Paustians Hus
Harbour House 2
Harbour House 1

Harbour House 1
Harbour House 2
Paustians Hus
Sortedams S

Fyrtårnet
Ankeret
DFDS-Terminal

Kobbertårnet
DFDS-Terminal
Ankeret
Nordlyset
Zinkhuset

Fyrtårnet

Nordhavnen Masterplan
Nordhavnen
COBE
2011–2050

061 B

In den kommenden 40–50 Jahren soll auf dem 200-Hektar-Gelände des Nordhafens ein neues Stadtquartier entstehen. Dieses Konversionsareal ist neben Ørestad eines der größten Stadtentwicklungsprojekte in Dänemark. Der Vorschlag des Kopenhagener Büros COBE gehört zu den drei prämierten Konzepten eines internationalen offenen Wettbewerbs im Jahr 2009. Er setzt sich aus den unterschiedlichen Ebenen einer zukunftsgewandten Quartiersplanung zusammen, oberste Prämisse ist dabei Nachhaltigkeit.

Identität
Zahlreiche historische Bauten und Silos prägen den Hafen und sollen auch künftig von seiner Geschichte zeugen. Deshalb wird der Bestand erhalten. Es werden verschiedene Strategien vorgeschlagen, wie diese Gebäude transformiert, weiter- und umgebaut werden können.

Bebauungsstruktur
Urbanität entsteht vor allem durch Dichte und Heterogenität. So ist auch die Bebauungsstruktur geplant. Unterschiedliche Blockgrößen, verschiedene Höhen und Nutzungen erzeugen ein abwechslungsreiches und lebhaftes Stadtbild. Dichte und Bebauungshöhe werden in Richtung Norden abnehmen.

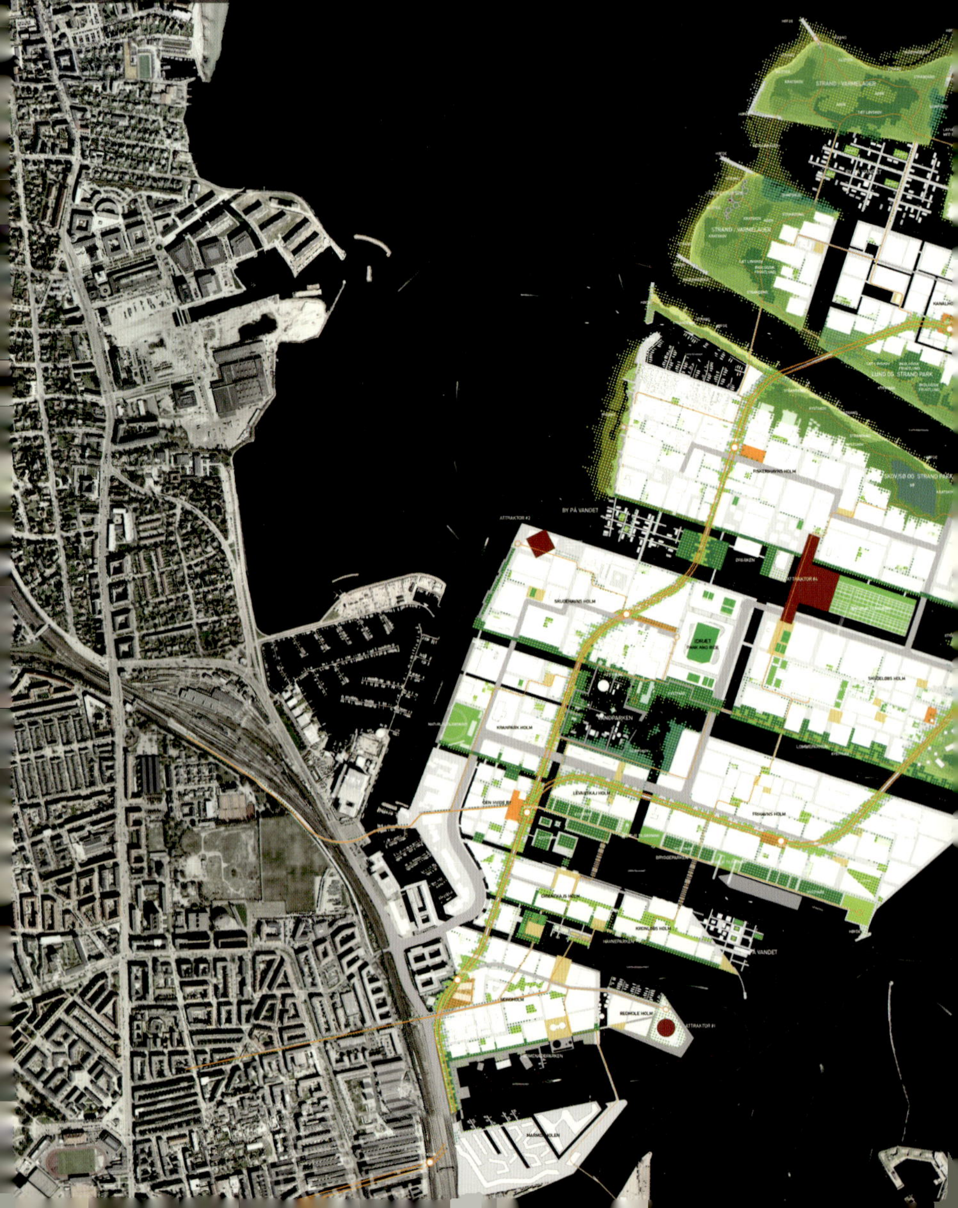

Archipelago

Kopenhagen besteht aus zahlreichen Inseln. Dieses typische Bild wird auch im Nordhafen weitergeführt. Die bereits vorhandenen Hafeninseln werden durch den Abraum der geplanten U-Bahn-Linie im Norden ergänzt. So werden auch dieses Gebiet Wassertrassen und Kanäle maßgeblich prägen. Der Zugang zum Wasser soll öffentlich bleiben. Verschiedene Nutzungen – vom Badestrand bis zum Bootsanleger – sollen ein erholsames und aktives Leben stärken.

Die Grüne Stadt

Im Masterplan ist eine Vielzahl äußerst differenzierter öffentlicher Räume vorgesehen. Ein »Grüner Ring« wird alle Inseln miteinander verbinden. Die öffentlichen Flächen sollen im Süden einen urbanen Charakter besitzen, zum Norden hin werden die Grünräume zu einem – fast romantischen – Landschaftsraum.

Die 5-Minuten-Stadt

In diesem Stadtquartier haben Fußgänger und Fahrradfahrer die Vorfahrt: Wer mit dem Pkw unterwegs ist, wird nicht nur für die anderen bremsen, sondern auch viele Umwege fahren müssen. Zu Fuß kann man innerhalb von fünf Minuten alle notwendigen Einrichtungen für den Alltag erreichen: Einkaufen, Unterhaltung, Erholung – und die Stationen der neuen U-Bahn-Linie, die den Nordhafen mit dem Zentrum verbinden wird.

Amerika Plads

062 B

Amerika Plads
West 8
2009

Der Masterplan für *Amerika Plads* wurde in enger Zusammenarbeit zwischen der Stadt Kopenhagen und dem Rotterdamer Architekturbüro West 8 entwickelt. Nach der Vision des Masterplans sollte eine dichte und aktive städtische Mischung geschaffen werden – ein Stadtquartier zum Arbeiten und Wohnen mit direktem Bezug zum Wasser. Große Gebäudekomplexe mit unterschiedlichen Formen und Höhen sind das städtebauliche Merkmal des *Amerika Plads*. Die dichte Bebauung zeichnet sich durch eine anspruchsvolle Architektur mit hoher Aufenthaltsqualität im Außenraum aus. Das Zentrum des Areals ist der lang gestreckte gleichnamige Platz. In den Erdgeschossen der umliegenden Bebauung befinden sich Ladengeschäfte, Cafés und die öffentliche Nahversorgung. An seiner Hafenseite wird der Platz von dem neuen DFDS-Terminal (Projekt 068) flankiert. Der äußerst belebte Fährhafen bildet einen gewollten Kontrast zu den preisgekrönten Wohn- und Geschäftsgebäuden direkt am Platz. Zusammen mit dem integrierten Jachthafenareal sollen die Hafenaktivitäten das Gebiet mit städtischem Leben füllen und verhindern, dass es zu einem sterilen und gesichtslosen Neubauviertel wird. Als eine Reminiszenz an die einstige Nutzung des Areals wurde die historische *Frihavnens Station* von 1895 in der Mitte des *Amerika Plads* erhalten und zu einem Café umgenutzt. Weithin sichtbar markieren zwei Hochhäuser – das Wohngebäude *Fyrtårnet* (Projekt 063) und das Geschäftshaus *Kobbertårnet* (Projekt 067) – den Platz. Das Gebiet liegt innerhalb von Østerbro, abgetrennt durch eine Eisenbahnlinie und durch die vierspurige Kalkbrænderihavnsgade. Daher legte man besonderen Wert auf die Anbindung des Areals an die anderen Stadtviertel. So wurde für Fußgänger und Radfahrer die *Langeliniebroen* (Projekt 021) als eine Direktverbindung nach Indre By errichtet.

Fyrtårnet

063 B

Pakhusvej 2–12
Lundgaard & Tranberg
2007

Mit seinem sowohl vom Wasser als auch von der Innenstadt aus weithin sichtbaren Turm bildet der Gebäudekomplex *Fyrtårnet* (»Leuchtturm«) das Entree zu dem neuen Stadtquartier am *Amerika Plads*. Das Wohnhaus besteht aus zwei Baukörpern: An den 15-geschossigen, 48 Meter hohen Turm schließt sich ein sechsgeschossiger L-förmiger Block an. Insgesamt beherbergt *Fyrtårnet* 89 Eigentumswohnungen zwischen 90 und 160 Quadratmetern. Eine gemeinschaftlich nutzbare Dachterrasse ergänzt die privaten Balkone der Appartements. Seinen unverwechselbaren Ausdruck erhält das Wohngebäude durch die Aus- und Einbuchtungen der Fassaden, die ausgeprägten Erker sowie die schräg verlaufenden Dachkanten. *Fyrtårnet* wurde in einen historischen Häuserblock eingefügt. Mit seiner Schieferverkleidung in dunklen Grautönen, die ein nuancenreiches Farbenspiel bietet, ordnet sich das markante Wohngebäude sehr gut in die von Backsteinbauten mit Schieferdächern dominierte Nachbarschaft von Østerbro ein.

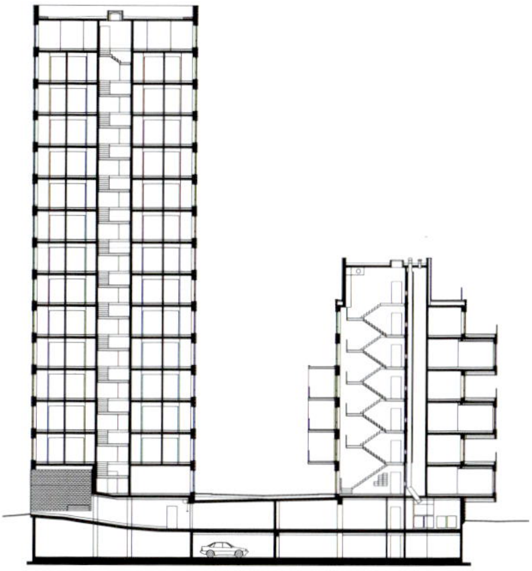

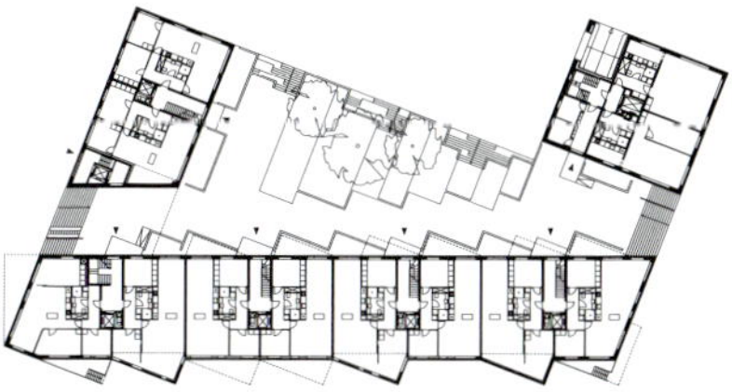

Zinkhuset 064 B

Amerika Plads 3

Holsøe Arkitekter

2008

Das im Zentrum des *Amerika Plads* gelegene Wohngebäude *Zinkhuset* beherbergt 60 exklusive Appartements. Der Block als Ganzes ist leicht geneigt und über eine komplette Fassadenbreite vom Boden abgehoben. Hinter der zurückgesetzten Glasfassade im Erdgeschoss sind Läden und Büros untergebracht. Ein Durchgang gibt den Blick auf den dahinter liegenden Innenhof frei – keine grüne Oase, sondern eher ein offenes Foyer für Besucher des Hauses. Rund um den Hof sind in den fünf Obergeschossen Drei- bis Fünfzimmerwohnungen angeordnet. Das oberste Geschoss beherbergt zwei Penthouses, die jeweils mit einer privaten Dachterrasse ausgestattet sind. Jedes Appartement verfügt über mindestens einen als Loggia in der Fassade versenkten Balkon. Zusammen mit den großen Fenstern verleihen die holzeingefassten Loggien der ansonsten eher dunklen Außenhülle eine helle und luftige Anmutung. Das *Zinkhuset* verdankt seinen Namen den schmalen Zinkbändern, die in variierender Breite von oben nach unten über die Fassade laufen und das Gebäude förmlich »einpacken«. In der Sonne erzeugt das Grün des Metalls ein lebendiges Farbenspiel auf den Flächen.

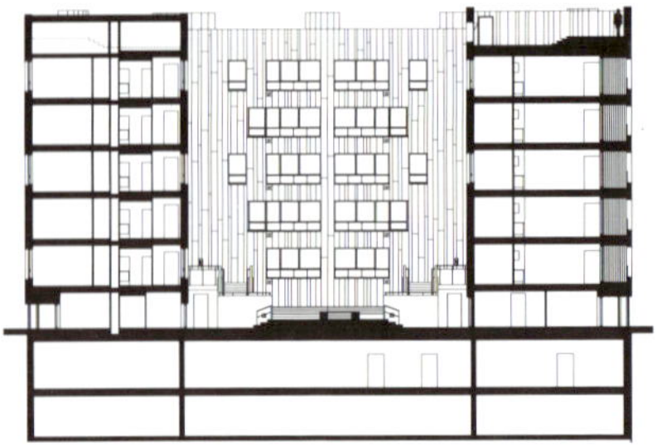

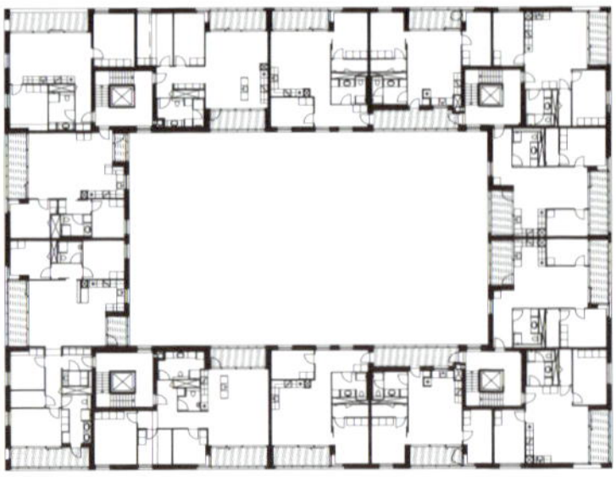

Nordlyset 065 B

Amerika Plads

C. F. Møller Architects

2006

In dem dichten urbanen Quartier rund um den *Amerika Plads* leuchtet der weiß verputzte Wohnkomplex *Nordlyset* (»Nordlicht«) hell wie ein kleines Juwel. Innenhof, Balkone und Zugänge wirken, als hätte man sie aus dem festen Gesamtvolumen herausgebrochen. Die Nord- und die Südseite sind in ihrer Linie geknickt, was dem Gebäude eine geradezu beschwingte Anmutung verleiht. Farbig gemusterte Doppelglasscheiben trennen die Balkone und akzentuieren die glatten Fassaden. Diese sowie weitere Elemente zur Markierung von Eingängen und Aufzügen wurden während des laufenden Planungsprozesses in enger Zusammenarbeit mit der dänischen Künstlerin Ruth Campau entwickelt. Alle Balkone der insgesamt 110 Eigentums- und Mietwohnungen sind zum Innenhof orientiert. Die hier in organischen Formen angelegten Bepflanzungen formieren sich zu einem lebendigen Garten, so dass die Hausbewohner aufgrund der entsprechend unterschiedlichen Struktur und Farbe der Vegetation Anteil am Wechsel der Jahreszeiten haben.

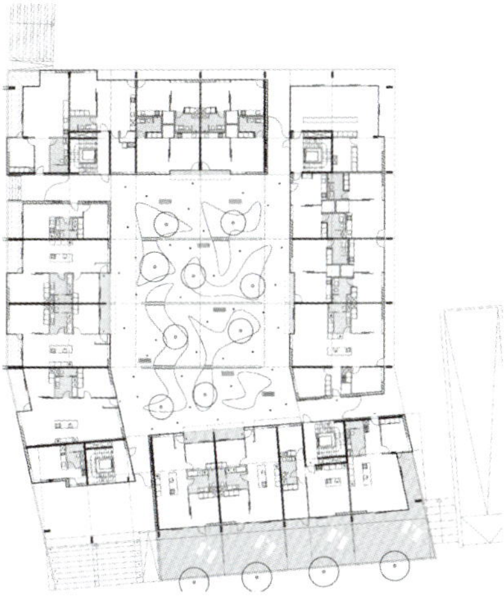

Ankeret

066 B

Amerika Plads

C. F. Møller Architects

2008

Inmitten des dichten, von Blockbebauung dominierten Quartiers rund um den *Amerika Plads* entfaltet der massive Baukörper des Wohn- und Geschäftshauses *Ankeret* (»Anker«) eine geradezu skulpturale Wirkung. Mit dem benachbarten, ebenfalls von C. F. Møller Architects entworfenen *Nordlyset* bildet der Bau – trotz aller Unterschiede – ein harmonisches Ganzes. Hinter der einheitlichen, leicht grüngrauen Ziegelfassade befinden sich, funktional voneinander getrennt, Appartements und Büros. Das facettierte Relief der Außenhülle nimmt sowohl die Balkone der Wohnungen als auch die größeren Glasflächen des Bürobereichs auf. Mit Ausnahme des Penthouse-Geschosses, in dem auch Konferenz- und Ruheräume für die Büros untergebracht sind, wird das *Ankeret* von zwei Passagen durchschnitten. Sie führen zum Innenhof, den sich Hausbewohner und Büroangestellte teilen, und zum Wohnbereich.

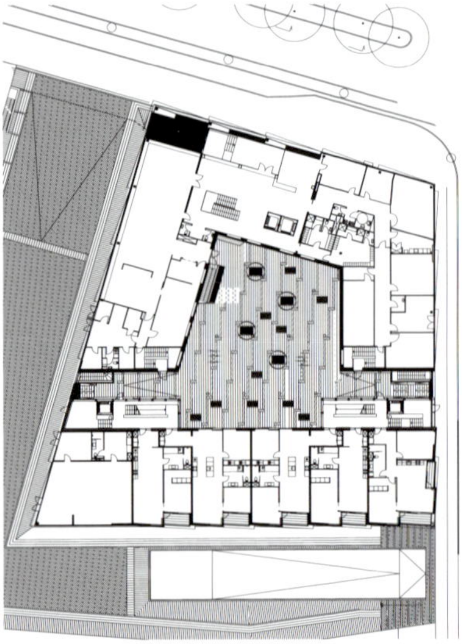

PHIL
ALFRED
CAMELLA

Kobbertårnet

067 B

Parkhusvej 2
Arkitema
2004

Eine der ersten Landmarken, derer die Passagiere der großen Fähren von Oslo und den baltischen Ländern beim Einlaufen in den Hafen ansichtig werden, ist der 16-geschossige *Kobbertårnet* (»Kupferturm«) am nördlichen Hafenufer. Das markante Bürohochhaus mit den abgerundeten Ecken scheint aus einem flachen viergeschossigen Baukörper mit gleicher Fassadengestaltung gleichsam zu wachsen. Ein Sockel aus hellem Granit hebt die Gebäude über den *Amerika Plads*. Naturbelassenes Kupfer liegt wie ein Band um den Turm, lediglich von horizontalen Fensterreihen durchbrochen. Im Laufe der Jahre soll die Fassade ihre Farbgebung ändern: Dann wird der durch Korrosion entstandene Grünspan die Außenansicht charakterisieren. 2005 erhielt der *Kobbertårnet* eine Nominierung für den *Mies van der Rohe Award*.

DFDS-Terminal

068 B

Dampfærgevej 30
3XN architects
2004

In unmittelbarer Nähe des *Amerika Plads* befindet sich auch die Anlegestelle der Reederei DFDS Seaways. Um die klassische Struktur eines Fährterminals mit endlos langen Gängen und Rampen zu vermeiden, integrierten 3XN architects alle erforderlichen Einrichtungen in ein einziges, lang gestrecktes Gebäude. Hier werden täglich etwa 2.000 Passagiere abgefertigt, vorwiegend nach Norwegen und nach Polen. Wie eine lange gläserne Röhre schwebt der zweigeschossige Terminal, von schwarzen Betonsäulen getragen, über dem Boden. Nachts erhält das illuminierte Gebäude durch die abwechslungsreiche Transparenz der zweischichtigen Glashülle seinen signifikanten Charakter. Die aus der Fassade herauskragenden Aluboxen kennzeichnen die Wartebereiche.

Kromann Reumert

069 B

Sundkrogsgade 5
schmidt hammer lassen
2002

Der Hauptsitz der international operierenden Anwaltskanzlei Kromann Reumert ist in einem modernen und flexiblen Bürohaus auf dem zum Nordhafen gehörenden Areal *Kalkbrænderihavnen* untergebracht. Das streng symmetrische, u-förmige Gebäude umschließt einen Innenhof: Ein markanter transparenter Foyerbau, der auch den Eingangsbereich beherbergt, verbindet zwei Flügel miteinander. Lediglich drei geschwungene, schwebende Balkone, die für gemeinschaftliche Nutzungen zur Verfügung stehen, durchbrechen diese Symmetrie. Die Büroräume sind so ausgerichtet, dass sie Durchblicke sowohl zum Foyer und zum Innenhof als auch zu den Hafenanlagen gewähren. Die lamellierte Fassade aus Stahl und Granit filtert das Tageslicht nach innen.

Kalkbrænderihavnen 070 B
Nordhavnen
schmidt hammer lassen
2002

Kalkbrænderihavnen, benannt nach dem im 18. Jahrhundert hier angesiedelten Kalkbrennereien, ist der erste fertiggestellte Abschnitt im Rahmen des Masterplans für den Nordhafen. Ursprünglich war dieses Areal von kleinen Werften und Fabriken dominiert. Diese maritime Atmosphäre wollten die Architekten von schmidt hammer lassen mit ihrem Masterplan bewahren. Die zusammenhängende Außenraumgestaltung gibt den neuen Nutzungen des etwa 30.000 Quadratmeter umfassenden Gebiets einen attraktiven öffentlichen Raum: eine Uferpromenade mit vielen Bäumen und mit Flächen aus Holz und Beton, ausgestattet mit schlichten Bänken, Papierkörben und Sockeln zum Sitzen und Ausruhen. Eine Anliegerstraße ermöglicht den Zugang zum Wasser. Parkplätze und Freiflächen sind durch ein Beleuchtungskonzept und durch eine entsprechende Bepflanzung miteinander verknüpft. Zwischen 1999 und 2005 hat sich *Kalkbrænderihavnen* zu einem städtischen Quartier mit Geschäftshäusern und einem Jachthafen (*Sundkrogen*) entwickelt.

068 B

Paustians Hus

071 B

Kalkbrænderiløbskaj 2
Utzon Associates
1987

Hinter einem alten Kohlekran an der Hafenpromenade von *Kalkbrænderihavnen* tauchen plötzlich viele kleine Quadrate auf weißem Grund auf. Sie gehören, neben Säulen und weißem Beton, zu den verbindenden architektonischen Elementen einer Gebäudefamilie. Seit 1987 ist ein ganzes Areal mit Bauten verschiedener Nutzung gefüllt worden: Es entstanden ein Möbelhaus, das *Haus der dänischen Industrie*, ein Jachtclub sowie die Bürogebäude *Harbour House 1* und *Harbour House 2*. Das Gebiet und die Bauten öffnen sich nach innen und außen und laden durch verschiedene öffentliche Bereiche zum Verweilen ein. Erstes Bauwerk dieser »Familie« war das *Paustians Hus*, Showroom der dänischen Möbelfirma Paustian. Hier sind dänische und internationale Klassiker ausgestellt, die auch gekauft werden können. Das Besondere dieses dreigeschossigen Gebäudes ist der »Wald« aus weißen, verschieden langen Stützen, der ein leicht geneigtes Satteldach trägt. Ein Spaziergang durch einen Buchenwald war die Inspiration für Jørn Utzon. Innen ist der Raum in verschiedene Ebenen mit unterschiedlichen Geschosshöhen gegliedert. Von oben einfallendes Licht erzeugt ein interessantes Schattenspiel auf den Wandflächen und verstärkt so die Wald-Assoziation. Die vor der Fassadenfront zur Uferpromenade platzierten Stützen vergrößern den Innenraum optisch in Richtung Wasser und verleihen dem Bau ein fast tempelartiges Aussehen.

Harbour House 1/2

072 B

Sundkrogsgade 17–19, 21
Kim Utzon
2005, 2010

Zu Beginn des 21. Jahrhunderts fügte Kim Utzon, Sohn von Jørn Utzon, der Gebäudefamilie an der Hafenpromenade zwei weitere markante Bauten hinzu. *Harbour House 1* ist ein zum Wasser geöffnetes u-förmiges Bürohaus. Es besteht aus zwei Flügeln mit jeweils drei bis vier Geschossen. Ein zentrales Atrium mit offener Treppe verbindet die Ebenen. Im Erdgeschoss befinden sich Tagungsräume und andere öffentliche Funktionen. Durch das offene Atrium sieht man direkt auf die spiegelnde Wasseroberfläche des Hafens. *Harbour House 2* besteht aus zwei Baukörpern. Es ist Bürogebäude und zugleich Erweiterung des *Paustians Hus*. Zwei Haupteingänge ermöglichen den separaten Zugang zu den verschiedenen Nutzungen. Der südliche Teil des Gebäudes hat ein markantes Schrägdach, der nördliche weist eine nach innen geneigte symmetrische Dachform auf. Im zentralen Bereich sind verschiedene gemeinsam genutzte Einrichtungen wie etwa ein Multifunktions-Auditorium untergebracht. Über große Oberlichter und Atrien verteilt sich das Tageslicht in alle Ebenen des Hauses.

Tower Blocks

073 B

Dessaus Boulevard
Vilhelm Lauritzen Arkitekter
2009

Tuborg Havn ist die Bezeichung des Jachthafens für das neu errichtete Tuborg-Quartier. Markante Architekturen dominieren den südlichen Bereich: Direkt neben den Verwaltungsbauten von Horten (Projekt 074) und der Saxo Bank (Projekt 075) stehen die *Tower Blocks*: Drei in Reihe platzierte Bürohäuser, die als Basis über eine gemeinsame Tiefgarage verfügen. Jeder Block funktioniert als eine unabhängige Einheit. Die Gebäude bestehen jeweils aus sechs Bürogeschossen inklusive eines Penthouse-Appartements mit Blick auf den Øresund. Die organische Grundform und die grünlichen Fassadenbänder verleihen ihnen ein gemeinsames Äußeres, ohne dabei monoton zu wirken. Im Inneren der Bauten nimmt ein zentraler Kern das Treppenhaus und die Aufzüge auf. Die Einteilung der Bürogrundrisse ist durch die Mieter frei wählbar. Geschossweise angeordnete Öffnungen in Boden und Decke gliedern die Grundrisse und schaffen visuelle Verbindungen zwischen den Ebenen. Alle Arbeitsplätze sind entlang der Fensterbänder platziert und werden so großzügig mit Tageslicht versorgt.

Hauptverwaltung Horten

074 B

Philip Heymans Allé 7–9
3XN architects
2009

In Tuborg-Süd ließ sich die dänische Anwaltskanzlei Horten einen spektakulären Hauptsitz errichten. Der Bau soll den Dualismus zwischen Klassischem und Modernem verkörpern und zugleich auch Solidität vermitteln. Im Inneren erscheint das über eine flexible Nutzungsstruktur verfügende Haus hell und offen. Die Büros sind in den zwei abgewinkelten Baukörpern platziert. Offene Atrien schaffen in den Zwischenbereichen Sichtkontakt. Die kreisrunden Erschließungskerne werden von markanten Treppen durchkreuzt, sie sollen die Interaktion zwischen den Geschossen fördern. Diese dynamische Atmosphäre im Inneren wird durch das komplexe, innovative Äußere intensiviert. Die für Geschäftsgebäude übliche klassische Natursteinfassade wurde hier neu interpretiert. Nach Süden verschattet sich die dreidimensionale Außenhülle selbst, öffnet aber trotzdem den Blick nach Norden, zum Wasser. Je nach Betrachtungswinkel ergibt sich der Eindruck einer schroffen, geschlossenen Felswand, eines Meers aus blauen Glasscheiben oder eines komplexen geometrischen Musters. Die speziell für dieses Gebäude entwickelten selbsttragenden Fassadenelemente sind in Sandwichbauweise aus Fiberglas und Travertin hergestellt. Die Horten-Hauptverwaltung erhielt unter anderem den *IDA Award* (2009) und den *JEC Innovation Award* (2009).

Hauptverwaltung Saxo Bank

075 B

Philip Heymans Allé 15
3XN architects
2008

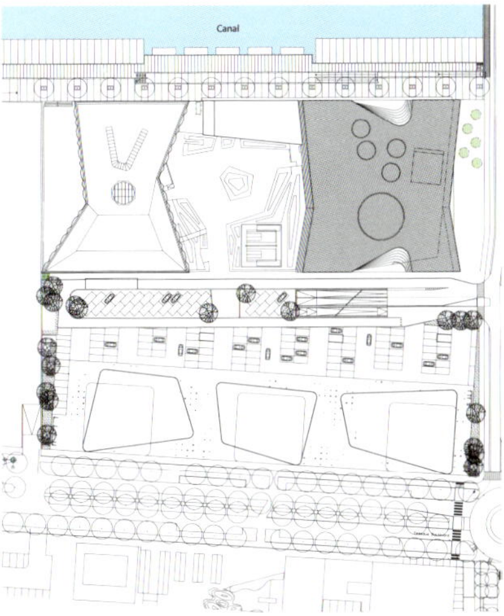

Für ein Bankhaus ist dieses Gebäude, die neue Hauptverwaltung der jungen dänischen Online-Bank Saxo, höchst ungewöhnlich. Es steht ebenfalls in Tuborg-Süd und damit unmittelbar am Wasser. Auch hier beabsichtigten 3XN architects, in der Gebäudekubatur den Balanceakt zwischen dynamischer Architektursprache und vertrauenswürdiger Solidität widerzuspiegeln. Das sechsgeschossige Geschäftshaus besteht aus zwei Baukörpern, die durch ein großes Atrium miteinander verbunden sind. Licht und transparent ist das Innere. Die offenen Grundrisse sind um das weich geschwungene, mit einem Glasdach gedeckte Atrium angeordnet, in dessen Zentrum sich eine riesige weiße Wendeltreppe elegant in die Höhe windet. Sie erschließt auch den Hauptraum, der die größte Attraktion dieses Gebäudes ist: den sogenannten Trading Floor. Hier werden die Aktienkurse intensiv überwacht. Über die doppelt gekrümmte Glasfassade ziehen sich in einem unregelmäßigen Rhythmus weiß bedruckte und transparente Dreiecke. Von Weitem wird so die Anmutung von Hunderten Segeln erzeugt. Im Jahr 2009 wurde die Hauptverwaltung der SAXO Bank mit dem *RIBA International Award* ausgezeichnet.

Was ist Ihrer Meinung nach das Besondere an Kopenhagens Architektur?
Die Mischung aus neuer und dennoch zeitloser Architektur. Mit einer starken Präsenz der Gemeinschaft.

Welchen Ort oder welches Gebäude sollte man auf keinen Fall bei einem Besuch in Kopenhagen verpassen?
Als Gebäude empfehle ich Peder Jensen-Klints Grundtvigskirche in Bispebjerg: eine wunderbare Synthese aus moderner Architektur und nordischem Pragmatismus. Sie verdeutlicht das Wesentliche des wahren Minimalismus im dänischen Design! Und dann am besten gleich mit Utzons Bagsværd-Kirche weitermachen! Kaum ein anderes Gebäude zeigt nordischen Pragmatismus und Minimalismus so anschaulich. Wohlerts Louisiana Museum in Humlebæk, nördlich von Kopenhagen, ist meiner Meinung nach ein Meisterwerk dänischer Landschaftsarchitektur und Architektur: eine ganzheitliche, perfekte Fusion von Gebäude, Landschaft und Kunst – eine klassische Schönheit!

Mads Mandrup Hansen
Architekt und Partner bei C. F. Møller Architects (www.cfmoller.com)

Was ist Ihr liebster Ort in Kopenhagen?
Um Kopenhagen zu verstehen, sollte man den Kanal in Christianshavn besuchen: Er ist bekannt für seine Seglergemeinschaft und inspiriert von niederländischer Architektur. Wer das Gebiet erkundet, der versteht auch das große Erbe der maritimen Kultur.

Was würden Sie jemandem empfehlen, der nach einem typischen »Kopenhagen-Erlebnis« fragt?
Mach einen Spaziergang oder miete ein Fahrrad. Erkunde die Stadt quer durch alle Quartiere und entlang der Wasserkanten. Auf diesem Weg kann man sich Architektur anschauen.

Hauptsitz Sampension 076 B
Tuborg Havnevej 14
3XN architects
2003

Der Hauptsitz des Investment-Unternehmens Sampension befindet sich auf dem ehemaligen Gelände der Tuborg-Brauerei mit Blick auf den Øresund. Der L-förmige Grundriss setzt sich aus zwei rechteckigen Baukörpern zusammen. Eine geschwungene Treppe führt aus dem Foyer in das erste Obergeschoss zu einem beeindruckenden Atrium. Hier treffen sich die beiden Baukörper in einem zentralen elliptischen Raum mit Oberlicht, der über sechs Geschosse reicht. Geschwungene weiße Balustraden und Treppen, die an das New Yorker Guggenheim Museum erinnern, akzentuieren die Etagen. Die hier vorherrschenden hellen Farben verleihen dem gesamten Bau Leichtigkeit. Schlanke perforierte Fensterläden aus mit schwarzem Anstrich überzogenem

Kupfer bilden eine subtil reliefierte Fassade aus. Da sie individuell steuerbar sind, ergibt sich so ein ständig wechselndes Außenbild. Mit der Zeit wird die Patina der Kupferelemente die Farbgebung des Gebäudes verändern. 2005 wurde die Sampension-Hauptverwaltung als erstes dänisches Bauwerk mit dem *RIBA European Award* ausgezeichnet.

Svanemøllen Auditorium ≈ **077 B**

Ryvangs Allé 1
Entasis
2002

Der neue Baustein der 1896 errichteten Kaserne von Svanemøllen folgt der strengen Symmetrie der Militärbauten, verfügt aber über eine eigenständige Fassadenoptik. Das Gebäude ist eine Bildungseinrichtung des Verteidungsministeriums. Es beherbergt einen Hörsaal mit Foyer und sieben Gruppenräume. Durch die abgesetzte Sockelzone wirkt die dunkle Fassade aus unterschiedlich großen Schieferplatten fast schwebend. Der Sockel ist als gläserne Fuge ausgebildet und endet am Gebäuderücken in einem Betonkeil. Dieser markiert den Hörsaal mit seinen ansteigenden Rängen. Im Foyerbereich ist die Fassade vollflächig verglast und schafft so einen fast unmerklichen Übergang zwischen innen und außen.

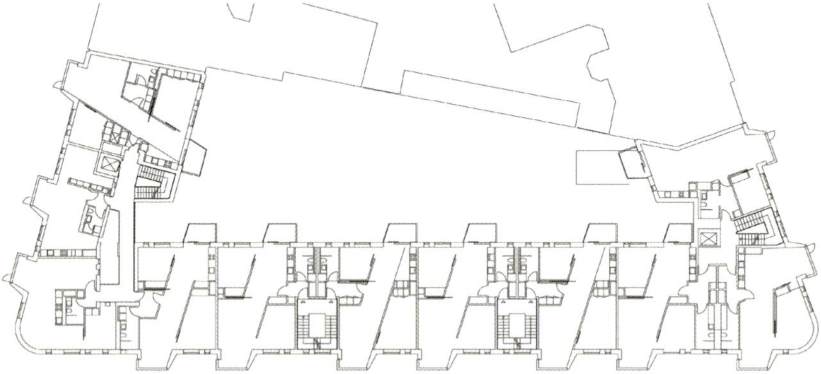

Wohngebäude Østerbrogade 105

078 B

C. F. Møller Architects

2006

Das Wohngebäude befindet sich inmitten alter Bürgerhäuser in einer der begehrteren Kopenhagener Wohngegenden. Mit seiner abgerundeten Ecke schließt es die Blockrandbebauung ab. Die rötlich-braune Außenhaut aus wiederverwerteten Ziegeln ist eine Komposition aus variierenden skulpturalen Formen. Dabei wurde auf den Detailreichtum der historischen Nachbarbauten Bezug genommen. Wie Gucklöcher sitzen die markanten, mit Kupfer und Glas verkleideten Erker in der Fassade. Für die Hausbewohner bieten sie Raum, um weit in die Straße zu schauen. Zugleich wird so jede Wohnung noch besser mit Tageslicht versorgt. Der Innenhof ist nach Süden orientiert, hier finden sich auch die zu den Appartements gehörenden Balkone. Eine geschosshohe Glaswand setzt das Erdgeschoss von dem dichten Mauerwerk der oberen Geschosse ab und lässt diese dadurch gleichsam schweben.

Charlottehaven

079 B

Strandboulevarden 76–88
Lundgaard & Tranberg
2004

Dieser lang gestreckte, fünf- bis sechsgeschossige Wohnkomplex entstand zwischen 2001 und 2004 auf dem Gelände einer ehemaligen Aluminiumfabrik. Mit seiner schwarz-blauen Ziegelfassade, deren vielfältige Farbgebung extra für diesen Block entwickelt wurde, fügt sich *Charlottehaven* harmonisch in den städtischen Kontext des Østerbro-Viertels ein. Alle 178 Appartements werden von zwei Seiten belichtet, verfügen über verglaste Erker und große Balkone. Die ebenerdigen Wohnungen sind mit Terrassen ausgestattet, die zu dem großen, vom Landschaftsarchitekten Stig L. Andersson (SLA) gestalteten Garten im Innenhof orientiert sind. Die zweigeschossigen Penthouse-Wohnungen verfügen über Dachterrassen. In einem weiteren, zentral im Innenhof des Blocks liegenden Gebäudebereich sind ein Fitnesscenter, ein Schwimmbad, ein Café, Konferenzräume sowie eine Tagespflegestation und ein kommunaler Kindergarten untergebracht. Darüber hinaus gibt es ein Hotel mit 44 Wohnungen, die monatsweise vermietet werden.

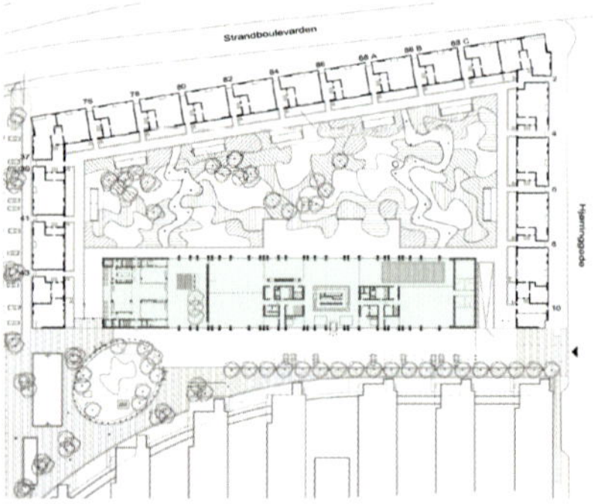

Kindertagesstätte Skanderborggade 080 B

Krausesvej 17

Dorte Mandrup Arkitekter

2005

Ein eingeschossiges Gebäude – das war alles, was baurechtlich auf dem rund 530 Quadratmeter kleinen Grundstück neben den fünf- und sechsgeschossigen Wohnhäusern errichtet werden durfte. Um hier neben der gewünschten Tagesstätte für 36 Kinder auch den notwendigen Raum für Sport und Spiel zu schaffen, wurde das Dach als zusätzlicher Außenbereich gestaltet. Das Gebäude nutzt die Fläche des Grundstücks maximal aus. Herzstück im Inneren ist der große Gemeinschaftsraum. Von ihm aus sind alle anderen Räume wie die Küche, die drei Gruppenräume, die Spielbereiche, die Personalräume und die Garderobe zugänglich; dadurch konnten die Erschließungsflächen reduziert werden. Drei Höfe sind in das Gebäude eingeschnitten. Sie sorgen für ausreichend Tageslicht und ermöglichen den direkten Zugang zur Dachfläche. Im größten Innenhof hebt sich eine schräge Ebene mit signalrotem Gummibelag bis zum Dach empor, wo sie in eine Rennstrecke übergeht. Fest installierte Outdoor-Sitzsäcke machen die Rampe zu einem sicheren Spielbereich. Die Fläche unterhalb der schrägen Ebene wird als überdachter Außenraum genutzt: Hier sind zwischen einem Wald aus Stützen Schaukeln und andere Spielgeräte untergebracht.

Kindertagesstätte Næstvedgade

081 B

Næstvedgade 3
Dorte Mandrup Arkitekter
2004

Die Kita befindet sich auf der Ostseite eines schmalen, ziemlich langen Gartengrundstücks. Durch diese Platzierung konnten die Bäume erhalten und eine zusätzliche Verschattung des Gartens durch das Gebäude vermieden werden. Das Haus besteht aus zwei Hauptelementen, einem Prisma und einem Kubus. Miteinander verbunden sind sie durch einen zentralen Bereich und die Dachterrasse. Der lang gestreckte, an ein Gewächshaus erinnernde prismenförmige Baukörper beherbergt fünf Gruppenräume.

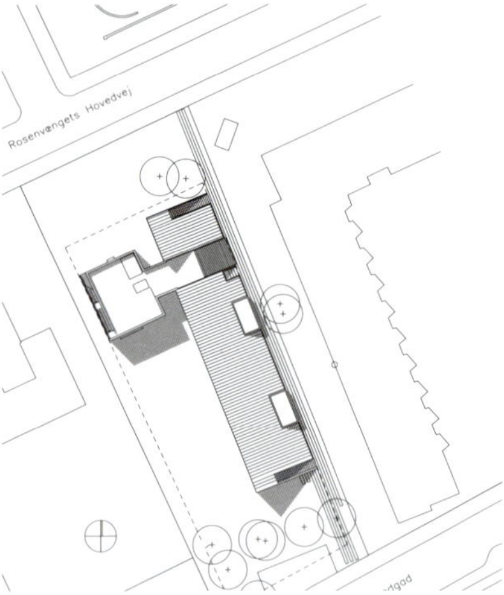

Im Kubus sind der Gemeinschaftsraum, die Küche und Personalräume untergebracht. Die über Schiebetüren verbundenen Gruppenräume verfügen alle über einen direkten Zugang zur Terrasse und zum Garten. Damit die Kinder möglichst viel Platz haben, wurde auf unnötige Erschließungsflächen verzichtet. Eine fünf Meter breite Treppe führt die Schräge des Prismas hinauf zur »Dschungel«-Dachterrasse. Dach und Stirnwände des Prismas sind mit einem teilweise transparenten Kunststoff verkleidet, während die übrigen Elemente vor allem aus Glas und Stahl gefertigt sind.

Brumleby 082 B

Brumleby 312–481
Michael Gottlieb Bindesbøll/ Vilhelm Klein
1857 / 1872

Im Sommer 1853 wurde Kopenhagen von einer Cholera-Epidemie heimgesucht, der etwa 5.000 Menschen zum Opfer fielen. Ein Grund für die schnelle Ausbreitung der Epidemie in der Stadt waren die katastrophalen Wohnverhältnisse in den Arbeitervierteln. Die dänische Ärztevereinigung initiierte daraufhin die Errichtung einer neuen Wohnanlage außerhalb der Stadt, finanziert durch Spendengelder. Die ersten 240 Wohnungen entstanden 1853–1857 nach den Plänen von Michael Gottlieb Bindesbøll. Bei der Gestaltung der zweigeschossigen Reihenbauten ließ er sich von den Wohnhäusern italienischer Landarbeiter inspirieren: Das Erdgeschoss ist ockerfarben, das Obergeschoss weiß getüncht. Die Erweiterung (1866–1872) entwarf Vilhelm Klein. Insgesamt lebten etwa 2.500 Menschen in den je 25 Quadratmeter großen 550 Wohnungen. *Brumleby* wurde international wegweisend für den sozialen Wohnungsbau. Innovativ waren vor allem die Gemeinschaftsanlagen: ein Kindergarten, eine Badeanstalt sowie ein Gemeinschaftsbereich und Raum für den ersten Kopenhagener Verbraucherverein. Eine umfassende Renovierung 1990–1996 ermöglichte es, dass die seit 1959 denkmalgeschützten Gebäude weiterhin als Wohnbauten genutzt werden können.

Nørrebro

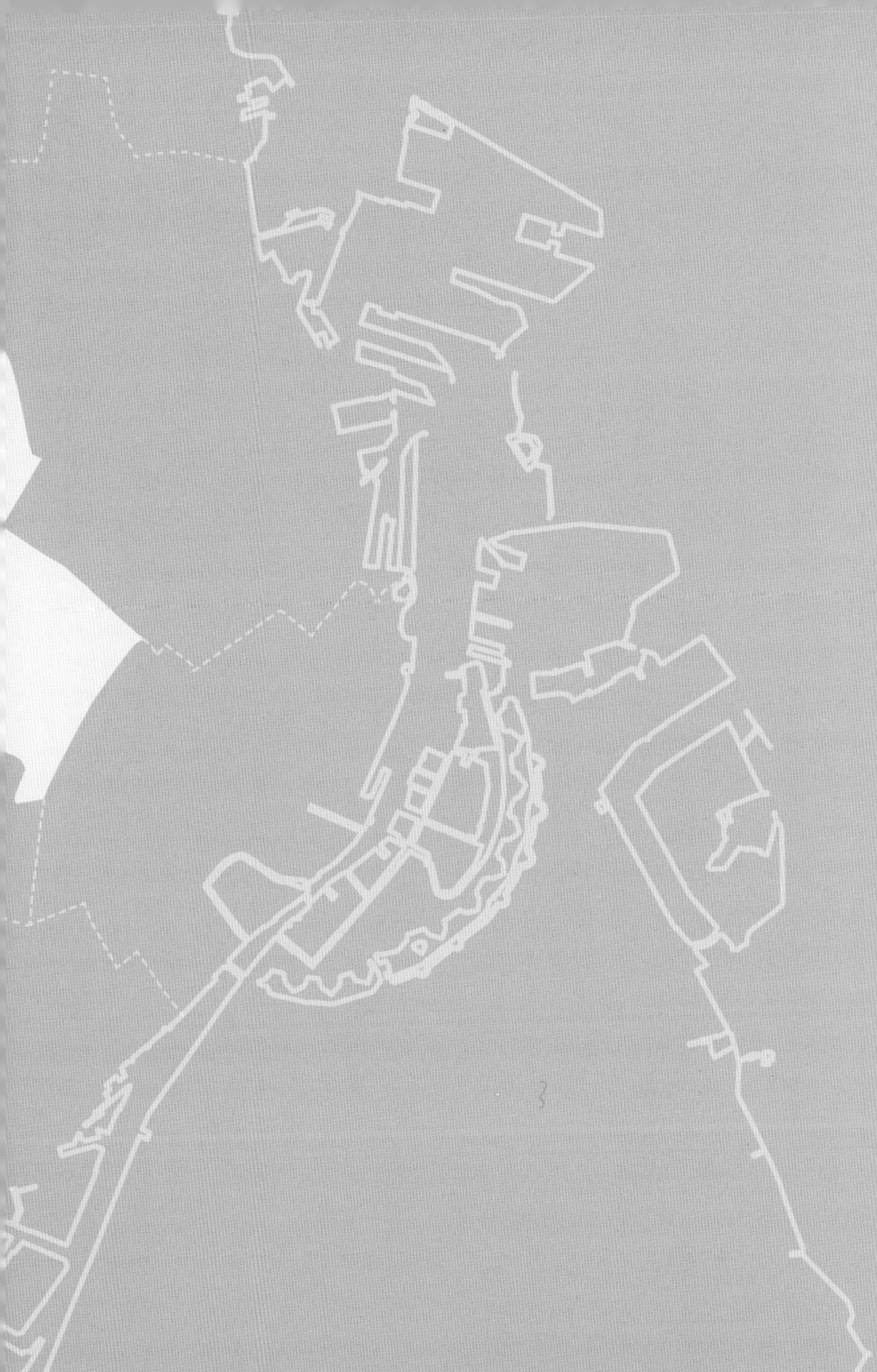

Ryesgade ≈ ≫

083 C

Ryesgade 60–64
C. F. Møller Architects
2009

Ein schlichteres Äußeres, weniger Wartungsaufwand und minimaler Energieverbrauch – das waren die Ziele bei der Fassadensanierung dieses in den Sechzigerjahren erbauten, gemischt genutzten Gebäudes. Zur Ryesgade hin hat das Haus nach der Sanierung ein ruhiges und elegantes Äußeres erhalten. Die weiß verputzte Fassadenfront wird in ihrem oberen Bereich durch horizontale Bänder mit neuen filigranen Balkonen strukturiert. Im ersten Obergeschoss ist eine Kindertagesstätte untergebracht. Diese besondere Nutzung wird in der Fassade durch vier vollverglaste Erker markiert, die mit baumähnlichen Motiven bedruckt sind.

Panum-Institut ↴

084 C

Blegdamsvej 3
KKET (Eva und Nils Koppel)
1990

Das nach dem dänischen Physiologen Peter Ludvig Panum (1820–1885) benannte Institutsgebäude ist das größte der insgesamt vier Bauten, die von der Medizinischen Fakultät der Universität Kopenhagen genutzt werden. Eva und Nils Koppel errichteten das markante massive Bauensemble im brutalistischen Stil. Das Architektenpaar Koppel gehörte zu den führenden Protagonisten der dänischen Baukunst der Sechziger- und Siebzigerjahre, ihr Büro KKET (später KKE) war eines der größten Architekturbüros des Landes. Aufgrund der riesigen Bauaufgabe zogen sich die Arbeiten ab 1971 über zwei Jahrzehnte hin. Das Panum-Institut beherbergt die Büros der Fakultätsverwaltung, eine Bibliothek, Labore, Hörsäle, zwei Mensen, Seminarräume, einen Studentenklub und zwei Buchhandlungen. Darüber hinaus ist hier Dänemarks größte Zahnklinik untergebracht. Um diesen vielfältigen Nutzungen gerecht zu werden, besteht der Komplex aus verschiedenen Baukörpern, die klar nach Lage und Funktionen strukturiert sind. Ein entlang des Tagensvej positionierter Riegel schirmt die restlichen Institutsbauten vor dem Lärm ab. Vertikal dazu sind fünf Flügel positioniert. Hier sind vor allem großflächige Räumlichkeiten untergebracht. Den Abschluss in Richtung Westen bildet ein niedriger Bau.

Was ist Ihrer Meinung nach das Besondere an Kopenhagens Architektur?
Charakteristisch ist der eher provinzielle Maßstab mit einer durchschnittlichen Bauhöhe von fünf Geschossen. Dänemark ist ein kleines Land und der Maßstab seiner Hauptstadt reflektiert recht gut das relativ geringe Wirtschaftsvolumen, das sich in seinem Finanznetzwerk ballt. Doch nicht die finanzielle Kapazität setzt die Grenzen für Bauhöhen; die geringe Dichte wurde lange als Ideal von Planern, Architekten und Verwaltung hofiert. Deswegen löst jedes Hochhausprojekt eine heftige öffentliche Debatte aus.

Welchen Ort oder welches Gebäude sollte man auf keinen Fall bei einem Besuch in Kopenhagen verpassen?
Mit seinen bescheidenen Baudenkmälern hat Kopenhagen keinen besonderen »Schwerpunkt«, wie das Reichstagsgebäude in Berlin oder die Elbphilharmonie in Hamburg. Die besonderen Qualitäten Kopenhagens sind mit dem Alltagsleben verbunden. Und das findet man in den Straßen, auf den Plätzen und in den Parks. Kopenhagen besitzt sehr großzügige und weitläufige Grünbereiche und eine wachsende Anzahl an öffentlichen Bademöglichkeiten mitten in der Stadt.

Was ist Ihr liebster Ort in Kopenhagen?
Mein liebster Ort ist Nørrebro. In diesem Quartier findet man jedes Alter, jede Profession, unterschiedliche Kulturen, Ethnien und soziale Schichten. Diese Mischung schafft zu jeder Tages- und Nachtzeit eine vibrierende, gesellige urbane Atmosphäre. Hier, im Herzen Nørrebros, befindet sich glücklicherweise auch unser Büro.

Was würden Sie jemandem empfehlen, der nach einem typischen »Kopenhagen-Erlebnis« fragt?
Die höchste Intensität von Kopenhagens Atmosphäre kann man erleben, wenn man den morgendlichen Verkehr auf der Dronnings Louises Bro oder der Knippelsbro zwischen 8 und 9 Uhr beobachtet: Tausende und Abertausende Fahrradfahrer pendeln zu ihrer Arbeit!

Søren Nielsen
Architekt und Partner von Tegnestuen Vandkunsten (www.vandkunsten.com)

Center for Kræft & Sundhed

085 C

Nørre Allé 45

NORD Arkitekter

2011

Das Gesundheits- und Rehabilitationszentrum für Krebspatienten und ihre Angehörigen ist ein besonderes Gebäude. Die Architektur möchte auch nach außen ein Bewusstsein für die Krankheit schaffen, ohne dabei die von ihr Betroffenen zu stigmatisieren. Untersuchungen haben ergeben, dass auch die Architektur eines Gebäudes eine positive Wirkung auf den Gesundungsprozess von Erkrankten haben kann. Deshalb sieht das neue »Zentrum für Krebs und Gesundheit«, das gemeinsam mit den Mitarbeitern und den Patienten der Einrichtung konzipiert wurde, weder wie eine Klinik noch wie ein Krankenhaus aus. Das Bauwerk wird aus einer zusammenhängenden Reihe individueller Häuser gebildet, die um einen Innenhof angeordnet sind. Charakteristisches Merkmal ist das skulptural überhöhte Dach, das die mit glänzendem Aluminium verkleideten Bauten zu einer Einheit verschmelzen lässt. Der ruhige Innenhof mit Terrassen, Bäumen und einem Wasserbecken kann vielfältig genutzt werden. Holzverkleidete Wände verleihen ihm eine warme, angenehme Atmosphäre. Neben den Behandlungs- und Reha-Räumen gibt es eine Gemeinschaftsküche, ein Café sowie Schulungs- und Wohnbereiche. Betreten wird das Zentrum über eine Lounge, in dem freiwillige Helfer die Besucher empfangen.

Mirror House

086 C

Fælledparken
MLRP
2011

Im Stadtpark *Fælledparken* steht dieses gute Beispiel für die gelungene Transformation eines Bestandsgebäudes bei begrenzten finanziellen Mitteln: das *Mirror House*. Über Jahre war der Spielplatzpavillon vernachlässigt worden, Vandalismus zerstörte den verbliebenen Rest. Der mit Graffiti überzogene Bau wurde nun in ein interaktives Objekt umgewandelt, das seine (vor allem kleinen) Besucher zum Spiel mit Perspektive, Reflexion und Transformation einlädt. Das *Mirror House* reflektiert die umliegende Parklandschaft, den Spielplatz und die darauf stattfindenden Aktivitäten, denn anstelle der geschlossenen Giebel sind die Außenflächen des Pavillons mit Zerrspiegeln verkleidet. Dadurch fließen Natur und Gebautes geradezu ineinander. Die restlichen Fassadenflächen sind mit wärmebehandeltem Holz verkleidet. Fenster und Türen wurden mit konkaven und konvexen Spiegelpaneelen versehen. So kann das *Mirror House* komplett verschlossen werden und ist damit auch vor unliebsamen Besuchern geschützt. Innen befinden sich auf 140 Quadratmetern Toiletten sowie flexible Räume zum Spielen und Ausruhen, die vor allem von den örtlichen Kindergartengruppen genutzt werden.

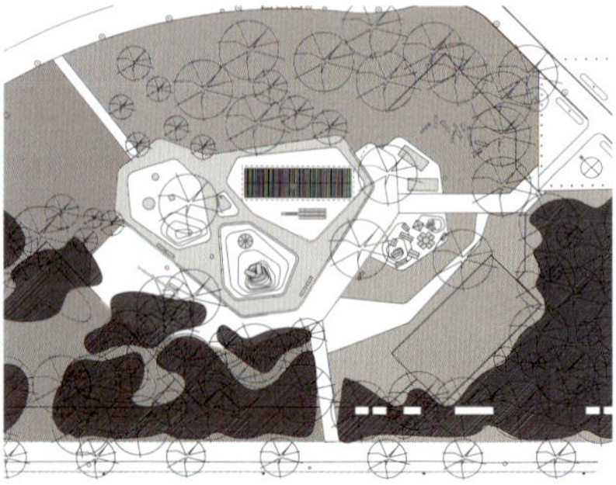

Woven Bridge

087 C

Fælledparken

MLRP

2012

Woven Bridge ist eine moderne Interpretation der traditionellen hölzernen Fußgängerbrücke – nur eben aus Stahl. Die Brücke sollte markant gestaltet sein, sich aber trotzdem harmonisch in die Landschaft von *Fælledparken* einfügen. Am südlichen Ende des Sees gelegen, schafft sie eine neue Verbindung für alle Spaziergänger. Eine schlanke, gewölbte Stahlunterkonstruktion verbindet die beiden auf unterschiedlichen Höhen liegenden Seeufer. Wie ein Webfaden wickelt sich das Stahlgeländer den durchgehenden hölzernen Handlauf entlang. Es entsteht ein elegantes Ornament, ein »Webmuster«. So wirkt diese einfache Brücke wie ein kleines Designobjekt innerhalb der Parklandschaft. Alle verwendeten Materialien sind recycelbar.

Hans-Christian-Ørsted-Institut ≈ 088 C
Universitetsparken 5
KKET/Eva und Nils Koppel
1962

In dem nach dem Entdecker des Elektromagnetismus benannten Institut der Universität Kopenhagen sind die Fakultäten für Mathematik und Chemie sowie Teile der Fakultät für Physik untergebracht. Das Ensemble besteht aus fünf miteinander verbundenen Gebäuden. Ein zweigeschossiger Verbindungsbau, der die Hörsäle beherbergt, bildet den Rücken. An ihn sind nach Osten, in Richtung Nørre Allé, drei fünfgeschossige Querriegel angelagert. Unregelmäßig verteilte rote Balkongeländer beleben die gleichförmig gerasterten Straßenfassaden. Das konzeptionelle Gegengewicht dazu ist das niedrigere quadratische Gebäude der Mathematikfakultät an der Westseite des Verbindungsbaus.

Green Lighthouse » 089 C
Tagensvej 16
Christensen & Co. arkitekter
2009

Das *Green Lighthouse* ist Dänemarks erstes CO_2-neutrales öffentliches Gebäude. Genutzt wird es von der Fakultät für Informatik der Universität Kopenhagen. Die zentrale Lage auf dem *Nørre Campus* (Nordcampus) macht das kreisrunde Gebäude zum Mittelpunkt des studentischen Lebens vor Ort. Auf 950 Quadratmetern beherbergt es Tagungsräume, Verwaltungsbüros sowie Räume der Studien- und Prüfungsberatung. Der Zugang ins Innere ist aus mehreren Richtungen möglich. Ein zentraler (Luft-) Raum bietet hier Platz für soziale Interaktionen. Zugleich sorgt er durch Oberlichter für die natürliche Belichtung und Belüftung des Gebäudes. Alle anderen Räume und Funktionen sind um diesen zentralen Raum angeordnet. Die Sonne hat – als Energiequelle – maßgeblich die architektonische Gestalt des *Green Lighthouse* geprägt. So wurde das Verhältnis zwischen den (Thermo-)Fenster- und Fassadenflächen sorgfältig berechnet: Hier standen die maximale Gewinnung von Solarenergie und die Reduktion der benötigten Heizenergie auf ein Minimum im Vordergrund. Das nach Süden orientierte Dach ist mit Solarzellen versehen. Thermoaktive Betonböden absorbieren und speichern die Wärme. Das neuartige Energiekonzept – eine Kombination aus Fernwärme, Fotovoltaik, Solarheizung und Kühlung, ergänzt durch eine saisonale Speicherung überschüssiger Energien – ermöglicht eine Verringerung des Energieverbrauchs um sieben Prozent gegenüber herkömmlichen Bauten.

Was ist Ihrer Meinung nach das Besondere an Kopenhagens Architektur?
Ich denke, es ist die Kombination aus großer, historischer Architektur und Bautradition, verbunden mit neuen Ideen, die Vielfalt und Kontraste innerhalb der Stadt entstehen lassen. In den vergangenen zehn Jahren gab es einen richtigen Architektur-Boom und zahlreiche neue Architekturbüros haben sich in Kopenhagen etabliert. Die positive Energie hier ist bemerkenswert. Die Offenheit, Neues auszuprobieren, ist auffallend – ebenso, dass junge Büros die Möglichkeit haben, ihre Ideen und Projekte umzusetzen.

Welchen Ort oder welches Gebäude sollte man auf keinen Fall bei einem Besuch in Kopenhagen verpassen?
Ich würde zunächst Nørrebroparken besuchen und dann den neuen Park Superkilen von BIG und Topotek1. Der rote Platz, der schwarze Markt und der grüne Raum sind eine fast surreale Perlenkette urbaner Orte in einer äußerst dynamischen Nachbarschaft. Nach einem Spaziergang im Park würde ich zu unserer neuen Bibliothek gehen – es sind nur fünf Minuten zu Fuß. Dort würde ich mir ein Buch und einen Kaffee schnappen, einen netten Platz suchen und einfach entspannen. Danach würde ich die Grundtvigskirken besuchen, die ganz in der Nähe ist. Sie ist die größte Kirche Dänemarks und meiner Meinung nach eines der spektakulärsten, monumentalsten Bauwerke, die jemals in Kopenhagen gebaut wurden. Das alles zusammen sind drei großartige Orte, die sich mit dem öffentlichen Raum auf ganz unterschiedliche Art auseinandersetzen.

Was ist Ihr liebster Ort in Kopenhagen?
Das hängt von der Jahreszeit ab. Kopenhagen ist eine sehr schizophrene Stadt. Während der Winterzeit ist sie sehr introvertiert und im Sommer extrem extrovertiert – besonders wenn das Wetter gut ist. Im Winter würde ich die großartigen öffentlichen »Indoor«-Plätze aufsuchen, wie den Wintergarten der Ny Carlsberg Glyptotek. Während des Sommers empfehle ich Orte wie Amager Strandpark mit seinem wunderbaren Blick nach Schweden und auf die Øresundbrücke. Neben all dem ist der Rundetårn (Trinitatis Kirke) einer meiner alten Favoriten – und zu jeder Jahreszeit gut zu besuchen. Er ist eines der zahlreichen Architekturprojekte von Christian IV. Der Turm wurde als Observatorium gebaut und ist bekannt für seine befahrbare Rampe bis nach ganz oben – von dort hat man einen fantastischen Blick über Kopenhagen.

Was würden Sie jemandem empfehlen, der nach einem typischen »Kopenhagen-Erlebnis« fragt?
Ganz klar: Die Stadt mit dem Fahrrad »erfahren« ist ein typisches Kopenhagen-Erlebnis. Zudem das Distortion Festival Anfang Juni. Es ist ein urbanes Festival, das in fünf Tagen quer durch die Stadt zieht. Zugleich ist es auch eine gute Möglichkeit, Kopenhagenern zu begegnen und die unterschiedlichen Quartiere kennenzulernen. Der Klassiker: ein Besuch des Louisiana Museum of Modern Art – einer meiner liebsten Orte zum Ausspannen und Nachdenken.

Dan Stubbergaard
Architekt und Partner von COBE
(www.cobe.dk)

IAK-Kollegiet

090 C

Rådmandsgade 61
Lundgaard & Tranberg
2004

Das IAK-Studentenwohnheim befindet sich an der Schnittstelle zwischen einem dicht bebauten Wohngebiet und einer offeneren, industriell geprägten Gegend. Eine Stiftung des dänischen Ingenieurverbandes (*Ingeniørernes Arbejdsløshedskasse*, IAK) finanzierte die Realisierung des Gebäudes. Die Identität des Stifters spiegelt sich nicht nur im Namen wider, sondern auch in der industriellen Architektursprache des Gebäudes. Das Wohnheim besteht aus einem lang gestreckten sechsgeschossigen Riegel an der Rådmandsgade und zwei ebenfalls sechsgeschossigen Anbauten an der Rückseite. Das Hauptgebäude beherbergt 95 Studentenappartements, die über lange Flure miteinander verbunden sind. In den Anbauten sind die Haupterschließung und die Gemeinschaftsküchen untergebracht. Großflächige Verglasungen ermöglichen den hier lebenden Studierenden freie Einblicke in die Gemeinschaftsbereiche und fördern die sozialen Kontakte.

Freizeitzentrum
The Green Triangle

091 C

Vermundsgade 43A
WITRAZ arkitekter
2010

Um den mehr als 1.000 Kindern und Jugendlichen des Quartiers im Nordwesten von Nørrebro einen Ort für Sport und Spiel zu bieten, ließ Dänemarks größte Wohnungsbaugesellschaft das Freizeitzentrum *The Green Triangle* errichten. Das dreigeschossige Gebäude bietet Raum für verschiedenste Aktivitäten: von der Hausaufgabenbetreuung über IT- und Tanzkurse bis hin zu einem Café, das auch von den Erwachsenen genutzt wird. Größte Attraktion ist die umzäunte Fläche auf dem Dach. Durch eine externe Treppe erschlossen, ist sie ganztägig für Ballsport aller Art zugänglich und eröffnet darüber hinaus einen weiten Blick über die Stadt. Einer Baumkrone gleich, bietet die Fassade aus perforierten Aluminiumplatten mehr oder weniger direkte Einblicke in das Gebäude. Das Baum-Motiv wiederholt sich in dem aufgeständerten Erdgeschoss, dessen Stützen an Baumstämme erinnern. Auf dem Dach schließlich setzt die grüne Gummi-Oberfläche die Grünflächen und die Kronen der Bäume, die das Haus umgeben, visuell fort.

Bananna Park
092 C
zwischen Vølundsgade,
Nannasgade, Rådmandsgade,
Tagensvej
NORD Arkitekter
2006–2010

Bananna Park gehört zu einer Reihe von Projekten, mit denen mehr Grünraum in Nørrebro geschaffen wurde. Aus einem ehemaligen Industriegelände ist hier mit nur wenigen Mitteln und mit Unterstützung der Anwohner ein reizvoller Park und Spielplatz entstanden. In Zusammenarbeit mit Schønherr Landskab entwickelten NORD Arkitekter ein Landschaftskonzept aus drei Hauptelementen: Dschungel, Rasen und Kletterwand. Der vorhandene Baumhain wurde mit Kirschbäumen und Bambus zu einer Art »Dschungel« verdichtet. Eine Rasenfläche dient als Sportfeld für Ballspiele aller Art. Zwei bananenförmige Hügel, einer davon mit einer leuchtend gelben Tartanoberfläche überzogen, fassen das Spielfeld ein und können auch als Zuschauerränge genutzt werden. Die größte Attraktion ist eine 14 Meter hohe Kletterwand mit Überhang, die als Tor den Eingang markiert. Nachts verhindern Lichtmasten dunkle Ecken und verleihen dem Park durch ihr farbiges Licht eine nahezu märchenhafte Atmosphäre.

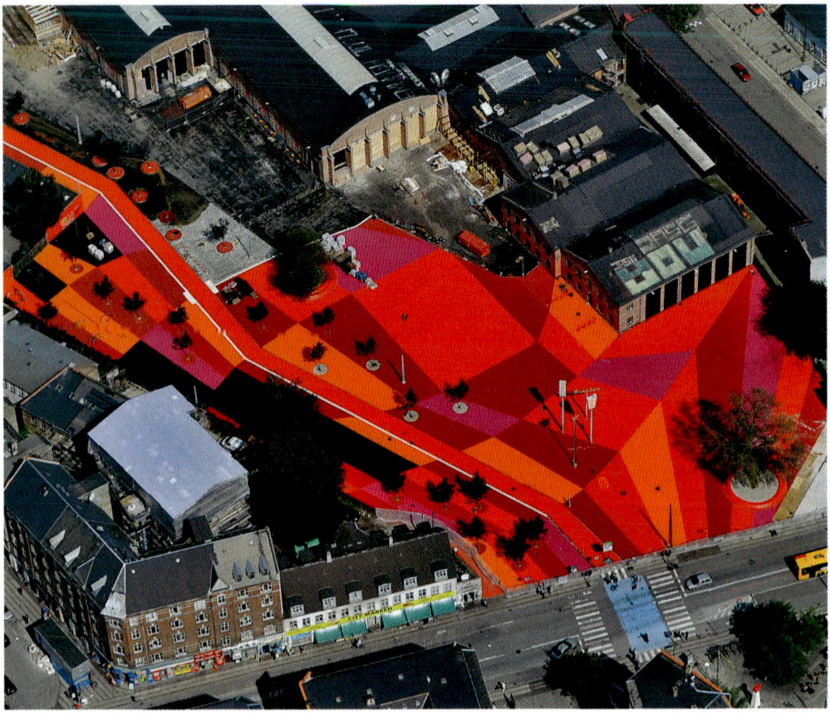

Superkilen

093 C

zwischen Nørrebrogade
und Tagensvej
BIG, Topotek1, Superflex
2012

Alltagsstadtraum und urbane Szenografie zugleich – das ist *Superkilen*. Der 2,7 Hektar große Park ist das Ergebnis einer Zusammenarbeit zwischen BIG, Topotek1 und Superflex, einem Team aus Architekten, Landschaftsplanern und Künstlern. Das Konzept für *Superkilen* (deutsch: Superkeil) entwickelte die Arbeitsgemeinschaft frei nach dem Motto »Drei Farben, 56 Länder und ein Park«.

Der Landschaftspark ist eine 750 Meter lange offene Schneise durch den dicht bebauten Stadtteil, von der überwiegend autofreien Geschäftsstraße Nørrebrogade im Süden bis zur Grenze des Viertels nach Tagensvej. Zugleich ist er eine Fortführung des grünen Fahrradwegenetzes durch die dänische Hauptstadt. Im Westen grenzt er an die Mjølnerparken-Siedlung, die zu den ethnisch vielfältigsten und sozial schwächeren Kopenhagener Vierteln zählt. Der heterogenen ethnischen Herkunft der Anwohner entsprechen die Vielfältigkeit und Dichte der aufgestellten Stadtobjekte im Park: von der amerikanischen Doughnutwerbung

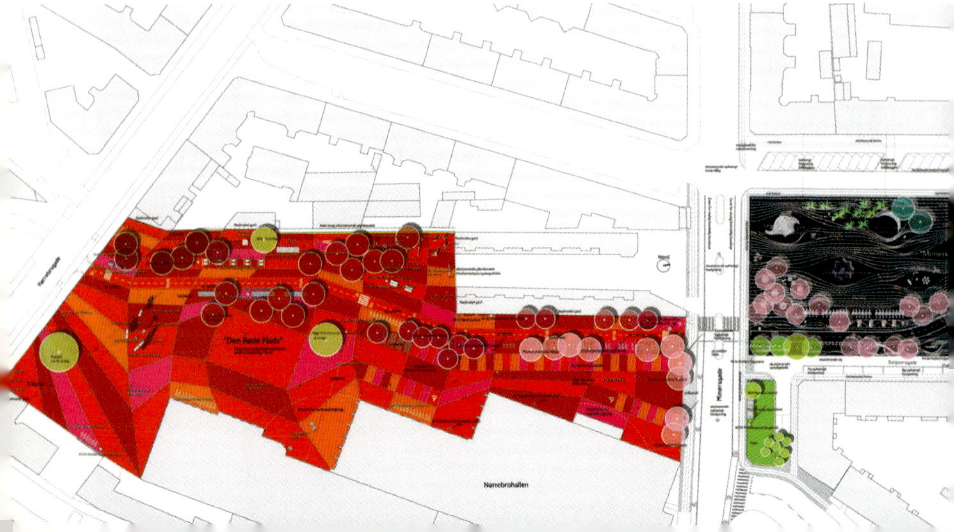

über einen chinesischen Kiosk bis hin zum brasilianischen Telefonhäuschen. Sie wurden in Workshops und Gesprächen mit den Anwohnern ausgewählt. Diese Objekte sind nicht nur dekorativ, sondern haben auch praktische Funktionen für das Spiel und den Aufenthalt. Während die Kinder also auf der skulpturalen Tintenfisch-Rutsche aus Japan spielen, können die Eltern derweil am marokkanischen Brunnen sitzen und sich entspannen. *Superkilen* ist in drei Zonen gegliedert: Die rote Zone ist der körperlichen Aktivität gewidmet. Hier gibt es mit den *Nørrebrohallen*, einem umgenutzten ehemaligen Straßenbahndepot, ein erweitertes Raumangebot für Teamsport und Outdoor-Fitness. Die schwarze Zone ist mit Schachtischen bestückt. Darüber hinaus findet hier an den Wochenenden ein Markt statt. In der grünen Zone gibt es begrünte Hügel, einen Spiel- und Sportplatz und ein Picknickareal. Die unterschiedlichen Oberflächen und Farben bilden eine neue, dynamische Umgebung für die aufgestellten alltäglichen Gegenstände. An jedem der Objekte ist eine Bronzeplatte mit Erläuterungen zu seiner Herkunft montiert. So avanciert die Parkmöblierung zu Ausstellungsobjekten, die dennoch genutzt werden können und sollen.

Stadtplatz Guldberg

094 C

Sjællandsgade
NORD Arkitekter
2011

Das Quartier an der Sjællandsgade wurde als Teil des Projekts »Neues städtisches Leben rund um die Guldberg-Schule« einem »Facelift« unterzogen. Insgesamt vier Jahre der Planung dauerte es, bis der neu gestaltete Stadtplatz 2011 seinen Nutzern übergeben werden konnte. Entstanden ist ein moderner urbaner Raum, der sich sowohl an Kinder als auch an Erwachsene richtet und viele Möglichkeiten für Spiel, Sport und Entspannung bereithält. Der öffentliche Raum zwischen der Prinsesse Charlottes Gade und der Stevnsgade ist Stadtplatz, öffentlicher Spielplatz und Hof der Guldberg-Schule in einem. Das gesamte Areal wurde in eine verkehrsberuhigte Zone umgewandelt, so dass vor allem für Kinder ein sicherer öffentlicher Raum entstanden ist. Mit hölzernen Sitzmöbeln, kleinen Trampolins und einem Kletterbereich ausgestattet, kann er darüber hinaus etwa für Stadtteilfeste mit Zelten und einer Bühne bestückt werden. Der angrenzende Spielplatz mit Kletter- und Balanciermöglichkeiten verfügt über zusätzliche Flächen für Basketball, Fußball, Tischtennis oder zum Skaten. Ergänzt wird das Angebot durch eine große weiße Skulptur des Bildhauers Hans Henrik Øhlers. Das organisch geformte hohle Gebilde lädt zu Erkundungstouren seines Inneren ein. Am südöstlichen Teil des Spielplatzes grenzt der neue Schulhort *Universet* (Projekt 095) an. Sein öffentliches Erdgeschoss kann in die Nutzung integriert werden.

Universet

095 C

Meinungsgade 11–13

JJW Arkitekter

2009

Innerhalb des Projekts »Neues städtisches Leben rund um die Guldberg-Schule« wurde auf dem Schulgelände ein neues Hortgebäude untergebracht. Architektonische Herausforderung dabei war, die vorhandenen Spielflächen am Boden nur geringfügig zu reduzieren. Im Erdgeschoss des *Universet* (»Universum«) befinden sich zwei Multifunktionsräume. Sie sind die Basis für einen länglichen, weit auskragenden Baukörper, der den Hort beherbergt. So sind unterhalb des Gebäudes sowie auf seinem Dach zusätzliche Freiflächen entstanden. Der Schulhort schwebt gleichsam auf Höhe der umliegenden Baumkronen, was den Kindern im Inneren das Gefühl vermittelt, sich in einem Baumhaus aufzuhalten. Dieser schwebende Charakter wurde über eine Stahlkonstruktion realisiert. Die weiten Auskragungen konnten so völlig stützenfrei ausgeführt werden. Die Fassaden des Erdgeschosses sind fast vollflächig verglast. Dadurch ist nicht nur das Leben im Hort bei Tag und am Abend präsent, sondern es wird zusätzlich die Illusion des darüber schwebenden Baukörpers verstärkt. Die Fassade des schwebenden Körpers ist mit rostfarbenem Cortenstahl verkleidet, der farblich eine Verbindung zu den Backsteingebäuden der Nachbarschaft herstellt. Der Schulhort *Universet* erfüllt die strengen dänischen Niedrigenergiestandards der Klasse 1 und ist aufgrund seiner energieeffizienten Lösungen Modellprojekt für die Stadt Kopenhagen.

Dachgarten Birkegade

096 C

Birkegade 4–6
JDS Architects
2011

Bei den meisten Standard-Bauprojekten ist ein Dach lediglich die letzte Baumaßnahme, um das Gebäude dicht zu abzuschließen. Dieses Projekt zeigt, dass mit Dächern auch ganz anders umgegangen werden kann. Das Quartier Elmegade ist eines der am dichtesten besiedelten Gebiete in Nørrebro. Die Eigentümergemeinschaft des Hauses wünschte sich einen Garten für bessere und kinderfreundlichere Lebensbedingungen in der Stadt: So entstanden drei Penthouse-Wohnungen und ein Dachgarten für die Hausgemeinschaft. Die ursprüngliche Dachfläche von 490 Quadratmetern wurde in einen Spielplatz mit stoßdämpfender orangefarbener Oberfläche und Hängebrücke, einen grasbewachsenen Hügel, eine Aussichtsplattform, ein Holzdeck und eine Außenküche mit Grill umgewandelt. Diese moderne Version der Dachterrasse ist eine Möglichkeit, das Ziel der Kopenhagener Stadtplaner, mehr Grün in die Stadt zu bringen, zu realisieren.

Korsgadehallen ≫

097 C

Korsgade 29–31
BBP Arkitekter
2006

Nørrebro hat nur wenige Sport- und Freizeiteinrichtungen und nur vereinzelt Grünbereiche. In einer dieser Grünanlagen, zwischen der Korsgade und dem Åboulevard, entstand *Korsgadehallen*, ein neues Sport- und Kulturzentrum. Es soll den Kindern und Jugendlichen des Quartiers einen Ort bieten, an dem sie ihre Freizeit sinnvoll verbringen können. Um die landschaftlichen Gegebenheiten zu bewahren, ist die Halle von außen nur als künstlicher grüner Hügel sichtbar. Im Winter wird der sanfte Hügel als Rodelberg genutzt, im Sommer steht er zum Sonnenbaden zur Verfügung. Belichtet wird das Freizeitzentrum über fünf große, in den Hang geschnittene Fenster. Das Haus bietet Raum für Sportaktivitäten, aber auch für aufwendigere Theater- und Musikveranstaltungen. Im Inneren stehen die technischen Details aus Stahl und Beton in einem reizvollen Kontrast zu dem unregelmäßig geformten Grundriss der eigentlichen Halle.

Hornbaekhus ≪

098 C

Borups Allé/Skotterupgade
Kay Fisker
1923

In der Zeit nach dem Ersten Weltkrieg herrschte großer Wohnungsmangel in Kopenhagen. Genossenschaftliche Wohnmodelle nahmen zu, denn es musste schnell und kostengünstig so viel Wohnraum wie möglich geschaffen werden. Für Kay Fisker war der Block als städtebauliche Typologie ein idealer Baustein, um einen unregelmäßigen Stadtgrundriss pragmatisch zu ergänzen und zu strukturieren. Sein neoklassizistisches *Hornbaekhus* ist ein funktionaler fünfgeschossiger Großblock von knapp 200 Metern an der langen und 80 Metern an der kurzen Seite, der an seinem nordwestlichen Ende eine leichte Kurve beschreibt. Die Anlage zeichnet sich vor allem durch den gestalteten Innenhof aus. Anders als eine typische Blockrandbebauung mit einzelnen Parzellen im Hofinneren, plante Fisker hier eine parkartige Grünanlage für die Hausgemeinschaft. Das *Hornbaekhus* beherbergt 290 Wohnungen, die alle von gleicher Größe und Ausrichtung sind: Schlafzimmer und Küchen sind zum Innenhof orientiert, während die Wohnzimmer einen Blick auf die Straße gewähren. Die traditionelle Ziegelfassade mit der Wiederholung des immer gleichen Fensterformats entwickelt eine neuartige Monumentalität des Alltags.

Frederiksberg

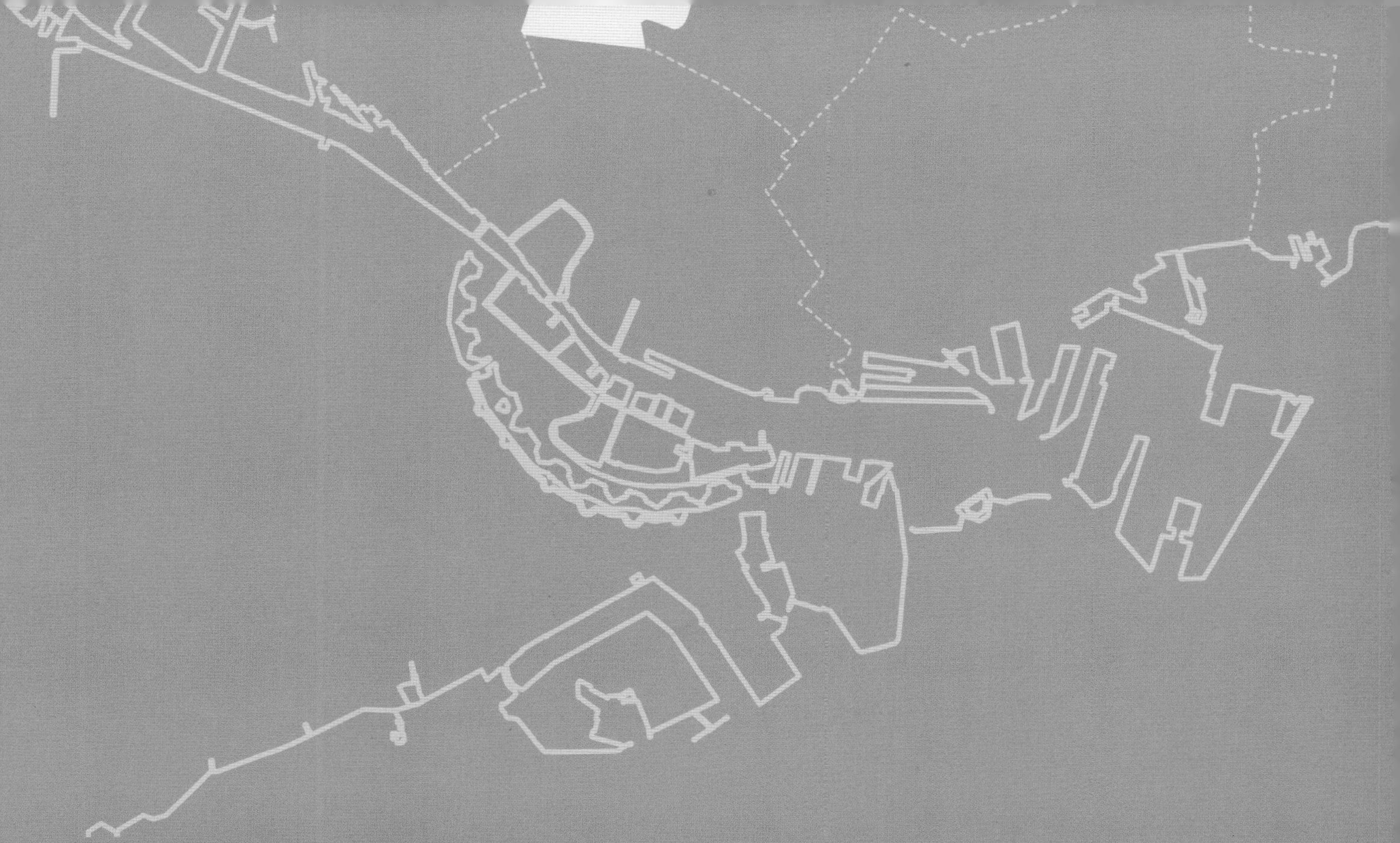

CBS Kilen
Frederiksberg Gymnasium
Frederiksberg Nye Pladser

Radiohuset 099 D

Julius Thomsens Gade 1

Vilhelm Lauritzen

1942

In den Dreißigerjahren setzte sich der Funktionalismus in der dänischen Architektur zunehmend durch. Ein besonderes Beispiel hierfür das *Radiohuset* von Vilhelm Lauritzen: ein Gebäude für die Radiokommunikation Dänemarks. 1936 wurde mit den Bauarbeiten begonnen, die 1942 abgeschlossen waren. Aufgrund der politischen Situation fand die Einweihung jedoch erst im Jahr 1945 statt. Der Gebäudekomplex beherbergt einen Verwaltungstrakt, zwölf Tonstudios sowie einen Konzertsaal für 1.200 Gäste. Der Konzertsaal hieß zunächst *Studio 1*, später wurde er nach dem Chef der *Statsradiofonien,* Kammersänger Emil Holm (1867–1950), benannt. Daraufhin erhielt das Foyer die Bezeichnung *Studio 1*. Bei seiner Planung legte Lauritzen viel Wert darauf, dass das Gebäude sowohl seinen repräsentativen als auch den praktischen Nutzungen gerecht wurde. So ließ er das Dach des Konzertsaals aus Schallschutzgründen mit Erde bedecken und eine Terrasse darauf errichten. Den Konzertsaal kleidete er an den Wänden mit Ahorn aus, außerdem entwickelte er einen robusten und zugleich ästhetischen Boden aus Birke und Teakholz. Noch während der Bauphase meinten Kritiker, dass das Bauwerk nicht monumental genug sei. Sie verstummten jedoch schon bei der Eröffnung. Besonders der Konzertsaal erhielt viel Lob. Seit 2006 wird das denkmalgeschützte *Radiohuset* von der Königlich Dänischen Akademie für Musik (DKDM) genutzt.

Frederiksberg Gymnasium 100 D

Falkoner Plads 2
Henning Larsen Architects
2004

In den vergangenen Jahren hat sich die Gegend rund um die U-Bahn-Station Frederiksberg zu einem lebendigen Stadtquartier mit vielfältigen Kultur-, Bildungs- und Einkaufsangeboten entwickelt. Zu den neueren Bausteinen des Viertels gehört das *Frederiksberg Gymnasium*: Es befindet sich in unmittelbarer Nähe zur *Copenhagen Business School*, der Stadtteil-Hauptbibliothek und zwei geoßen Einkaufszentren (*Frederiksberg* und *Falkoner*). Die offene Glasfassade des Schulbaus tritt in Interaktion mit dem angrenzenden Platz. Sie markiert den Eingang und zeigt das bunte Treiben in Aula und Mensa. Gerahmt wird sie von einer Klinkerfassade. Die anderen Gebäudeseiten, aus demselben markant gefärbten Klinker in verschieden hellen Brauntönen, sind wesentlich geschlossener; lediglich schmale Fensterbänder unterbrechen sie. Die Klassenzimmer sind teils als offene, teils als geschlossene Räume mit flexiblen Gruppen- oder Einzelarbeitsbereichen gestaltet. So unterstützen sie das Konzept des »virtuellen Gymnasiums«, das sich neuester Technologien und Techniken bei der Vermittlung der Lerninhalte bedient.

Frederiksberg Nye Pladser

101 D

Falkoner Allé
SLA
2005

Mit dem Bau der neuen U-Bahn-Linie in Frederiksberg wurden auf dem alten Bahngelände Flächen frei. Hier entwickelte die Kommune ihr neues Zentrum. Dazu gehören unter anderem das *Frederiksberg Gymnasium* (Projekt 100), Bürohäuser und angrenzende Wohnbauten. Für die unterschiedlichen Funktionen der öffentlichen Räume entwickelten die Landschaftsarchitekten von SLA eine abwechslungs- und erlebnisreiche Gestaltung, nach dem Grundsatz »Stadt und Landschaft lassen sich wunderbar miteinander verweben«. Doch zeigt ihre Arbeit, dass ihre Interpretation der Stadtlandschaft mitnichten eine verklärte »Bambiromantik« ist. Vielmehr ist hier ein städtischer Freiraum entstanden, der alle Nutzungen miteinander verknüpft und Raum für die Bedürfnisse der Anwohner und Nutzer bietet. *Frederiksberg Nye Pladser* (*Frederiksberg Plazas*) besteht aus fünf Zonen. Diese verbinden die verschiedenen Stadträume miteinander. Dazu gehört ein Fuß- und Radweg von der *Copenhagen Business School* (Projekte 102 / 103) bis zum *Frederiksberg Gymnasium*. In die Betonplatten wurden kreisrunde Ausschnitte mit unterschiedlich

hoch wachsenden Gräsern eingelassen. Ungeordnet im »Fahrbahnverlauf« platziert, bieten sie ein abwechslungsreiches Bild. Diese Verbindung mündet in einen grünen Erholungsraum. Daran schließt sich direkt ein Platz an, der vor allem die Sinne ansprechen möchte. Durch 32 in den Boden integrierte Klangelemente, die jeder beim Gehen zum Schwingen bringen kann, kann dieser Raum auf spielerische Weise wahrgenommen werden. Verstärkt wird dies durch in den Belag eingelassene kleine Düsen, die Regenwasser sammeln. An warmen Tagen können sie zu einem recht erfrischenden Erlebnis führen – je nachdem, wie weit man sich an sie heranwagt. Des Weiteren wurden Scheinwerfer und Lichtbänder in den Boden eingelassen, die den Platz verschiedenartig illuminieren können. Besonders in den Abendstunden ist die Atmosphäre sehr stimmungsvoll, was mit Sicherheit zu einer 24-Stunden-Nutzung des gesamten Areals beiträgt. Unterschiedliche Erhöhungen erheben sich aus dem Boden und formen Sitz- und Spielflächen. Der Bereich zwischen dem *Frederiksberg Gymnasium* und dem Bestand ist eine funktionale, durch Baumgruppen aufgelockerte Fläche mit Cafés und Fahrradparkplätzen. Von den Anwohnern und den Nutzern der angrenzenden öffentlichen Einrichtungen ist das Zentrum gut angenommen worden.

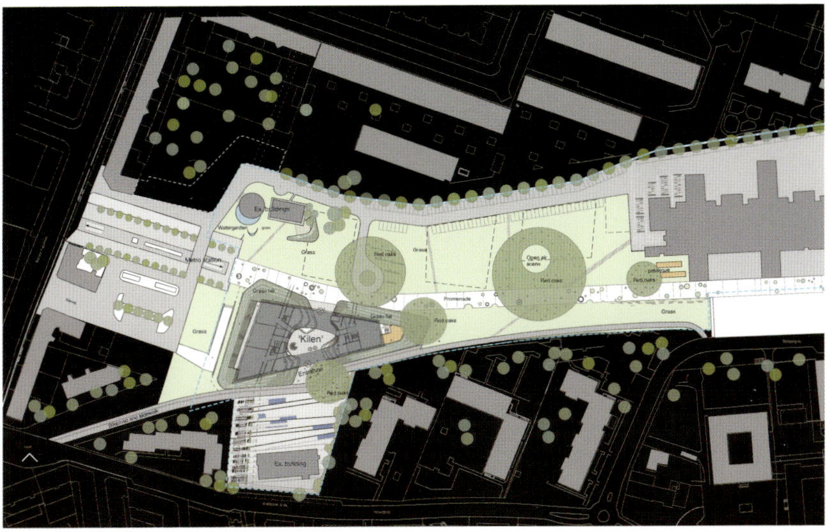

CBS Kilen

102 D

Kilevej 14

Lundgaard & Tranberg

2005

Mit dem neuen Fakultätsgebäude erhielt der auf dem *Solbjerg Plads* befindliche Campus der *Copenhagen Business School* (CBS) auch eine landschaftliche Neugestaltung. Die Kubatur des Hauses leitet sich aus der abgewinkelten Geometrie des Grundstücks ab – ihr verdankt das Projekt seinen Namen *Kilen* (»Keil«). Vier Obergeschosse ruhen auf einem gläsernen Sockel, der sich aus zwei grasbewachsenen Hügeln erhebt. Die Fassade wird von geschosshohen Fensterläden aus Holz, mattem farbigem Glas und Kupfer dominiert. Durch ihre individuelle Steuerbarkeit entsteht ein abwechslungsreiches Fassadenbild. Hinter den Fensterläden liegen die Seminarräume und die Büros der Verwaltung. Im Gegensatz zu der doch eher gleichmäßigen Außenansicht erstreckt sich im Inneren ein organisch geformtes Atrium über alle Geschosse. Große runde Fenster belichten den zentralen Raum von oben und schaffen ein interessantes Licht- und Schattenspiel. Über eine eingestellte filigrane Wendeltreppe sind alle Geschosse erreichbar.

Copenhagen Business School

103 D

Howitzvej 60
Henning Larsen Architects
1989

Das erste Haus der privaten *Copenhagen Business School* wird heute von den etwa 4.000 Studierenden der sprachwissenschaftlichen Fakultät genutzt. Die aufgebrochene Fassadenfront des weißen Gebäudekomplexes soll das sich ständig ändernde Tageslicht bestmöglich ausnutzen. Vom Haupteingang gelangt man in einen über drei Geschosse reichenden Lichthof. Auch im Innenraum herrscht die Farbe Weiß vor. Beiderseits erschließen zwei über die gesamte Gebäudelänge (175 Meter) laufende dreigeschossige Arkadengänge die Universitätsbereiche: Seminarräume und Sprachlabore im Erd- und im ersten Obergeschoss, Räumlichkeiten für Forschung, Verwaltung und Studierendenservices im zweiten Obergeschoss. Ein großer Hörsaal, eine halbkreisförmige Bibliothek und eine darunter gelagerte, ebenfalls halbkreisförmige zweigeschossige Mensa komplettieren das Raumprogramm.

Was ist Ihrer Meinung nach das Besondere an Kopenhagens Architektur?

In Kopenhagen hat jedes Quartier seine eigene architektonische Gestalt. So gibt es in der gesamten Stadt unterschiedliche Atmosphären und Stimmungen. Geht man sozusagen vom 17. Jahrhundert, wie in Christianshavn, in Gebiete wie Ørestad oder in alte Industrieareale wie den Nordhavn, kann man die Entwicklung der Stadt mit all ihren unterschiedlichen Architekturen erleben. Kürzlich hat die Stadtverwaltung beschlossen, einige Straßen für den Pkw-Verkehr zu schließen und nur für Fußgänger, Radfahrer und Busse freizugeben. Auch wurden viele Plätze renoviert. Alle diese Initiativen verändern und verbessern das städtische Leben. In den letzten Jahren hat Kopenhagen Architekten wie Steven Holl und Jean Nouvel eingeladen. Das steigerte das Niveau bei Architekturwettbewerben. Die dänischen Architekten haben sich mit den Besten gemessen und niemandem wurde ein Auftrag zugeschustert, nur weil er Däne ist. Das Resultat ist Architektur von hoher Qualität.

Welchen Ort oder welches Gebäude sollte man auf keinen Fall bei einem Besuch in Kopenhagen verpassen?

Ich mag Christianshavn. Hier befindet sich auch unser Büro. Mit seinen kleinen Kanälen hat es eine ganz eigene, charmante Rauheit und Verwegenheit. Auch das bunte, heterogene Nørrebro sollte man sich nicht entgehen lassen. Und ich empfehle, bei den neuen Kulturbauten wie dem Black Diamond und dem Royal Play House Halt zu machen. Das erste Sightseeing-Erlebnis gibt es übrigens schon während des Anflugs auf Kopenhagen Airport. Von oben ist das neue Dänische Nationalaquarium zu erkennen – entworfen von 3XN und gestaltet wie ein Whirlpool, der einen in das Meer hineinzieht.

Was ist Ihr liebster Ort in Kopenhagen?

Ich denke, das ist das Gebiet, in dem ich auch lebe. Es nennt sich Holmen und ist eine ehemalige Marinestation aus dem späten 17. Jahrhundert. Heute hat die Marine nur noch eine kleine Basis und das restliche Areal wird nun zum Wohnen und Arbeiten genutzt. Viele der Gebäude sind alte Boots- oder Torpedofertigungsstätten, die in Wohnungen umgewandelt wurden – in einem sehr spannenden Gebiet! Holmen hat jede Menge Charme und weite, offene Räume. Ab 2013 wird es mit einer Brücke für Fußgänger und Radfahrer mit dem Stadtzentrum verbunden sein.

Was würden Sie jemandem empfehlen, der nach einem typischen »Kopenhagen-Erlebnis« fragt?

Miete ein Fahrrad und radle zu den unterschiedlichen Quartieren und Architekturen. Das ist einfach der beste Weg, um Kopenhagen zu erkunden. Und dann muss man natürlich beim Hotel Bella Sky in Ørestad Halt machen und den Blick auf die Stadt von der Skybar im 23. Geschoss genießen. Auch ein Besuch im Tivoli darf nicht ausgeschlossen werden – auch für diejenigen, die keine Kinder haben. Das Tivoli hat einen wunderschönen alten Garten, nette Restaurants und eine einzigartige Atmosphäre. Und natürlich die von 3XN entworfene Konzerthalle, die ich persönlich – selbstverständlich – für absolut sehenswert halte.

Kim Herforth Nielsen
Kreativdirektor von 3XN (www.3xn.dk)

CBS – Porcelænshaven 104 D
Porcelænshaven 28
Henning Larsen Architects
2010

Auf dem heutigen CBS-Campus wurde einst *Royal Copenhagen* hergestellt, das Porzellan der Königlichen Porzellanmanufaktur (*Den kongelige Porcelænsfabrik*). 2004 gewann das Büro Henning Larsen Architects den Wettbewerb für den Umbau einer ehemaligen Lagerhalle auf diesem Areal zu einem Fakultätsgebäude. Die Architekten versahen den Bau mit einer aus – teilweise mit Baummotiven bedruckten – Glastafeln bestehenden, zurückhaltend gestalteten Fassade. Lediglich einige vor- und zurückspringende Elemente unterbrechen die Ruhe und Ausgewogenheit vermittelnde Gleichmäßigkeit. Das Erdgeschoss ist eine künstliche Landschaft mit fließenden Übergängen zu unterschiedlichen öffentlichen Nutzungen wie etwa einem Café, loungeartigen Sitzgruppen oder offenen Lernzonen. Im zentralen Atrium führt eine skulpturale Treppenanlage zu den einzelnen Obergeschossen, dort befinden sich die Büros der verschiedenen Fachrichtungen. Die Lern- und Arbeitsräume für die Studierenden sind hinter der Bestandsfassade im Norden angeordnet. Vom Studieren erholen kann man sich ausgezeichnet auf der Dachterrasse im obersten Geschoss – mit einem wunderbaren Blick über den Frederiksberg-Park.

Flintholm Care Home 105 D
Elga Olgas Vej 5
Frederiksen & Knudsen
2007

Das *Flintholm Care Home*, ein Altenheim mit 50 Wohnungen, befindet sich unweit des U- und S-Bahnhofs Flintholm. Besonderes Merkmal des fünfgeschossigen Gebäudes ist seine Ellipsenform. Mit ihrem Entwurf möchten die Architekten den Gemeinsinn der älteren Bewohner stärken und ihren speziellen Bedürfnissen gerecht werden. So konnten etwa aufgrund der elliptischen Gebäudeform lange, dunkle Flure weitgehend vermieden und mehr Gemeinschaftsflächen geschaffen werden. Das Erdgeschoss beherbergt ein Café und die Service- und Personaleinrichtungen. Von hier aus gibt es auch einen Zugang zum Frederiksberg-Park. Da die maximale Gebäudehöhe 16,5 Meter nicht überschreiten durfte, musste das Erdgeschoss in den Boden eingelassen werden, um auch im obersten Geschoss eine adäquate Raumhöhe zu ermöglichen. In den vier Obergeschossen sind die 50 Seniorenwohnungen entlang der Außenfassade verteilt und so ausreichend mit Licht und Luft versorgt.

Flintholm Port 106 D

Finsensvej 78

JJW Arkitekter

2007

Dieses Haus vereint eine Vielzahl von Nutzungen unter seinem Dach: Hinter der dezent gestalteten Außenhülle verbirgt sich im Erdgeschoss ein Supermarkt, während in den Obergeschossen Büros mit einem Dachgarten sowie drei eingeschossige Penthouses mit einem eigenen kleinen Garten untergebracht sind. Die zurückhaltende Fassade soll die verschiedenen Bereiche »harmonisieren«. Sie ist aus Beton und Glaselementen zusammengefügt, die je nach Nutzung mit Schiefer und Holz kombiniert werden. Das Konzept des Gebäudes entstand, als der Konzern Lidl die Architekten bat, für seinen neuen Supermarkt ein Haus zu entwerfen, das sich in die anspruchsvoll gestaltete Umgebung harmonisch einfügt. Der Bauplatz sah ein höheres Gebäude vor, doch die Supermarktkette wollte nicht von ihren Vorstellungen Abstand nehmen. Daraus resultierte letztlich ein multifunktionales Gebäude, in dem die einzelnen Bereiche völlig autark voneinander »agieren«.

Hauptverwaltung KPMG

107 D

Osvald Helmuths Vej 4
3XN architects
2012

KPMG ist ein weltweit agierendes Unternehmensnetzwerk in den Bereichen Wirtschaftsprüfung, Steuer- und Unternehmensberatung. Für das Gebäude der Kopenhagener Hauptverwaltung war daher ein hoher Wiedererkennungswert gewünscht. Das Bauwerk sollte sich aber auch gut in seine Umgebung einfügen. Die beauftragten Architekten von 3XN schufen ein kraftvoll-elegantes Ensemble in einer charakteristischen kleeblattartigen Form, die auf einem erhöhten Sockel steht. Diese Struktur soll ein Problem lösen, das viele Bürohäuser haben: Sie sind oft unübersichtlich und bieten nur wenig Orientierungspunkte. Ein zentraler Kern verbindet die drei

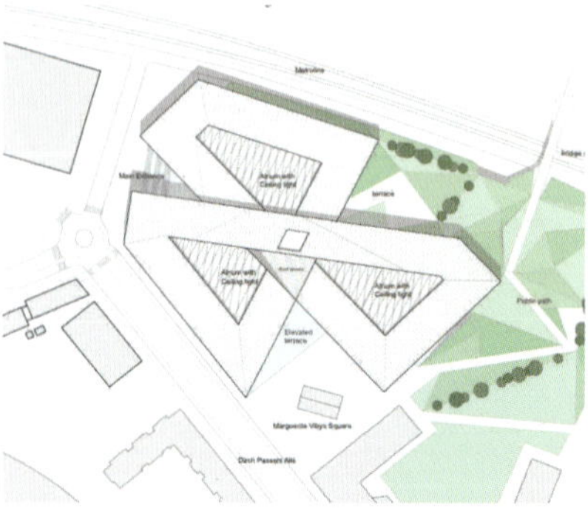

»Kleeblätter« miteinander und ist ein wichtiger Treffpunkt. Durch die blattartige Anordnung der einzelnen Körper wirkt die Gebäudekubatur trotz der Baumasse aufgelockert und leicht. Jedes der »Kleeblätter« verfügt über ein eigenes kleineres Atrium. Die dort den Luftraum durchschneidenden Brücken verkürzen die Wege durch das Haus und erleichtern die Logistik zwischen den Abteilungen. Sowohl bei den Materialien als auch im Bereich des Gebäudemanagements setzten 3XN architects klar auf Nachhaltigkeit. Eine aktive Natursteinfassade mit integriertem Sonnenschutz ist nur eine von vielen Maßnahmen.

Bahnhof Flintholm 108 D

Flintholm Station

KHR Arkitekter

2004

Neben dem Kopenhagener Hauptbahnhof und *Nørreport* ist der U- und S-Bahnhof Flintholm Dänemarks drittgrößte Bahnstation. Als ein Teil der Ringlinie, die Kopenhagen und die Außenbezirke miteinander verbindet, nutzen bis zu 45.000 Passagiere täglich diesen Verkehrsknotenpunkt. Die oberirdische Station wird unter anderem von den U-Bahn-Linien M1 und M2 angefahren sowie von den Linien H, C und F der S-Bahn (*S-tog*). Ein 5.000 Quadratmeter großes Glasdach bietet Schutz vor Witterung. Die verhältnismäßig geringe Stützenzahl unterstreicht die Leichtigkeit der Konstruktion, die mit dem *European Steel Design Award* ausgezeichnet wurde.

Frederiksberg Slot

109 D

Roskildevej 28

Ernst Brandenburger, Johan Conrad Ernst, Lauritz de Thurah

1738

1699 begannen die Bauarbeiten für Schloss Frederiksberg, das Frederik IV. als Sommerresidenz zu nutzen gedachte. Der erste Bau war ein kleines Palais im italienischen Stil, entworfen von Ernst Brandenburger. Sein Mitteltrakt, 1703 vollendet, ist bis heute Kern der Schlossanlage. 1708–1709 wurde das Schloss aufgestockt sowie durch zwei Seitenflügel und eine Kapelle nach dem Entwurf von Johan Conrad Ernst erweitert. Der Grundriss erhielt dadurch die Form eines »H«. 1733–1738 ließ Christian VI. Verbindungsbauten von Lauritz de Thurah errichten. Sie umschließen einen arkadengesäumten Innenhof. Im Zuge der 39 Jahre währenden Bauarbeiten war so eine herrschaftliche Barockresidenz entstanden. 1770 wurden einige Räume im Stil des Klassizismus neu gestaltet. Seit 1869 ist das Schloss in Besitz der Militärakademie der dänischen Streitkräfte und kann daher auch heute nur nach Voranmeldung besichtigt werden. Der ursprünglich barock gestaltete Schlosspark (Hans Henrik Bruhn) gehörte einst zu den größten französischen Gärten in Dänemark. Er wurde 1789–1800 von Peter Petersen nach englischem Vorbild zum Landschaftsgarten umgestaltet.

Vesterbro

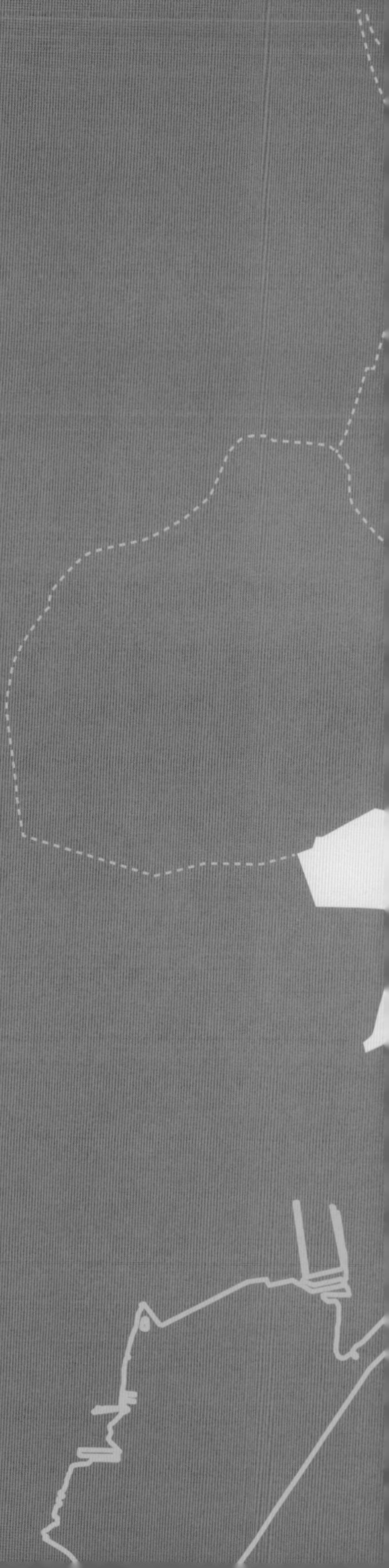

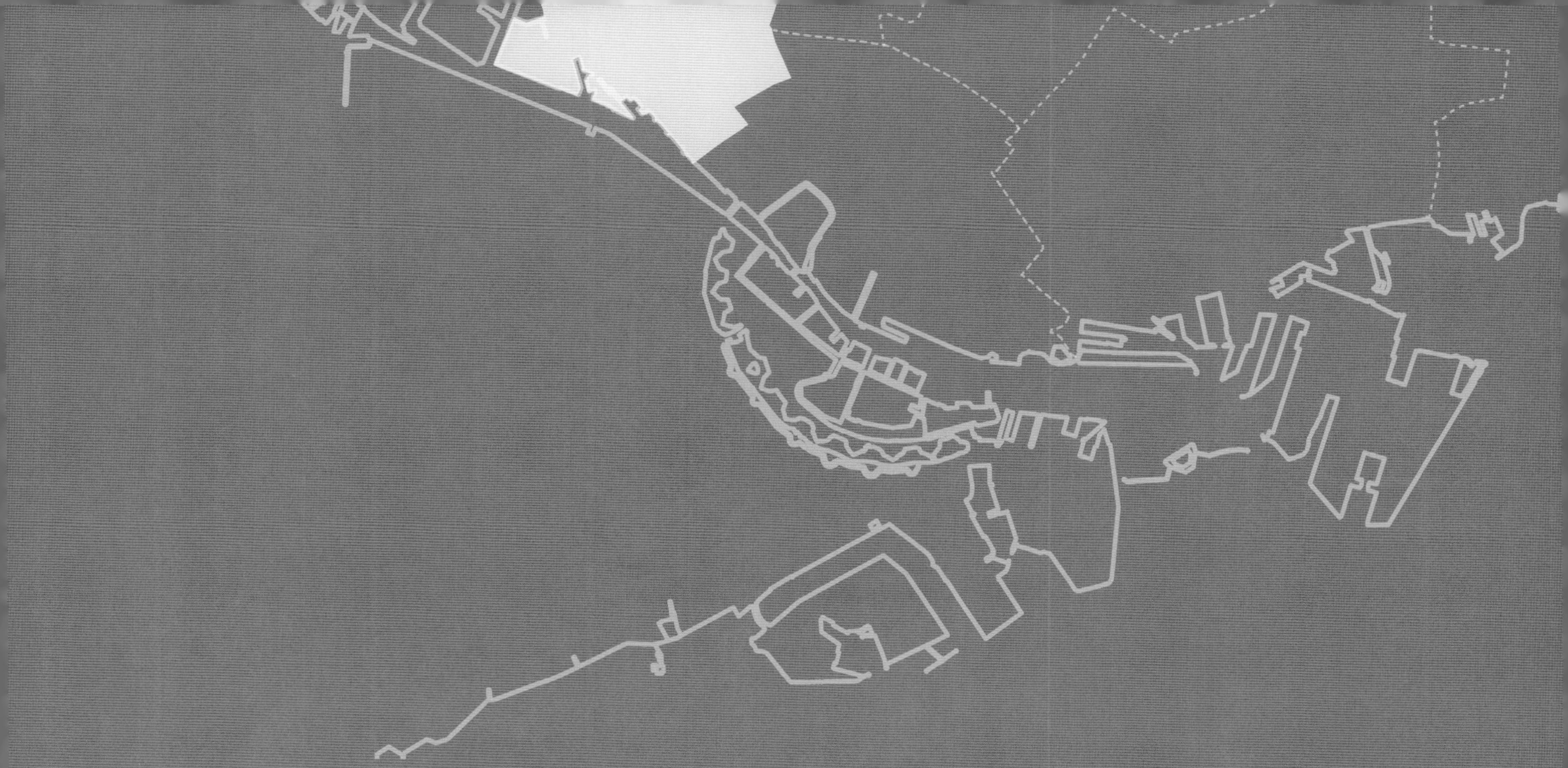

Tycho-Brahe-Planetarium
Aller Buildin
Panum-Institut
SAS Hotel
Havneholmen Housing
Hauptbahnhof
Tivoli

Copenhagen Marriott
Bryggebroen
Frøsilo
A-House
Fyrholm Island
Metropolis
Koralbadet

The Crystal

110 E

Kalvebod Brygge 20
schmidt hammer lassen
2010

Am Hafen leuchtet der Erweiterungsbau des Hauptquartiers von Nykredit, einem Finanzdienstleister, wie ein großer Kristall. Den Namen verdankt der Bau seiner asymmetrisch ansteigenden Z-Form. Dank dieser Geometrie und der siebbedruckten Doppelglasfassade spiegelt *The Crystal* Licht und Farben des Himmels, so dass sich sein Aussehen im Tagesverlauf ständig ändert, je nach Standpunkt des Betrachters und den Wetterverhältnissen. Um einen Blickbezug zum und eine räumliche Verbindung mit dem Hafen herzustellen, löst sich der Bau gleichsam vom Boden, nur an drei Punkten liegt er auf. So ist ein Durchgang für Fußgänger entstanden, mit Blick in Richtung des *Glass Cube*, der Nykredit-Hauptverwaltung von 2001 (schmidt hammer lassen). An der südlichen Seite hebt sich die Spitze von *The Crystal* vom Boden und schafft Raum für den Haupteingang. Das helle Innere ist bestimmt von Funktionalität, Flexibilität und Effizienz. Der z-förmige Grundriss umfasst zwei Atrien, die alle Arbeitsplätze – von offenen Großraumbüros über Einzelbüros bis zu Tagungsräumen – mit Licht versorgen. Auf dem Vorplatz befindet sich ein großes rundes Wasserbecken (Landschaftsgestaltung: SLA A/S), das nachts stimmungsvoll beleuchtet ist. Auch hier wird wieder mit der subtilen Spiegelung von Licht und Wolken gespielt.

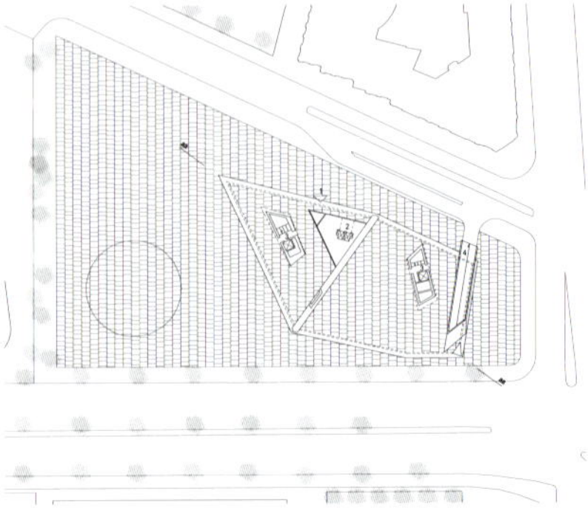

Politigården ≫

111 E

Otto Mønstedsgade 4
Hack Kampmann
1924

Das Kopenhagener Polizeipräsidium gilt als ein Höhepunkt des dänischen Neoklassizismus. Begonnen im Jahr 1918, erlebte sein Architekt, Hack Kampmann, die Fertigstellung des Baus nicht mehr: Nach seinem Tod im Jahr 1920 führte sein Sohn Hans Jørgen Kampmann die Bauarbeiten weiter. Die monumentale Wirkung unterstreicht die Funktion als Polizeipräsidium. Exakt folgen die Außenkanten des wuchtigen Baus den Straßen, die ihn umgeben. Daraus resultiert auch die Form, die der eines verzerrten Trapezes gleicht. Allein die Seite des Haupteingangs ist von der Straße zurückgesetzt, um ihn so hervorzuheben. Auf sämtliche dekorative Elemente des Klassizismus in Säulen und Gebälk wurde verzichtet. Die Außenfassade gliedern lediglich die einfache horizontale Linie der Gesimse, der strenge Fensterraster und die acht Säulen, die den Eingang markieren. Bemerkenswert ist der runde Innenhof (Durchmesser 45 Meter), der die Seitenflügel miteinander verbindet. Er wird im Erdgeschoss von einem Säulengang betont. Sehenswert sind auch die schlichten geschwungenen Treppen in den Ecken und an den Schnittstellen zum Hof.

Copenhagen Marriott ≪

112 E

Kalvebod Brygge 5
PLH Arkitekter
2001

Die Gäste des *Copenhagen Marriott Hotel* können direkt auf das Meer blicken. Und das nicht nur aus den meisten Hotelzimmern, sondern auch vom Restaurant und von der Terrasse vor dem Lobbybereich. Wie beispielsweise die SEB-Hauptverwaltung (Projekt 113) oder *The Crystal* (Projekt 110) ist auch das Fünfsternehotel im Zuge der Umstrukturierung des hiesigen Hafenareals entstanden. Es beherbergt auf elf Geschossen insgesamt 395 Gästezimmer, ein Restaurant, einen Ballsaal und ein Fitnesscenter sowie 15 Konferenzbereiche für bis zu 600 Teilnehmer. Das Bauensemble besteht aus zwei schlanken, 40 Meter hohen Riegeln, die leicht gegeneinander verschoben sind. Ihre lang gestreckten, zum Wasser orientierten Außenfronten sind als zweischichtige gläserne Vorhangfassaden ausgebildet. Die filigrane Glaskonstruktion steht dabei im Kontrast zu der dunklen Klinkerfassade an den kurzen Stirnseiten. Zur *Kalvebod Brygge* hin ist den Riegeln ein kleiner eingeschossiger Klinkerbau vorgelagert, der administrative Funktionen beherbergt.

Hauptverwaltung SEB

113 E

Bernstorffsgade 50
Lundgaard & Tranberg
2010

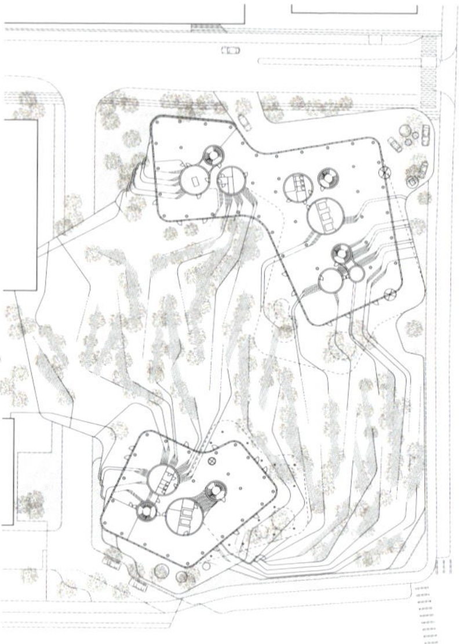

Direkt am Hafen ließ sich auch der Finanzkonzern SEB (*Skandinaviska Enskilda Banken*) seine neue Zentrale errichten. Das aus zwei zehngeschossigen Bauten bestehende Ensemble steht in einer leicht hügeligen Landschaft, die von der Bernstorffsgade bis zur südlichen Grundstücksgrenze um sieben Meter ansteigt. Der Hang ist mit Bäumen, Gräsern, Farnen und Moosen aus der schwedischen Bergwelt bepflanzt (Landschaftsgestaltung: SLA). Unter ihm befinden sich die zu den Gebäuden gehörenden Park- und

Technikbereiche. Bei der der Entwicklung beider Bauten wurden die örtlichen Gegebenheiten, die Sichtbezüge zu Hafen und Stadt sowie der Sonnenstand und die Aussicht berücksichtigt. Ihr Innenraum ist in zwei Zonen gegliedert: Der flexible und helle öffentliche Bereich (Serviceräume, Aufzüge, WCs), wurde mittig in die Geschosse platziert. Die Arbeitszone ist ein sechs Meter breites Band entlang der geschwungenen Fensterfront. Jede Geschossdecke wird durch ein vorspringendes Kupferband in der Fassade markiert. Dazwischen liegen geschosshohe Glastafeln. Bei der markanten türkisfarbenen Fassade wurden transparente und hochgedämmte Scheiben im Verhältnis 60 Prozent zu 40 Prozent eingesetzt.

Dänisches Nationalarchiv, Neue Magazingebäude

114 E

Bernstorffsgade/
Kalvebod Brygge
PLH Arkitekter
2009

Das Haupthaus des 1889 begründeten Dänischen Nationalarchivs befindet sich auf Slotsholmen. Für seine stetig wachsenden Bestände wurde 2006–2009 auf dem Gelände eines alten Güterbahnhofs an der *Kalvebod Brygge* ein weiteres Gebäudeensemble erstellt. Es besteht aus zwei massiven Riegeln, die beidseitig an einen niedrigeren Zwischenbau, den ehemaligen Güterbahnhof, angegliedert sind. Die gleichmäßigen Backsteinfassaden sind als Relief gestaltet. Sein grafisches Muster erinnert an stilisierte Runen und verleiht den Fassaden Tiefe. Die Magazine beherbergen etwa 370 Regalkilometer von zwölf Meter Höhe zur Lagerung wichtiger Dokumente der dänischen Geschichte. Die massiven Wände aus Beton und Ziegel haben thermische Funktionen und unterstützen ein stabiles Innenraumklima. Zwischen den beiden Riegelbauten befindet sich eine öffentliche Grünanlage, in deren Gestaltung sich das Muster des Fassadenreliefs wiederholt. Schmale Pfade verlaufen zwischen den bepflanzten Flächen und kleine Sitzecken laden zum Verweilen ein. Das begrünte Dach ist ein Teil der *Green Street*, eines städtischen Flächennutzungsplans für Erholungsräume in Vesterbro. Sie verläuft von der Bernstorffsgade bis zum Bahnhof *Dybbølsbro*.

Aller Building
Havneholmen 33
PLH Arkitekter
2009

115 E

Auf dem äußersten Pier von Havneholmen erhebt sich der Hauptsitz des Unternehmens Aller Media: ein markantes dreieckiges Gebäude aus Glas, Stahl und Aluminium, das die Form der Uferzone nachzeichnet. Der spitze Winkel des Dreiecks ist zum Meer orientiert, dadurch wirkt der Bau wie ein Eisbrecher, der sich seinen Weg durch den Hafen bahnt. An der spitzen Seite achtgeschossig, sinkt die Höhe über die Gebäudelänge bis zum Eingang auf der kurzen Seite des Dreiecks auf fünf Geschosse. Die sanft geschwungene gläserne Fassade bildet einen reizvollen Kontrast zu den statischen, geraden Kaimauern. Im Inneren öffnet ein fächerförmiges Atrium das Haus zum Himmel und zum Wasser. Zurückspringende Geschossebenen schaffen räumliche Abwechslung. Die hier verwendeten Materialien sind von der nordischen Landschaft im Wechsel der Jahreszeiten inspiriert: Granit, Eiche, Nussbaum und satiniertes Glas. Über die gesamte Höhe des Atriums zieht sich eine spiralförmige Lichtskulptur aus weißen und blauen Leuchten – ein Wahrzeichen des Gebäudes bei Nacht. Das *Aller Building* erhielt im Dezember 2009 von der Stadt Kopenhagen die Auszeichnung »Bestes Bürogebäude«.

Havneholmen Housing

116 E

Havneholmen 48–86
Lundgaard & Tranberg
2008

Havneholmen besticht durch seine exklusive Lage direkt am Wasser. Mittels verschiedener Bauprojekte vollzog das Hafenareal in den vergangenen Jahren eine Wandlung vom ehemaligen Industriegebiet in ein attraktives Wohn- und Geschäftsviertel. Direkt an der Uferpromenade stößt man auf eine Ansammlung eleganter weißer Bauten: die Wohnanlage *Havneholmen Housing*. Das Gebäudeensemble besteht aus zwei zum Wasser hin geöffneten u-förmigen Blöcken mit intimen begrünten Innenhöfen. In den fünf- bis achtgeschossigen Häusern sind insgesamt 236 Appartements untergebracht. Abwechslungsreiche, aber dennoch ruhige Fassaden und die ansteigenden Pultdächer reduzieren optisch die Größe des Ensembles. Fenster, Erker und Balkone sind rhythmisch über die weiß verputzten Fassaden verteilt, und zwar so, dass alle Wohnungen über direktes Sonnenlicht und einen Meerblick verfügen. Mit viel Liebe zum Detail wurde der Außenraum der Anlage gestaltet: Holzdecks, ein Strandhafen und zwei Wasserkanäle mit privaten Anlegestellen verleihen dem Quartier *Havneholmen Housing* ein maritimes Flair.

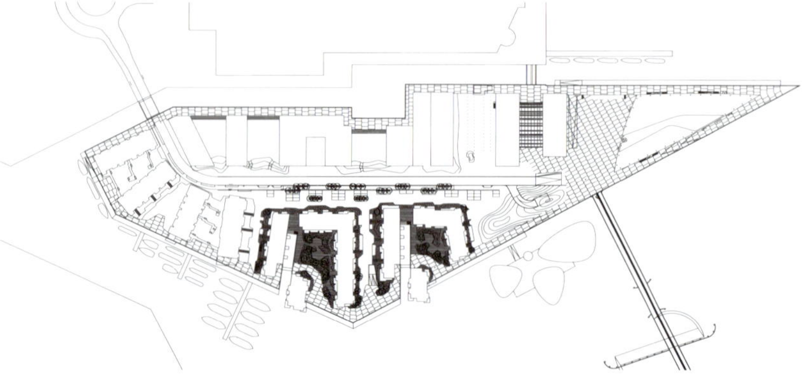

Meatpacking District 117 E
zwischen Halmtorvet,
Skelbækgade, Ingerslevsgade
MUTOPIA Architects
ab 2007 (Stufenplan 1. Phase)

Mehr als 70 Jahre war der *Meatpacking District* das Zentrum der Lebensmittelindustrie im Großraum Kopenhagen. Funktionalistische weiße Betonbauten aus den Dreißigerjahren prägen einen großen Teil des Areals. Hier gingen die Metzger ihrem Handwerk nach. Fast wie bei einer geheimen Stadt in der Stadt kannten nur wenige Menschen außerhalb der Lebensmittelindustrie diesen Bezirk. Er ist voller Geschichten und verfügt noch heute über eine raue, pulsierende Lebendigkeit. Die Stadt Kopenhagen als Eigentümerin erkannte das Potenzial des teilweise leer stehenden Gebiets und ließ 2007 von MUTOPIA Architects einen Masterplan erarbeiten, der es in eine gemischt genutzte kreative Oase für Gewerbe, Kultur und Freizeit umwandeln soll. Das Konzept ist einfach und möchte die Atmosphäre des *Meatpacking District* nicht verändern. Durch die Analyse der umliegenden städtischen Quartiere und der Menschenströme ergaben sich drei relevante Durchwegungsachsen, die in ihrer Gesamtkonstellation die Form eines »K« ergeben. Für diese drei programmatisch verschiedenen Bereiche – *The Rambla*, *Garden of Light* und *The Street* – wurden Infrastrukturplanungen, Nutzungsstrategien und ein Geschäftsplan mit jeweils eigener Identität erarbeitet. Seit der Genehmigung im Jahr 2007 ist bereits ein großer Teil des ursprünglichen Masterplans umgesetzt worden. Boutiquen, Restaurants, Kunstgalerien, Cafés und Clubs sind in die leeren Räume des Areals eingezogen. Der vormals nahezu unbekannte Industriestandort ist inzwischen eines der angesagtesten Kopenhagener Viertel geworden. Einer der Nutzer, der Galerist Bo Bjerggaard, beschreibt die Besonderheit und den Reiz dieses Ortes: »In fünf Jahren werde ich noch hier sein – aber nur, wenn auch die Metzger noch hier sind. Der Wert von Kunst und Kultur steigt, wenn sie von Alltag umgeben sind.«

Jugendzentrum Vestervang 118 E

Dannebrogsgade 47

Entasis

2002

Lange hatte es Vesterbro an Einrichtungen mit speziellen Freizeitangeboten für die hier wohnenden Kinder und Jugendlichen gemangelt. Seit einem Jahrzehnt bringt nun das hiesige Jugendzentrum sowohl mit seinem Gebäude als auch mit seinem Programm einen neuen Akzent in das Quartier. Hier werden 110 Kinder in fünf Gruppen betreut. Das fünfgeschossige Haus, das direkt an seine Nachbarbebauung angeschlossen ist, steht schräg gegenüber dem grünen *Litauen Plads*. Es verfügt nicht nur über eine Außenfläche im Erdgeschoss, sondern in der fünften Etage auch über eine Dachterrasse mit Holzdeck und Bepflanzung. Innen sind die einfachen, offenen Räume um einen Kern aus Garderoben, einer Küche und Toiletten organisiert. Die Fassade ist mittig über die komplette Gebäudehöhe verglast, die restliche Fläche wurde mit anthrazitfarbenen quadratischen Platten verkleidet. Rot leuchtet der Eingang in der Straßenfassade. An der Stirnseite wurde eine Kletterwand angebracht. Direkt in die Doppelglasfenster eingebaute Solarzellen tragen zur positiven Energiebilanz bei.

Was ist Ihrer Meinung nach das Besondere an Kopenhagens Architektur?
Kopenhagen hat nur wenige – wenn überhaupt – ikonische und spektakuläre Bauten. Die Stadt wird viel mehr durch ihre urbanen Räume und deren menschlichen Maßstab charakterisiert.

Welchen Ort oder welches Gebäude sollte man auf keinen Fall bei einem Besuch in Kopenhagen verpassen?
Definitiv Amager Strandpark, ein Strand und Park im Süden und nicht weit vom Stadtzentrum entfernt! Und Halvandet, ein eher lockerer urbaner Strandpark in einem ehemaligen Industriehafen. Aber auch Dronningegården an der Adelgade/ Dronningens Tværgade, ein Wohnkomplex, der vor etwa 65 Jahren von Kay Fisker und C. F. Møller entworfen wurde.

Was ist Ihr liebster Ort in Kopenhagen?
Neben meinem Zuhause und dem Büro: die Parks und Seen, die Hafenkanten und die Plätze.

Was würden Sie jemandem empfehlen, der nach einem typischen »Kopenhagen-Erlebnis« fragt?
Nimm ein Fahrrad, mach eine Tour am Wasser entlang und durch das historische Zentrum. So erlebt man am besten die verschiedenen Menschen, die den städtischen Raum genießen und ihn auf ganz unterschiedliche Art nutzen.

Peter Thorsen
Architekt und CEO bei Lundgaard & Tranberg
www.ltarkitekter.dk

Sønder Boulevard

119 E

zwischen Halmtorvet und Enghavevej
SLA
2007

Wie eine breite Schneise durchschneidet der Sønder Boulevard das Viertel. Der Traum des 19. Jahrhunderts von der »großen Metropole Kopenhagen«, als die Stadt über die Befestigungsanlagen hinauswuchs und das Quartier Vesterbro angelegt wurde, hinterließ ihn jedoch als Fragment. Durch geschickte Revitalisierungsmaßnahmen ist der Sønder Boulevard 2005–2007 von einer von Verkehr dominierten und baufälligen Durchgangsstraße in einen mehrfach genutzten städtischen Grünraum umgewandelt worden. In der Planungsphase wurden mittels Bürgerbeteiligung Nutzungsvorschläge gesammelt: Entstehen sollten integrative Räume für alle. Der Mittelstreifen des Boulevards ist bis zu 17 Meter breit. Das eingeführte Tempolimit gibt der mittig angelegten Grünfläche die Chance, langfristig zu einem Park zu werden. Unterteilt wird dieser »Streifen« in Zonen, die jeweils durch verschiedene Oberflächenmaterialien, Gras, wilde Blumen und Baumgruppen gekennzeichnet sind. Ergänzt wurden außerdem ein Kinderspielplatz, ein eingezäunter Ballspielplatz und eine asphaltierte BMX-Strecke. Die etwa 230 in kleineren Gruppen gepflanzten Bäume verschiedener Arten haben jeweils unterschiedliche Blütezeiten, Früchte und Herbstfärbungen. So zeigt der Boulevard die Schönheit der wechselnden Jahreszeiten. Für seine Revitalisierung und für die Integration von Natur, Freizeit und Verkehr an einem Ort wurde die Stadt Kopenhagen 2009 mit dem vom dänischen Straßenamt gestifteten *Vejprisen* ausgezeichnet.

Carlsberg-Brauerei

120 E

Ny Carlsberg Vej 100
Harald Conrad Stilling, Vilhelm Dahlerup u. a.
1847 (Eröffnung)

1846 erhielt Jacob Christian Jacobsen die Erlaubnis des Königs, eine Brauerei außerhalb der Stadtgrenzen auf dem heute als Carlsberg-Areal bekannten Gebiet zu eröffnen. Der Kunst- und Architektur-Liebhaber (Projekt 039) ließ zusammen mit seinem Sohn Carl (nach dem die Brauerei benannt ist) verschiedene Bauten errichten. Die ersten Gebäude wurden nach Skizzen von Jacobsen senior unter der Leitung von Harald Conrad Stilling gebaut. 1852–1854 entstand die Villa des Brauereibesitzers, ein italienisch inspirierter spätklassizistischer Bau, zu dessen Ausstattung viele zeitgenössische Künstler beitrugen. Ab 1914 stand sie als *Honorary Residence* zur Verfügung: So lebte dort 1932–1962 der Physiker Niels Bohr. Seit 1995 wird das Haus als *Carlsberg Academy* genutzt. Vilhelm Dahlerup entwarf das *Dipylon* (1892), das doppeltorige Zugangsportal im historistischen Stil. Ebenfalls nach seinen Plänen entstanden 1901 das Hauptgebäude und das zum Wahrzeichen des Areals avancierte Elefanten-Tor, dessen Turm von vier lebensgroßen steinernen Dickhäutern getragen wird.

Carlsberg – Masterplan

121 E

Ny Carlsberg Vej/Vesterfælledvej
Entasis
2027 (geplant)

Im Jahr 2008 verlagerte Carlsberg die Produktion aus Kopenhagen komplett in die bestehende Brauerei in Fredericia (Region Syddanmark). Ein Jahr zuvor hatte die Brauerei einen städtebaulichen Ideenwettbewerb zur Nachnutzung des etwa 33 Hektar großen Geländes ausgelobt. Der siegreiche Masterplan von Entasis basiert auf fünf Prinzipien: das Baudenkmal, der Stadtraum, die Achse, der Turm sowie die aus diesen Elementen entstehende städtische Dichte. Neuinterpretation und Umbau sind erforderlich, um aus dem ehemaligen Firmengelände ein neues Stadtviertel zu machen. Schließlich soll kein Carlsberg-Museum entstehen, sondern ein dynamisches, nachhaltiges Quartier zum Wohnen und Arbeiten. Dreizehn denkmalgeschützte Gebäude stehen isoliert auf dem Areal. Sie werden durch Neubauten ergänzt, so dass sich eine dichte Blockstruktur entwickeln wird – ähnlich den von der Industrialisierung geprägten Kopenhagener Stadtteilen. In diese Struktur werden Achsen eingeschnitten, durch die zusätzlich zum Straßennetz schmale Passagen und öffentliche Räume entstehen. Neun multifunktionale Hochhaustürme unterschiedlicher Höhe werden die vorhandenen markanten Hochpunkte ergänzen. Langfristig soll das Carlsberg-Areal beispielhaft für nachverdichtete Stadtquartiere stehen, die klimaneutral und nachhaltig saniert werden.

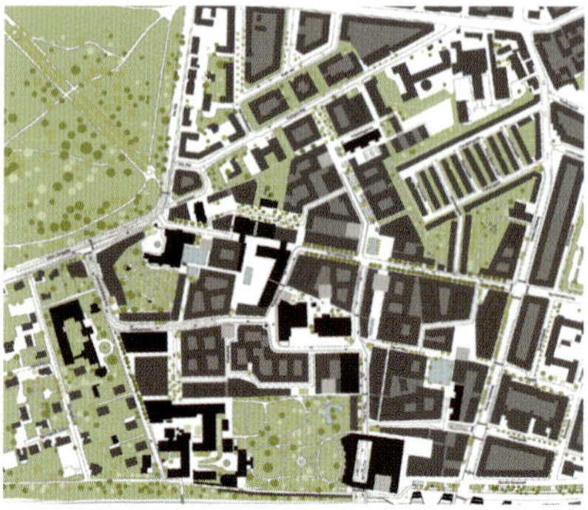

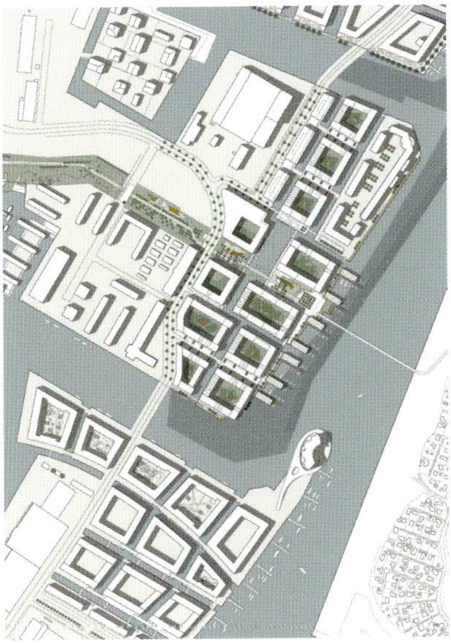

Teglholmen – Masterplan

122 E

zwischen Enghave Brygge und Sluseholmen
Arkitema, Soeters Van Eldonk
seit 2004

Teglholmen ist ein etwa 165.000 Quadratmeter großes städtisches Entwicklungsgebiet zwischen Enghave Brygge und Sluseholmen (Projekt 125). Bis 1908 eine Tongrube, ab 1916 ein kleiner Hafen (*Teglværkshavnen*), war das Areal bis vor Kurzem nur wenigen bekannt. Hier entsteht seit 2004, hinter großen Bürobauten versteckt, ein gemischt genutztes Quartier für Wohnen, Arbeiten und Gewerbe. Insgesamt werden etwa 5.000 Appartements von verschiedenen Architekten gebaut, sowohl als Eigentum als auch zur Miete. Nach dem Vorbild des Masterplans für Sluseholmen wird das Areal mit Wassergrachten durchzogen. Im Zentrum entstehen Gemeinschaftseinrichtungen wie Kindergärten und ein Schul- und Sportzentrum. Das Hafenufer entlang führt eine breite Promenade durch das gesamte Quartier. Aktivitäten am Wasser sollen durch kleine Erholungsgebiete und Bootsanleger gefördert werden. Für eine zusätzliche Belebung des Viertels sorgen öffentliche Einrichtungen im Erdgeschoss der angrenzenden Gebäude. Ein »grüner Boulevard« mit einer Radwegbrücke verbindet Teglholmen über das Südhafenareal hinaus und bis nach Amager.

Frederikskaj

123 E

A. C. Meyers Vænge 13
Dissing + Weitling
2008

Die Wohnanlage *Frederikskaj* ist auf dem Gebiet des ehemaligen Ziegeleihafens *Teglværkshavnen* im städtischen Entwicklungsgebiet Teglholmen entstanden. Sie besteht aus zwei Gebäuden, die so entworfen wurden, dass sie optimal zur Sonne ausgerichtet sind. Hinzu kommt noch ein kleinerer Gemeinschaftsbau. Für die Bewohner dieser Bauten wurde extra ein neuer Kanal mit Anlegestellen für Kajaks geschaffen. Auf dem zentralen Platz zwischen beiden Gebäuden führt eine breite Freitreppe mit einladenden Sitzstufen direkt zum Kanal. Alle 152 Eigentumswohnungen haben einen direkten Blick zum Wasser, entweder zum Kanal oder zum Hafen. Große Hartholz-Fenster und geräumige Balkone mit gläsernen Brüstungen vermitteln einen offenen, einladenden Eindruck. Die Fassaden sind mit unbehandelten Kupferplatten verkleidet, die im Lauf der Zeit Patina annehmen werden – ein Bezug zu den historischen Kupfertürmen und -dächern entlang der Hafenfront. 2008 wurde *Frederikskaj* mit dem *European Copper in Architecture Award* ausgezeichnet.

Sømærk

124 E

Peter Holms Vej 9–27
Tegnestuen Vandkunsten
2008

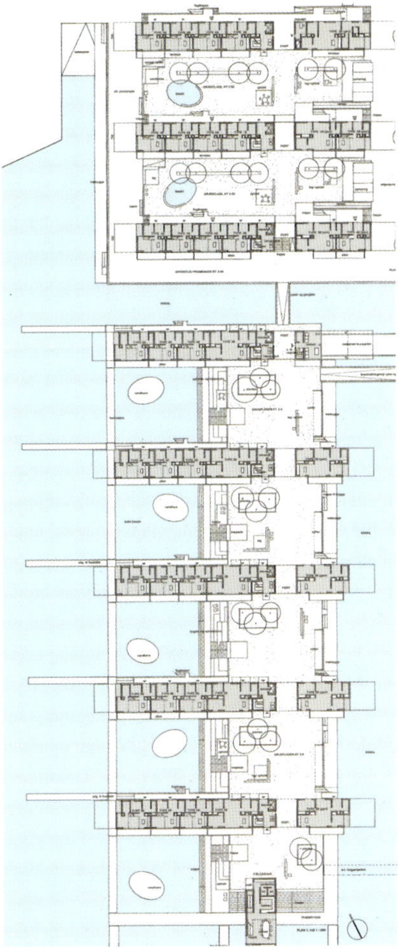

Das eher unstrukturierte und von großen Bürobauten dominierte Gebiet des ehemaligen *Teglværkshavnen* ist kein klassischer Wohnstandort. Dennoch liegen seine Qualitäten klar auf der Hand: Hier, direkt am Wasser, kann man den Blick ungehindert in die Ferne schweifen lassen. So entstanden an dieser Stelle auf einer Art künstlichen Insel fünf Wohnriegel und ein Gemeinschaftshaus. Der Name der Anlage, *Sømærk*, bezieht sich auf ein nautisches Zeichen. Noch direkter am Wasser zu leben ist kaum möglich: Teile der Wohnriegel stehen auf Pfählen gegründet im Hafenbecken, dazwischen verlaufen Holzdecks. Sie finden als Anlegestellen für Kajaks und als Angelplätze Verwendung oder haben einen kleinen Schwimmbereich. Die schmalen Gebäude beherbergen insgesamt 120 Appartements, teils zum Kaufen, teils zum Mieten. Alle Wohnungen sind zweiseitig belichtet und raumhoch verglast. Die Pkw wurden aus dem Bild verbannt: Sie finden ihren (Stell-)Platz in einer für alle Bewohner nutzbaren Tiefgarage.

124 E

Sluseholmen – Masterplan

125 E

Sydhavnen
Arkitema, Soeters Van Eldonk Ponec Architects
2009

Die Halbinsel Sluseholmen war einst ein Standort der Schwerindustrie, hier befand sich unter anderem ein Autowerk von Ford. Gegen Ende des 20. Jahrhunderts zog sich die Industrie aus dem Südhafen zurück und auch für Sluseholmen mussten neue Nutzungen gefunden werden. Im Auftrag der Stadt wurde ein Masterplan für das komplette Areal erarbeitet. Inspiriert von *Java Island* – einem auf einer künstlichen Insel errichteten Wohnviertel in Amsterdam –, entwickelte die dänisch-niederländische Planergemeinschaft von Arkitema und Soeters Van Eldonk Ponec eine Struktur aus acht künstlichen Inseln, die von einem neu angelegten Kanalsystem durchzogen ist. Auf jeder Insel steht ein aus aneinandergereihten großen und kleinen Bürgerhäusern zusammengesetzter Wohnblock. Innerhalb dieser Blocks sind geschützte Innenhöfe mit Grünflächen angelegt. Im Außenraum laden Brücken und Promenaden entlang der Kaimauern dazu ein, das Leben direkt am Wasser zu genießen. Darüber hinaus kann man von den Wohnhäusern aus mit dem Boot auf den Kanälen seine Bahnen ziehen. Der Masterplan gibt zwar eine einheitliche Blockstruktur vor, lässt aber Vielfalt bei den Einzelbauten zu. Mindestens fünf Architekturbüros entwarfen jeweils die zwischen fünf- und siebengeschossigen Gebäude eines Wohnblocks. Ihre Form und Größe werden über die Lage innerhalb des Blocks festgelegt. So entstand 2005–2009 ein Quartier von großer baulicher Vielfalt – mit 85.000 Quadratmetern Wohnfläche und 50.000 Quadratmetern Geschäftsfläche –, das in seinen Grundprinzipien an die historischen Kopenhagener Stadtviertel erinnert.

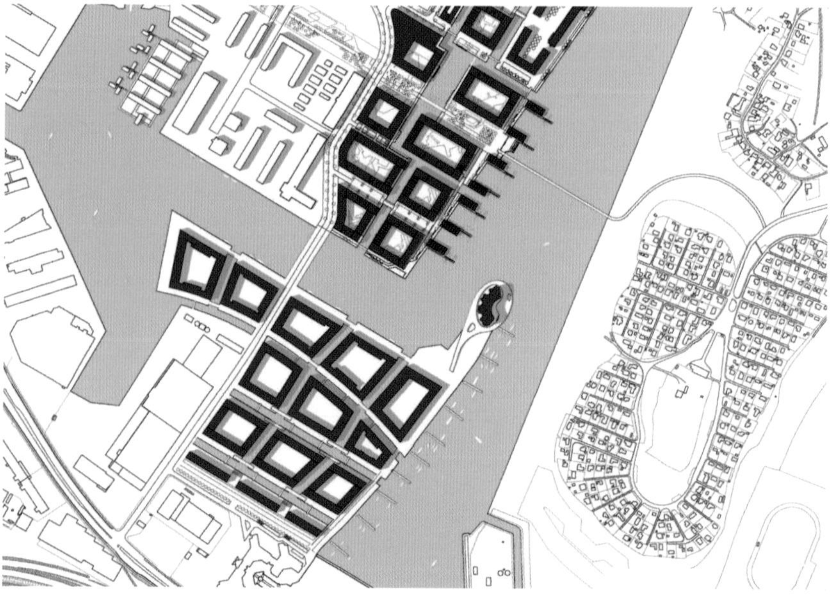

Fyrholm Island

126 E

Ben Websters Vej/
Oscar Pettifords Vej
Gröning, KHR, Format u. a.
2006

Ein Baustein des Sluseholmen-Areals ist der Wohnblock *Fyrholm*. Er befindet sich in direkter Nachbarschaft zum markanten futuristischen Wohnturm *Metropolis* (Projekt 128). Unter der Leitung von Gröning Arkitekter als gesamter Block konzipiert und konstruiert, wurden die Fassaden von verschiedenen Architekturbüros individuell gestaltet und umgesetzt. Um eine einheitliche Architektursprache zu erzielen, waren vorher als Fassadenmaterialien glattes, dunkles Mauerwerk und verputzte Oberflächen in Weiß und Anthrazit festgelegt worden. Von allen Seiten von Wasser umgeben, liegen zwei Seiten des Wohnblocks direkt an der Hafenmauer und die anderen beiden an den neu angelegten Kanälen des Sluseholmen-Areals. Zwei große Tore führen in den halböffentlichen Innenhof. Niedrige Hecken und Wege verleihen diesem Bereich eine parkähnliche Anmutung. Große, oft raumhohe Fenster lassen viel Tageslicht in die Wohnungen dringen und ermöglichen die gewünschte Verbindung zum Wasser. Im Bedarfsfall kann das gesamte Erdgeschoss in Ladengeschäfte umgewandelt werden.

Koralbadet 127 E
Sluseholmen
danielsen architecture
2011

Mitten in der Stadt ein erfrischendes Bad genießen, und das nicht in einem Pool oder einer Schwimmhalle, sondern frei im Meer – diese Möglichkeit bieten die bei Einheimischen und Touristen beliebten Badeanlagen im Hafen. Eine davon ist das *Koralbadet* im städtischen Entwicklungsgebiet Sluseholmen. Die Architektur des Bades schafft eine Verbindung zwischen dem Quartier und dem Hochhaus *Metropolis* (Projekt 128). Darüber hinaus verbessert es die Zugänglichkeit des etwas abgelegenen Piers. Neben der Schwimmanlage (mit separaten Bereichen für Kinder und Jugendliche) verfügt das *Koralbadet* über Fitnesseinrichtungen im Freien, einen Brückenturm und eine Sauna. Inspiration war die schwingende Form einer Koralle. Die Konstruktion ruht auf Pontons. Der Schwimmbereich ist über eine klappbare hölzerne Gangway erreichbar. Auf ihr steht obenauf ein kleiner Kubus, der Toiletten, Lagerräume und die Umkleiden der Rettungsschwimmer beherbergt.

Metropolis

128 E

Sluseholmen 24
Future Systems, danielsen architecture
2008

Repräsentativ erhebt sich das organisch geschwungene Wohnhochhaus *Metropolis* an der Spitze des Piers. Von drei Seiten von Wasser umgeben, besitzt der elfgeschossige Bau mit seinen 40 Metern Höhe – einem Leuchtturm gleich – Signalwirkung. Das Gebäude markiert den Zugang zum neuen Kanalsystem von Sluseholmen. Es beherbergt zwischen 108 und 237 Quadratmeter große, exklusive Appartements, die über eine fantastische Aussicht auf den Hafen und die Stadt verfügen – und das nicht nur von den riesigen geschwungenen Balkonen aus. Die futuristisch-skulpturale Gebäudeform und die hellblau-grauen Fassadenplatten aus behandeltem Kupfer sind auf die maritime Umgebung abgestimmt. Eine gemeinsame Dachterrasse und eine private Bootsanlegestelle sowie das direkt benachbarte *Koralbadet* (Projekt 127) sind vor allem im Sommer weitere Möglichkeiten, die Wassernähe zu genießen.

Vildrose

129 E

Thomas Koppels Allé 14–26
ONV Arkitekter
2008

Die Siedlung *Vildrose* ist ein im Auftrag der *Affordable Housing Foundation* geplantes und gebautes Pilotprojekt. Ziel der Stiftung ist es, vor allem für in gemeinnützigen Berufen Tätige erschwinglichen Wohnraum innerhalb von Kopenhagen zu schaffen. So entstanden an der Thomas Koppels Allé die ersten 38 vorgefertigten zweigeschossigen Reihenhäuser in modularer Bauweise. Die Fassaden wurden als hochgedämmte Holzfertigteilkonstruktion hergestellt und werkseitig innen mit Gipskarton verkleidet. Fenster und Türen sind ebenfalls aus Holz. Den äußeren Fassadenabschluss bildet eine horizontale, schwarz gestrichene Holzverkleidung. Trotz der Vorfertigung zeigen die Häuser deutlich Inspirationen aus der modernen und traditionellen Architektur Dänemarks. Ihre hellen Wohnungen, zwischen 85 und 127 Quadratmeter groß und flexibel im Grundriss, verfügen beidseitig über private Terrassen. Um eine gemeinsame Rasenfläche angeordnet, ist so ein optimales Verhältnis von privatem Außenraum und nachbarschaftlich genutztem Gemeinschaftsgrün entstanden.

Amager

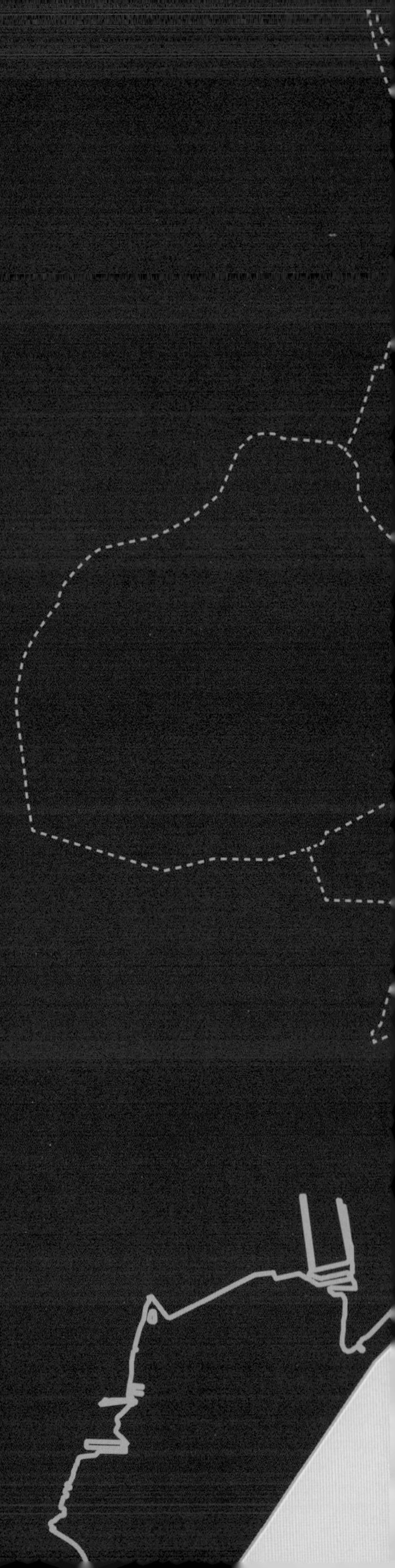

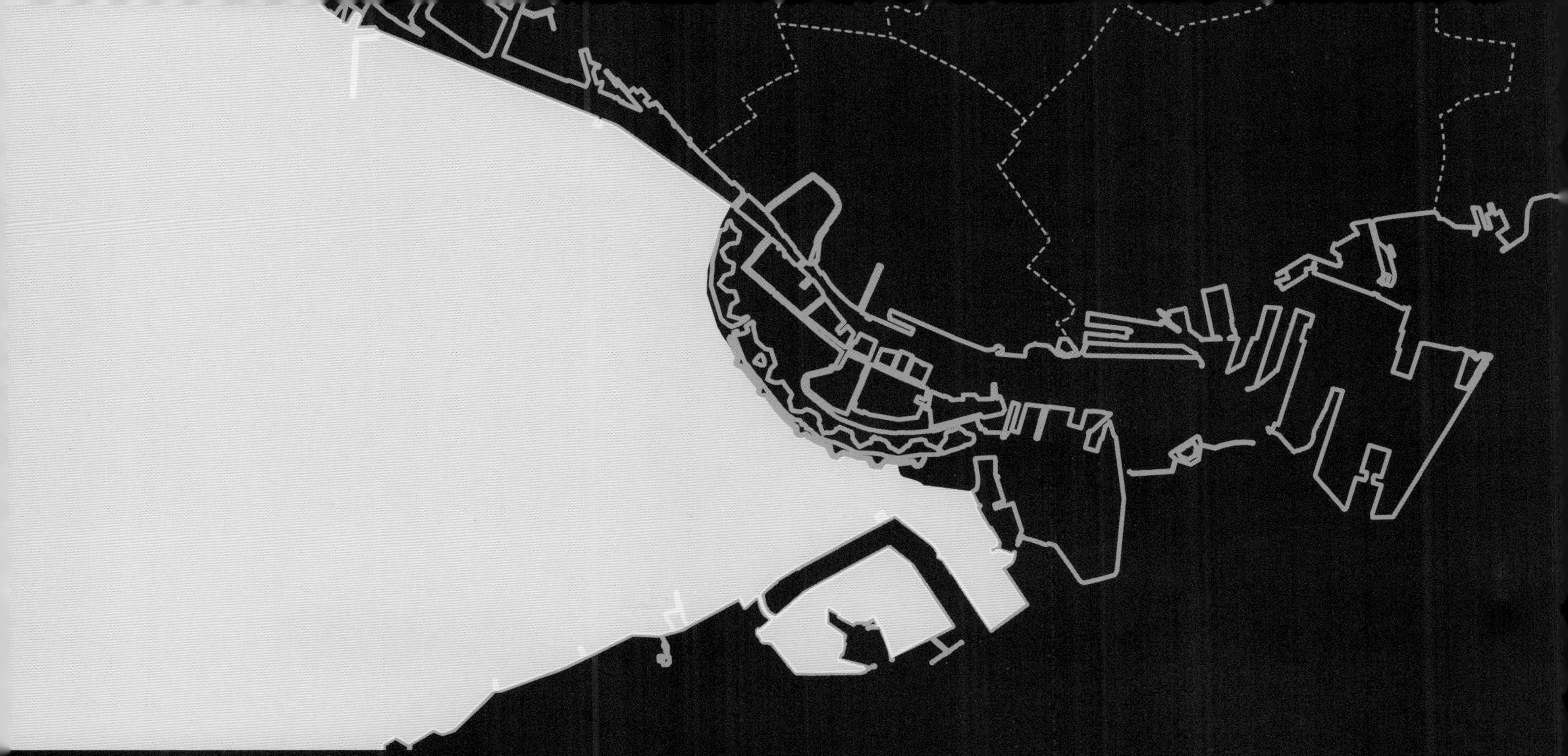

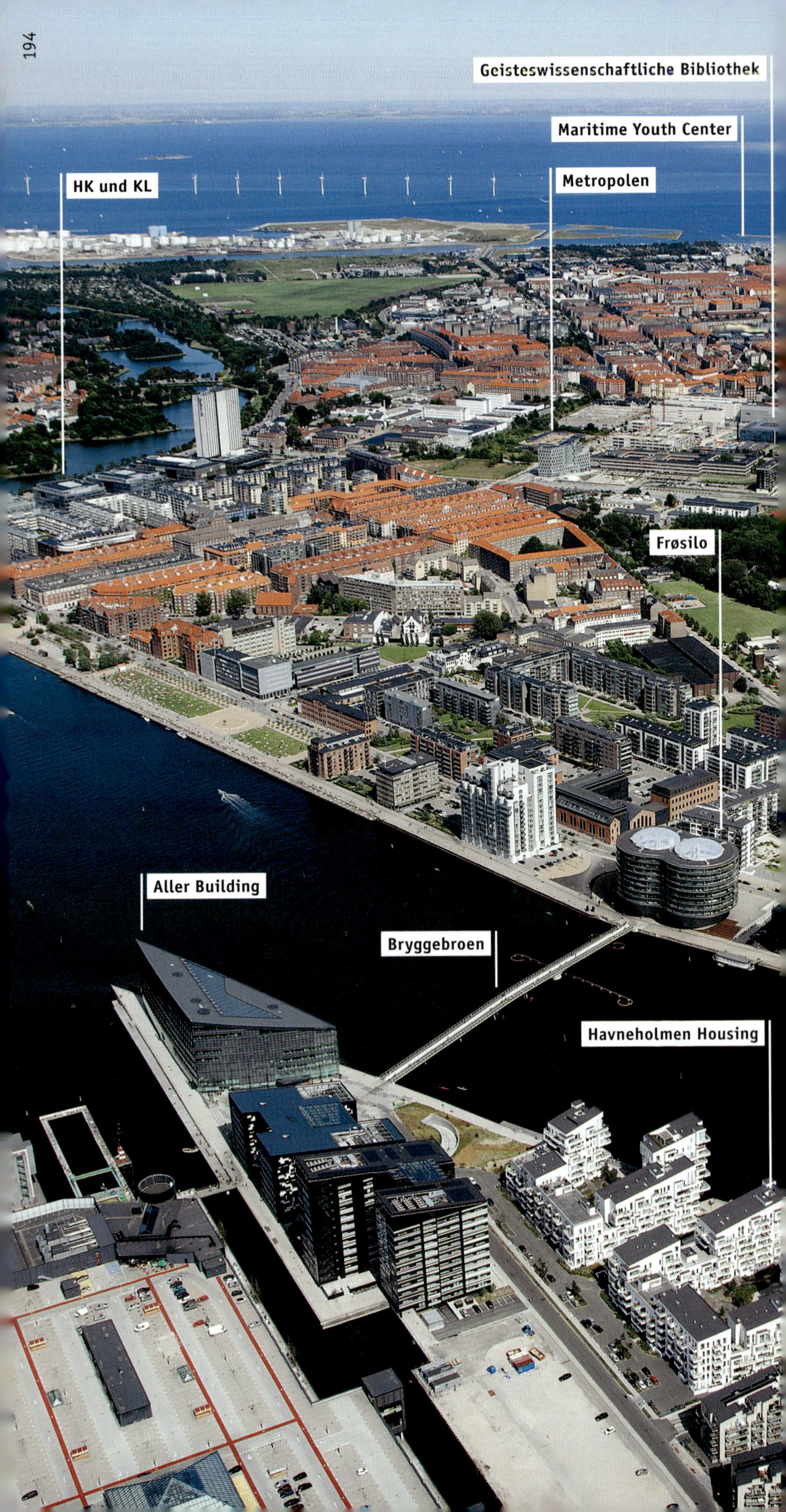
Geisteswissenschaftliche Bibliothek
Maritime Youth Center
HK und KL
Metropolen
Frøsilo
Aller Building
Bryggebroen
Havneholmen Housing

etgenkollegiet
DR Byen
Kastrup Søbad
Boligslangen
Amager Strandpark
DR Koncerthuset
The Sextant & The Compass
The Lantern Apartments
A-House

Islands Brygge
Nordwestufer
von Amager
ab 2005

130 F

Das Quartier *Islands Brygge* wird im Norden vom Stadtzentrum, im Westen vom Wasser und im Osten vom Naturschutzgebiet *Amager Fælled* begrenzt. Es ist das Resultat mehrerer Landaufschüttungen, die seit 1880 in dem seichten Gewässer zwischen Amager und Sjælland vorgenommen worden waren. Bis in die Fünfzigerjahre hinein dominierten in *Islands Brygge* Industrie- und Hafenanlagen, diese verschwanden jedoch in der zweiten Hälfte des 20. Jahrhunderts aufgrund der wirtschaftlichen Entwicklung mehr und mehr aus dem Gebiet. Leerstand breitete sich aus. Seit der Wende zum neuen Jahrtausend aber wird hier wieder intensiv gebaut und gewohnt. Das besondere Flair von *Islands Brygge* ist die gelungene Mischung aus Alt und Neu: Historische Bauten wurden zu großen Teilen erhalten, saniert und umgenutzt. Neue Gebäude ergänzen die vorhandene Struktur. Angebote für Freizeit und Erholung, wie etwa das *Havnebadet* (Projekt 132), machen aus *Islands Brygge* einen lebhaften und lebenswerten Stadtteil. Der Bereich *Islands Brygge Nord*, begrenzt vom Amager Boulevard im Norden und von der Sturlasgade im Süden, ist von zahlreichen Neubauten geprägt. Hier wurden alte Militärgebäude abgerissen und durch Büro- und Wohnhäuser ersetzt, die sich sowohl in ihrer Kubatur als auch durch ihre schlichte Ausführung und die zurückhaltenden Materialien gut in den Bestand einfügen. Im Süden sind noch traditionelle Kopenhagener Wohnblöcke vom Beginn des 20. Jahrhunderts zu finden. Die Blockrandbebauung misst durchschnittlich 40 Meter auf 140 Meter. Ihre einfache Fassadenstruktur – in diesen Häusern lebten vor allem die in den Industrieanlagen beschäftigten Arbeiter – prägt den Straßenraum, der aber durch Cafés und kleine Ladenlokale trotzdem urban wirkt. Weitere Teile des Gebiets sind die städtischen Entwicklungsareale *Havnestaden* und *Bryggen Syd*.

Bürohaus Halfdansgade 131 F

Halfdansgade 8
danielsen architecture
2008

Damit sich das Gebäude in seine Umgebung harmonisch einfügt, wählten die Architekten als gestaltprägendes Element das Satteldach – ein Verweis auf die Dächer der historischen Häuser in der Halfdansgade. Das viergeschossige Bürohaus ist zur Straßenseite hin bis auf vier vertikale Fenster geschlossen. Diese Vertikalität betonen auch die aus braunrotem Tombak, einer Kupferlegierung, bestehenden Platten. Im Kontrast dazu sind die Nord- und die Südseite komplett verglast. Auf der Südseite ist die Fassade mit hoch reflektierendem Isolierglas und integriertem Sonnenschutz ausgestattet. Das Erdgeschoss beherbergt den Empfangsbereich mit Konferenzräumen, darüber liegen die Büros. Die Kantine befindet sich im Nachbargebäude.

Havnebadet – Harbour Bath 132 F

Islands Brygge 7
BIG + JDS (vormals PLOT)
2003

Dass Kopenhagens Uferzonen als Freizeit- und Erholungsgebiete so überaus beliebt sind, liegt einerseits an der guten Wasserqualität und andererseits an den vielen Badeanlagen, die in den vergangenen Jahren entstanden sind. Zu diesen neuen Bädern gehört das *Havnebadet*, das sich seit seiner Eröffnung schnell zu einem beliebten Anziehungspunkt entwickelt hat. Als ein Bestandteil des angrenzenden *Harbour Park*

erweitert es diesen »auf« das Wasser hinaus. Dabei erfüllt es die heutigen Anforderungen an Barrierefreiheit, Sicherheit und programmatische Flexibilität. Auch die Nachhaltigkeit wurde berücksichtigt: Die Terrassenlandschaft ruht – leicht reversibel – auf Pontons. Der Boden ist aus einheimischen Hölzern gefertigt. Anstatt eine traditionelle Schwimmhalle nachzuahmen, bietet das *Havnebadet* eine urbane Hafenlandschaft mit Trockendocks, Piers, Bootsanlegern, Klippen und Spielplätzen. Sichtbar vom »Festland« und von der nahe gelegenen *Langebro*, steht es für Landschaft und Natur mitten in der Stadt.

Bürobauten HK und KL 133 F

Amager Boulevard 6

Arkitema

2002

Am belebten Amager Boulevard stehen diese zwei Bürohäuser direkt nebeneinander. Sie beherbergen die Hauptsitze der Arbeitnehmerunion *HK Danmark* und der Kommunalen Vereinigung KL (*Kommunernes Landsforening*). Sowohl ihre kompakte Kubatur als auch die Fassadengestaltung sind an die Lage und den Verkehrslärm angepasst. Fast zeitgleich entworfen sowie von gleicher Geschosshöhe und Gebäudebreite, sprechen die Bauten die gleiche Architektursprache. Die zweischichtigen Glasfassaden sind offen und transparent. Lufträume im Inneren und große Einschnitte in den Fassaden gliedern die Baukörper. Je ein zentrales Atrium lässt Tageslicht tief in sie hinein. In den leicht zurückgesetzten Erdgeschossen befinden sich die öffentlichen Bereiche, darüber liegen die Büros. Die Grundrisse der Obergeschosse sind flexibel, so dass die gewünschte Büroform frei gewählt werden kann.

Havnestaden und Bryggen Syd **134** **F**

PLH Arkitekter, Tage Lyneborg, Dybroe & Hæstrup

2008

Zwischen der Sturlasgade im Norden und der Drechselsgade im Süden erstreckt sich das städtische Entwicklungsgebiet *Havnestaden*. Schon fast ikonisch für dieses Areal ist das Wohngebäude *Frøsilo* (Projekt 138), das sich durch seine Form von der Umgebung abhebt. Mit dem gegenüberliegenden Stadtgebiet ist *Havnestaden* über die neu errichtete *Bryggebroen* (Projekt 139) verbunden. Die Nähe zum Wasser und zum Naturschutzpark *Amager Fælled* machen *Havnestaden* zu einem beliebten Wohngebiet, 85 Prozent der bebauten Fläche werden zum Wohnen genutzt. Zu kritisieren ist lediglich die eher schlechte Nahversorgung. So gibt es immer noch kaum Einzelhandel oder Ladenlokale. Von ihrer Struktur her ist die Bebauung meist ein offener Blockrand mit großen Volumen, die durch dazwischen platzierte kleinere Grünräume auf »Abstand gehalten« werden. Das südlich von *Havnestaden* gelegene Areal *Bryggen Syd* steht noch am Anfang seiner Entwicklung. Der Masterplan wurde in enger Zusammenarbeit von BIG/JDS (vormals PLOT) und WEST8 entwickelt. Aus dem ehemaligen Industriestandort soll ein lebendiges Stadtquartier für alle sozialen Schichten werden. Diese Heterogenität wird auch in der geplanten Baustruktur ablesbar sein. Der urbane Bereich im Norden spiegelt die Dichte und die lineare Blockbebauung der Gründerzeitviertel Kopenhagens wider. Organische Strukturen und kleinteiligere Bauten werden den südlichen Bereich prägen. Eine Vielzahl an Grünräumen soll das Quartier mit dem Wasser verbinden.

The Sextant & The Compass

135 F

Jens Otto Krags Gade
schmidt hammer lassen
2006

Die bis zu acht Geschosse hohen Blöcke mit insgesamt 96 Appartements befinden sich in *Havnestad Syd*. Sie erscheinen als eine synkopische Reihe schlanker glänzender Türme auf sanft gewelltem grünem Grund. Wie bei den *Lantern Apartments* wurden auch hier horizontale Fenster zur Gliederung der Fassade eingesetzt. Ein spielerisches Element sind die sich unregelmäßig aus dem Gebäudevolumen hinausschiebenden Balkone. Die gläsernen Balkonbrüstungen sind mit einem Blättermuster bedruckt. So soll vermieden werden, dass die helle Erscheinung der Fassade mit ihren sandfarbenen Ziegelsteinen durch private bunte Sichtschutzelemente der Bewohner gestört wird. Die Häuser sind so angeordnet, dass alle Appartements über einen Ausblick in zwei Richtungen verfügen. Da viele der Wohnungen zudem übereck laufen, ist sowohl der Blick auf den Hafen als auch in die öffentlichen Grünanlagen möglich.

The Lantern Apartments

136 F

Jens Otto Krags Gade
schmidt hammer lassen
2006

Fast parallel zum Planungsareal Ørestad wird auch das Gelände direkt am Kanal in Amager-Vest zu einem neuen Stadtquartier transformiert. Die Lage dieser Erweiterung ist sehr reizvoll: Im Osten bietet eine große Grünzone in Richtung Ørestad vielfältige Freizeit- und Naherholungsmöglichkeiten, während im Westen das Wasser lockt. Die Wohnbebauung *The Lantern Apartments* ist die letzte Stufe eines umfassenden Stadtentwicklungsplans für dieses Gebiet, zu dem auch *The Sextant & The Compass* (Projekt 135) gehört. Der L-förmige, knapp 100 Meter lange Block beherbergt 73 Wohnungen. Sogenannte Türme »brechen« den kompakten Bau in einzelne Volumen auf. Dennoch besitzt er durch den durchgängig verwendeten hellen Ziegelstein ein filigranes Erscheinungsbild. Raumhohe Fenster und auskragende Balkone bieten eine abwechslungsreiche Fassadenstruktur. Mittig ist das Gebäude aufgeständert. Die wasserseitige Front wird von zweigeschossigen Fenstern dominiert, den sogenannten Laternen.

A-House

137 F

Islands Brygge 79A
Holgaard Arkitekter
1963 / 2010

Das nach seiner Grundrissform benannte *A-House* wurde in den Sechzigerjahren als Arbeiterunterkunft errichtet. Zwischenzeitlich als Bürobau von der Post und als Behelfsstudio von der *Danish Broadcasting Corporation* genutzt, hatte es, auch aufgrund seiner isolierten städtischen Lage, zuletzt lange Zeit leer gestanden. Erst 2003 erwarb eine Immobiliengesellschaft das Gebäude. Nach einer minimalen Sanierung fanden die großzügigen, doch kostengünstigen Flächen ihre neuen Bewohner in der städtischen Kreativszene. Das Konzept hatte großen Erfolg: Binnen kürzester Zeit war das *A-House* nicht nur vollständig vermietet, sondern auch zu einem beliebten Ausgehort und kulturellen Treffpunkt geworden. Ab 2006 wurde das Gebäude einer Kernsanierung durch Holgaard Arkitekter unterzogen. Es entstanden 179 luxuriöse Appartements mit Wohnflächen zwischen 80 und 150 Quadratmetern sowie Büros und verschiedene Service-Einrichtungen. Darüber hinaus wurde auf dem Dach eine 3.800 Quadratmeter große Terrasse als Erholungsraum für die Bewohner eingerichtet. Die Architekten verstanden es, das ehemalige Arbeiterwohnheim mit modernen Einbauten zu versehen und dennoch den historischen Charakter des Gebäudes zu erhalten. Neues gestaltprägendes Element ist die gläserne Fassade mit den bronzefarbenen Aluminiumrahmen.

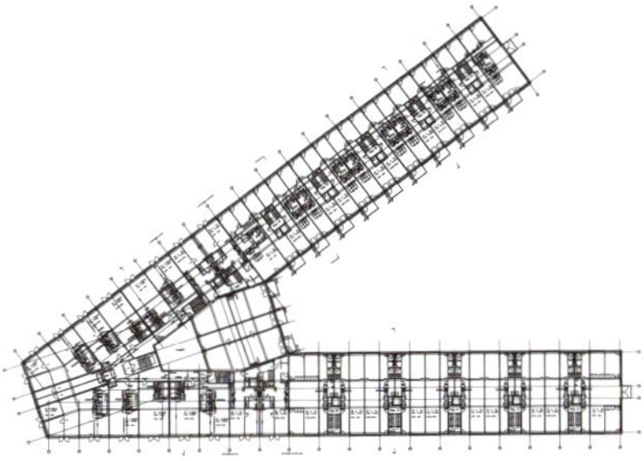

Frøsilo

138 F

Islands Brygge 32

MVRDV / JJW Arkitekter

2005

Das direkt am Ufer stehende ehemalige Getreidesilo wurde 2005 zu einem Wohngebäude umgebaut, das heute zu den begehrtesten Adressen der Stadt zählt. Das ursprüngliche *Frøsilo* bestand aus zwei rohen Betonzylindern von 25 Meter Durchmesser. Die Herausforderung beim Umbau war unter anderem der Wunsch, die Authentizität des Lagergebäudes zu bewahren und zugleich aber auch qualitativ hohen Wohnraum zu schaffen – unter Berücksichtigung der statischen Gegebenheiten. Die Architekten entschieden sich dafür, die Appartements an die Außenfassade zu legen. Durch die bodenhohe Verglasung und die ebenfalls gläsernen Balkone haben ihre Bewohner einen wunderbaren Panoramablick über Stadt und Hafen. Die Kerne der Türme sind als ein sich über alle Geschosse erstreckendes Atrium mit Glasdach ausgebildet. Durch die klare Linienführung der weißen Brüstungen wirkt dieser Raum geradezu futuristisch. Die insgesamt 84 Eigentumswohnungen sind zwischen 90 und 200 Quadratmeter groß.

Bryggebroen
Havneholmen – Islands Brygge
Dissing + Weitling
2006

139 F

Bryggebroen ist die erste Brücke, die seit 50 Jahren im Kopenhagener Hafengebiet neu errichtet wurde. Durch ihren Bau ist nun die schon lange dringend benötigte Abkürzung zwischen dem nördlichen Teil Kopenhagens und Amager realisiert worden. Die Fußgänger- und Radfahrerbrücke verbindet die Quartiere *Havneholmen* und *Islands Brygge* miteinander. Darüber hinaus ermöglicht eine integrierte Anlegestelle das Umsteigen auf die Hafenfähren. Die 5,5 Meter breite und 190 Meter lange Brücke ist eine schlichte geschwungene Stahlkonstruktion, die zwei Wasserfahrrinnen überspannt. Als Drehbrücke konstruiert, lässt sich der Fahrbahnabschnitt über der 35 Meter breiten Fahrrinne zur Seite drehen, so dass auch große Schiffe passieren können. Nachts wird die Brücke durch in das Geländer integrierte Leuchtkörper akzentuiert: Dann wirkt sie wie ein quer über den Kanal gespanntes Lichterband.

Nachbarschaftszentrum

140 G

Jemtelandsgade 3
Dorte Mandrup Arkitekter
2001

Im Zuge einer Stadtteilsanierung wurde auch das hiesige Nachbarschaftszentrum renoviert und erweitert. Es ist in einem ehemaligen Industriebau von 1880 untergebracht, in unmittelbarer Nähe des ebenfalls erneuerten Holmbladsgade-Quartiers. Ziel der Renovierung war, die unterschiedlichen Nutzungen des Nachbarschaftszentrums stärker zu bündeln und nach außen zu tragen: vor allem die Stadtteilbibliothek und das Café im Erdgeschoss (in den oberen Geschossen befinden sich Büros). Zusätzlich wurde ein Bau mit einer zweigeschossigen Halle als zentraler Treffpunkt geschaffen. Im bestehenden Haus wurde in erster Linie die innere Struktur verändert: Man entfernte Wände und Böden, so dass ein dreigeschossiges offenes, lichtes Foyer entstanden ist, in dem das Café und die Bibliothek ihren Platz gefunden haben. Der Erweiterungsbau, von den Architekten als eine Art Baumhaus konzipiert, ist ein auf schrägen Betonstützen aufgebockter gläserner Kubus, der über einen Steg mit dem ersten Geschoss des historischen Gebäudes verbunden ist. Die innen liegende, aus Kiefernholzpaneelen bestehende Tragkonstruktion erscheint wie ein überdimensionales Regalsystem.

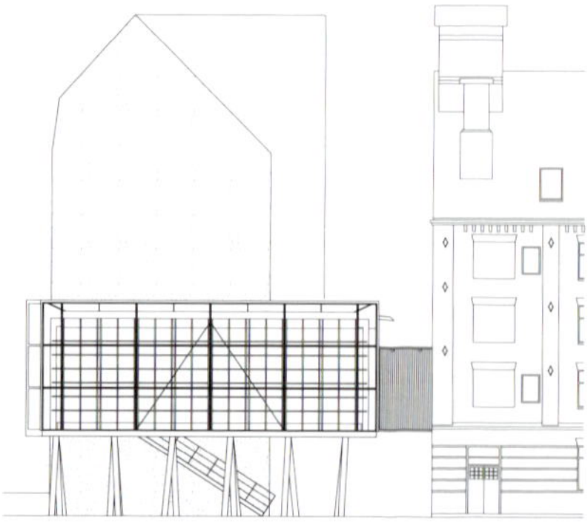

Prags Boulevard

141 G

Amagerbrogade – Amager Strandsvej
Kristine Jensens Tegnestue
2005

Der 1,8 Kilometer lange Prags Boulevard verläuft zwischen der Amagerbrogade durch ein dicht bebautes Industrieareal und ein Wohngebiet bis zum Øresund. Als das Quartier rund um die Holmbladsgade saniert wurde, äußerten die Anwohner den Wunsch, den Prags Boulevard auch als städtischen Raum nutzen zu können: Er sollte nicht mehr einfach nur eine Durchgangsstraße sein. Daher erarbeitete die Landschaftsarchitektin Kristine Jensen gemeinsam mit den Anrainern ein Konzept für unterschiedliche Nutzungsmöglichkeiten und Bedürfnisse, das allen Altersstufen gerecht werden soll. Entstanden sind sieben sogenannte Aktivitätszonen, wie etwa »der Garten«, »die Bühne«, »die Steigung« und »die Box«. Der Garten wurde als Ort der Ruhe mit Pflanzen und Blumenbeeten versehen. Die Bühne ist ein Treffpunkt zum Kommunizieren, Spielen, Agieren. Für Aufsehen sorgen rund 100 neongelbgrüne Lampen. Abgerundet wird das farbenfrohe Bild durch 700 blaugrüne Metallstühle, von denen einige beweglich sind. So können die Anwohner, indem sie die Stühle umstellen, den Straßenraum permanent aktiv umgestalten.

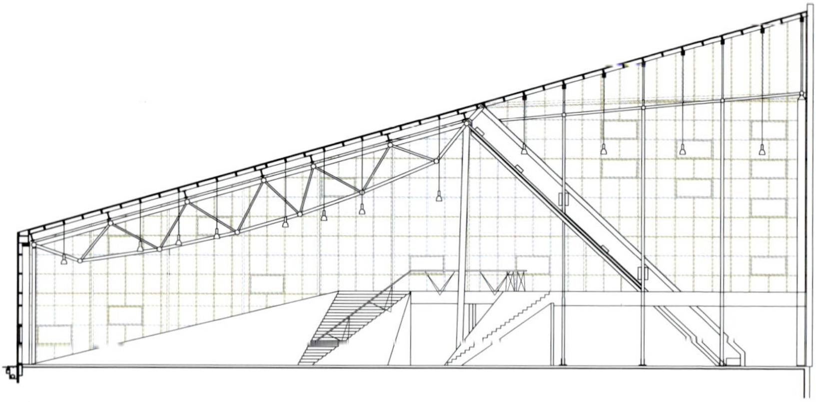

Sport- und Kulturzentrum Prismen **142 G**

Holmbladsgade 71

Dorte Mandrup Arkitekter, B & K+

2006

Herkömmliche Sportzentren sind meist rechteckige Hallen mit festen Abmessungen, Umkleideräumen und Zuschauertribünen. Das Sport- und Kulturzentrum *Prismen* jedoch ist, was seine Form und Farbgebung betrifft, anders. Markenzeichen der Arena ist ihre Flexibilität, denn sie bietet Raum sowohl für Freizeit- und Vereinssport als auch für Konzerte und Theaterveranstaltungen. Eigentlich als ein überdeckter Platz im Freien konzipiert, faltet sich nun im Inneren des *Prismen* eine grüne Landschaft über mehrere Ebenen. Sie lässt eine große, flexibel bespielbare Halle und eine über Treppen zugängliche Hochebene entstehen, wo vor allem Sportarten wie Yoga oder Tai-Chi praktiziert werden. Unterhalb dieses Plateaus befinden sich die Umkleiden, der Verwaltungsbereich und ein Café. Überdacht wird die Indoor-Landschaft von einer großen durchscheinenden Hülle aus schillernden Polycarbonatplatten, die sich wie eine Membran zwischen der Sportarena und den vier Giebeln der benachbarten Wohnbebauung aufspannt. Diese transparente Hülle sorgt für einen optimalen Lichteinfall in das gesamte Gebäude, nachts wirkt das beleuchtete *Prismen* zudem wie ein schimmernder Kristall. Zusätzlich eingelassene Fenster lassen die Passanten am sportlichen Treiben im Inneren teilhaben.

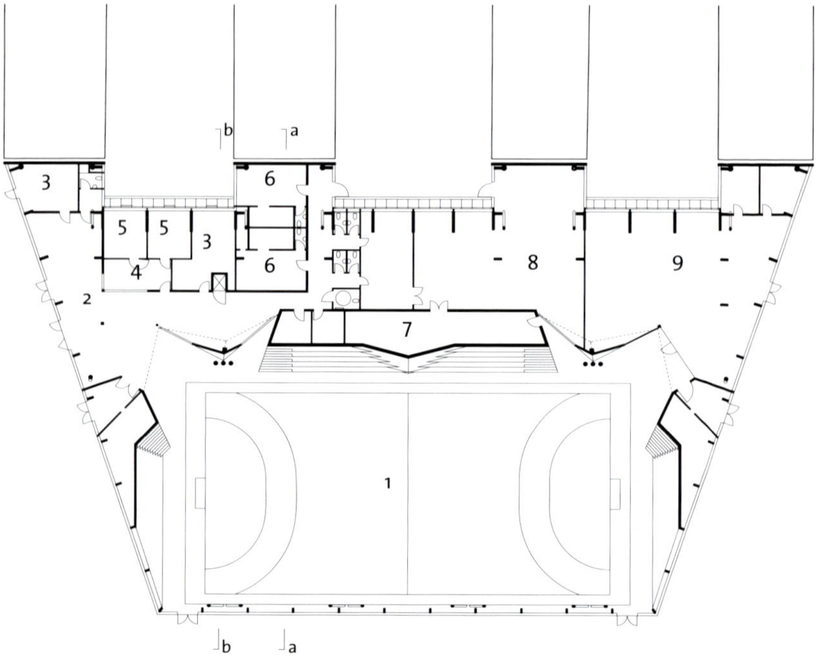

Was ist Ihrer Meinung nach das Besondere an Kopenhagens Architektur?
Das sind nicht einzelne Gebäude, sondern das ist die gesamte Stadtlandschaft. Kopenhagens Architektur und seine öffentlichen Räume sind an die jeweiligen Situationen angepasst und gut definiert. Der Maßstab stimmt! Die unterschiedlichen historischen Stadtentwicklungen sind noch gut ablesbar. Und natürlich prägt die permanente Präsenz des Wassers das Leben.

Welchen Ort oder welches Gebäude sollte man auf keinen Fall bei einem Besuch in Kopenhagen verpassen?
Einen sehr »klassischen«« Blick erlebt man von der anderen Seite des Kanals, wenn man über das Wasser Richtung Schlosskirche schaut. Aber auch das Thorvaldsen-Museum ist innen wie außen ein wunderbares Beispiel für Kopenhagens Umgang mit Proportionen.

Was ist Ihr liebster Ort in Kopenhagen?
Peblinge Dosseringen direkt bei Dronning Louises Bro. Dort ist eine Menge Leben! Man kann wunderbar die Zeit da genießen.

Was würden Sie jemandem empfehlen, der nach einem typischen »Kopenhagen-Erlebnis« fragt?
Zuerst eine Hafenrundfahrt machen und dann ein Fahrrad mieten – und so die unterschiedlichen Stadtteile erkunden: von Christianshavn über Vesterbro nach Nørrebro.

Dorte Mandrup
Architektin und Gründerin von Dorte Mandrup Arkitekter (www.dortemandrup.dk)

Maritime Youth Center **143 G**
Amager Strandvej 13
BIG + JDS (vormals PLOT)
2004

Am Rand vom Øresund, im Hafen der *Sundby Sailing Association*, befindet sich das von einem markanten Deck gekennzeichnete *Maritime Youth Center*. Diese Einrichtung teilen sich zwei sehr unterschiedliche Nutzer mit widersprüchlichen Anforderungen: ein Segelclub und

ein Jugendzentrum. Während das Jugendzentrum eine Spielfläche im Freien benötigte, brauchte der Segelclub überdachte Flächen für die Lagerung seiner Boote. Die Architekten entwickelten zwei Gebäude, die von einer 1.600 Quadratmeter großen dünenartigen Holzlandschaft bedeckt werden. Dieses Deck hat einen sehr pragmatischen Grund: Der Boden unter dem *Maritime Youth Center* ist mit Schwermetallen belastet. Anstatt ein Viertel des Budgets für die Dekontamination zu verbrauchen, wurde das komplette Grundstück mit der Holzlandschaft bedeckt. So ist auf dem Deck Spielen, Grillen und Sonnenbaden möglich, während die Boote und Gerätschaften des Segelclubs darunter gelagert werden. Die beiden Gebäude beherbergen jeweils Klubräume, Büros, eine Küche, Werkstätten und einen multifunktionalen Veranstaltungsraum. In den Innenräumen dominieren eher »harte« Materialien wie Beton und Asphalt.

Amager Strandpark ≈

144 G

Amager Strandvej
Jacob Bergmann
2005

Der *Amager Strandpark* – ein geschütztes Naherholungsgebiet mit einer Fläche von etwa 60 Hektar – erstreckt sich entlang der Küstenstraße Amager Strandvej. Er besteht neben zwei Parkflächen aus einer zwei Kilometer langen künstlichen Insel, die eine 400 Meter lange Lagune formt. Sie wurde 2005 zu dem schon 1934 begründeten Park hinzugefügt. Die Insel ist in zwei Bereiche aufgeteilt. Im Süden sind parkähnliche Flächen ausgebildet worden, während der Norden durch eine Brücke mit dem Stadtzentrum verbunden ist und vor allem für Radfahrer und Fußgänger zur Verfügung steht. Zudem gibt es Volleyballfelder, Plätze zum Drachensteigen und vieles mehr. Im Zentrum der Insel befinden sich Versorgungseinrichtungen mit Toiletten und Kiosken. Von ihrem Dach aus hat man einen wunderbaren Blick über den Øresund bis hin zum Flughafen Kastrup.

Kastrup Søbad ≈

145 G

Amager Strandvej 301
White Arkitekter
2005

Durch seine exponierte Lage auf dem Wasser bestimmt das *Kastrup Søbad* das Erscheinungsbild dieses Strandabschnitts. In seiner Form erinnert es an eine aus dem Wasser ragende Muschel. Zu der Anlage gehören außerdem ein neu gestalteter Strandabschnitt sowie Servicegebäude und Grünflächen für Aktivitäten an Land. Der Entwurf von White Arkitekter verbindet Design mit Funktionalität. Über einen 100 Meter langen Steg ist die aus hochwertigem Azobé-Holz gefertigte kreisförmige Struktur vom Strand aus erreichbar. Das Material ist resistent gegen Salzwasser und daher sehr langlebig. Eine Art umlaufende äußere Schale schützt die Badegäste vor den Seewinden. An der höchsten Stelle misst sie acht Meter, an der flachsten 1,5 Meter. Auf insgesamt 750 Quadratmetern können sich die Badegäste entspannen und ein Sonnenbad nehmen.

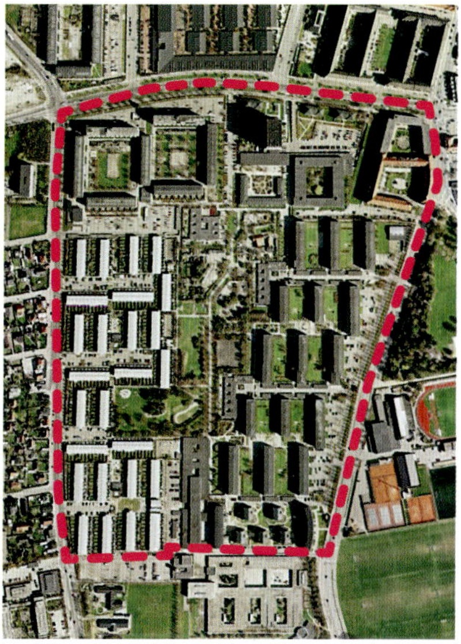

Für die Mutigeren unter ihnen gibt es einen fünf Meter hohen Sprungturm. Das Seebad kann zu jeder Tageszeit genutzt werden, in der Nacht wird es von LED-Spots in Szene gesetzt.

Skolen ved Sundet »

146 G

Samosvej 50
Kaj Gottlob
1938

Ab der Mitte der Zwanzigerjahre des 20. Jahrhunderts begann sich ein neuer Schultyp durchzusetzen: Die Klassenzimmer lagen nicht mehr wie bisher entlang eines langen Korridors aneinandergereiht, sondern waren um ein zentrales Atrium gruppiert. Ein Beispiel für diesen neuen Typ ist die *Skolen ved Sundet* (Schule am Sund). Das Gebäude weist erste funktionalistische Gestaltungselemente auf. Errichtet wurde es 1938 von Kaj Gottlob (1887–1976), der in den Dreißigerjahren eine Reihe von Schulbauten in Kopenhagen schuf. Das Haus sollte vor allem mit so viel Licht und Luft wie möglich versorgt werden. So

löste sich der Architekt von den traditionellen quadratischen Strukturen und plante eine lichte ovale Haupthalle. Außerdem wurden Schulgärten mit Pergolen und Blumenbeeten angelegt. Der zentrale Gedanke war, die Gesundheit der Schüler zu fördern sowie tuberkulosekranke Kinder während der Schulzeit pflegen und angemessen medizinisch versorgen zu können.

Urbanplanen «

147 F

Peder Lykkes Vej
Stadt Kopenhagen
2010

Urbanplanen ist das größte autofreie Viertel der Stadt Kopenhagen. Seinen Bau veranlasste in den Sechzigerjahren der damalige Oberbürgermeister Urban Hansen, um preiswerten Wohnraum zu schaffen. Zwischen 1967 und 1997 entstanden, zeichnet sich das Quartier vor allem durch seine vielen Höfe und Spielplätze sowie durch kostengünstige genossenschaftliche Wohnungen aus. Es besteht aus mehreren fünfgeschossigen Wohnblocks, zwei achtgeschossigen Gebäuden und kleineren Reihenhäusern, die um einen öffentlichen Park und ein kleines Einkaufszentrum gruppiert sind. In unmittelbarer Nähe befinden sich eine Bibliothek, eine Kirche und die örtliche Grundschule. Die Sanierung zwischen 2007 und 2010 umfasste vor allem die Fassaden der Wohnblocks.

Ørestad

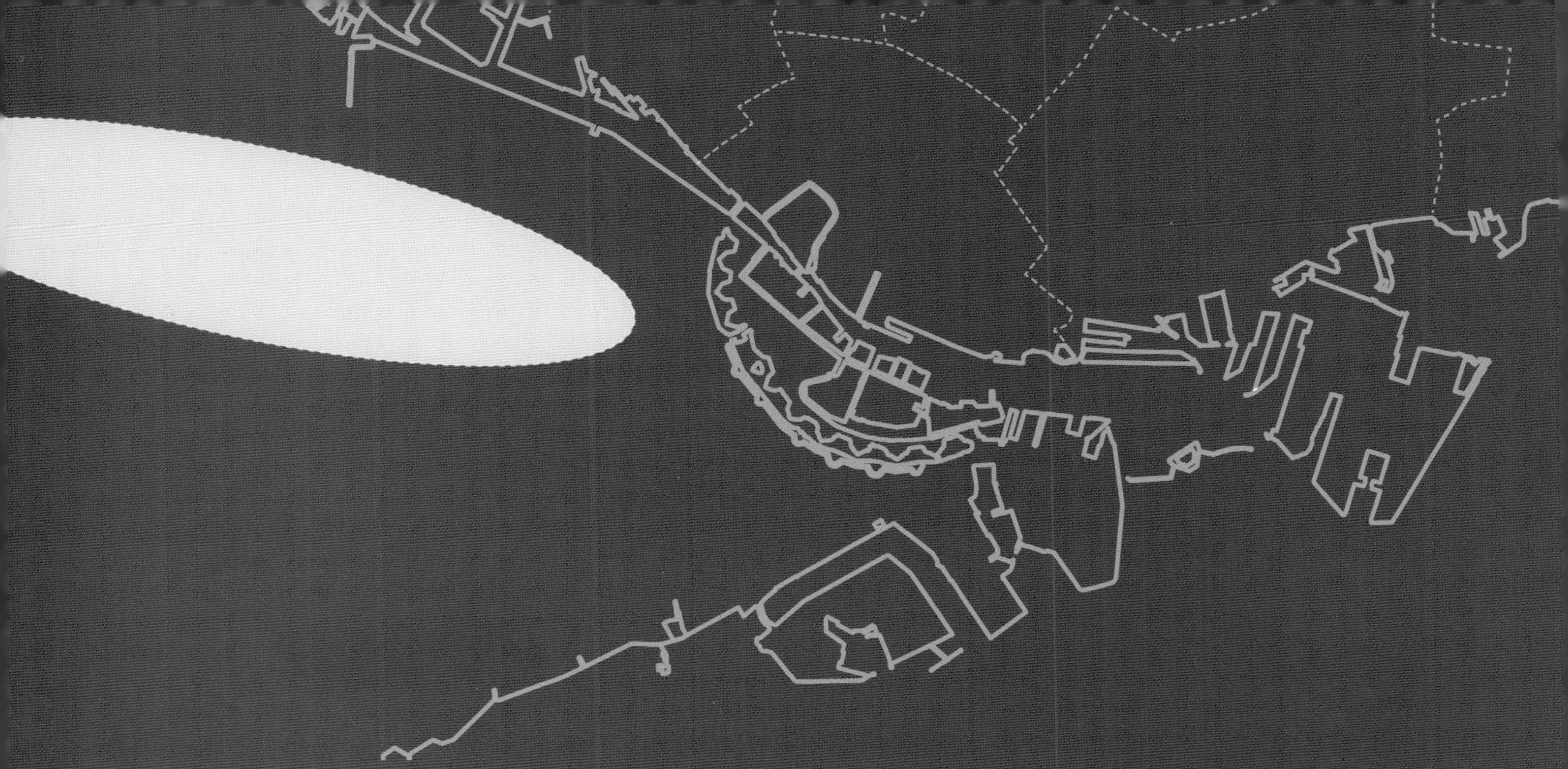

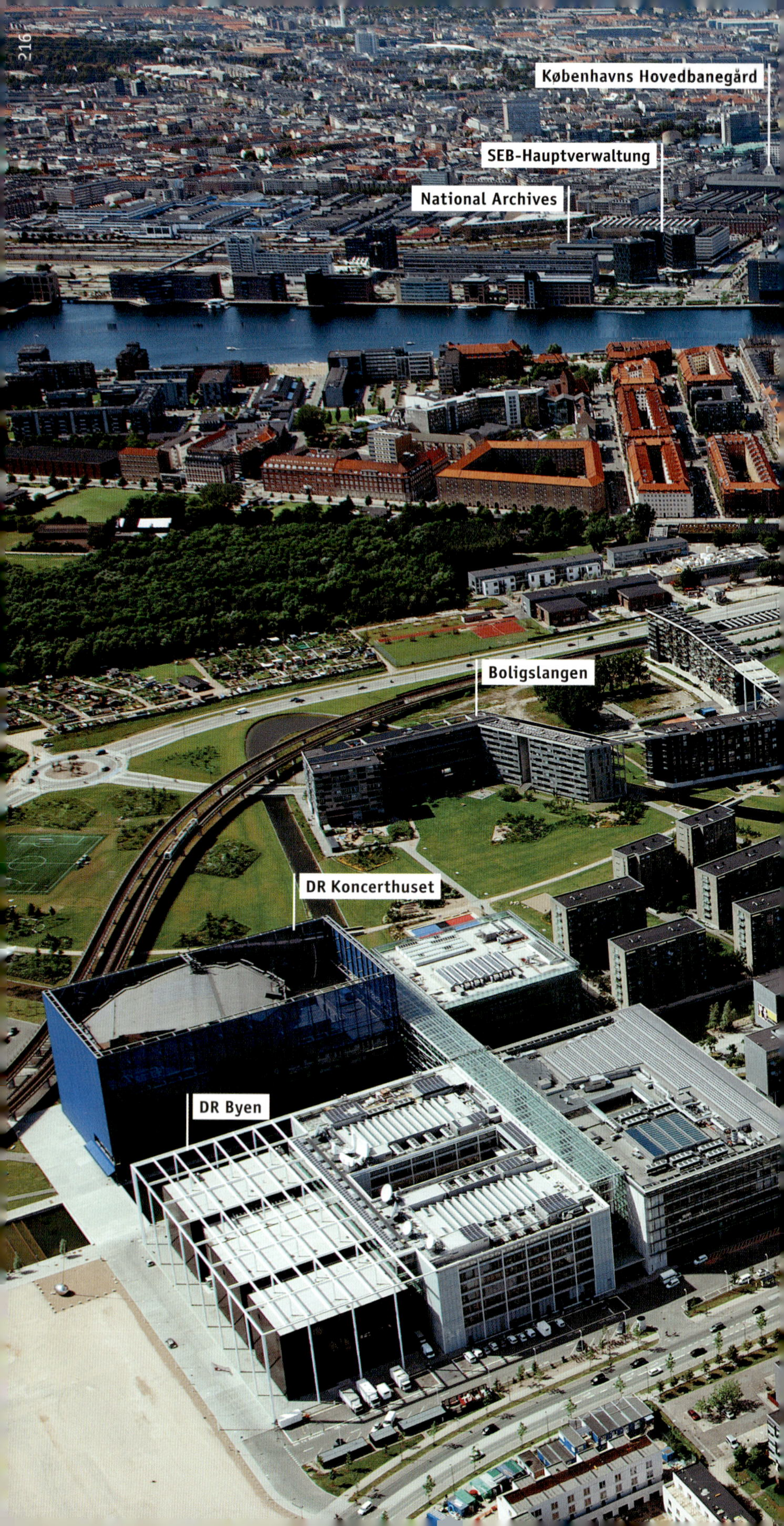
Københavns Hovedbanegård
SEB-Hauptverwaltung
National Archives
Boligslangen
DR Koncerthuset
DR Byen

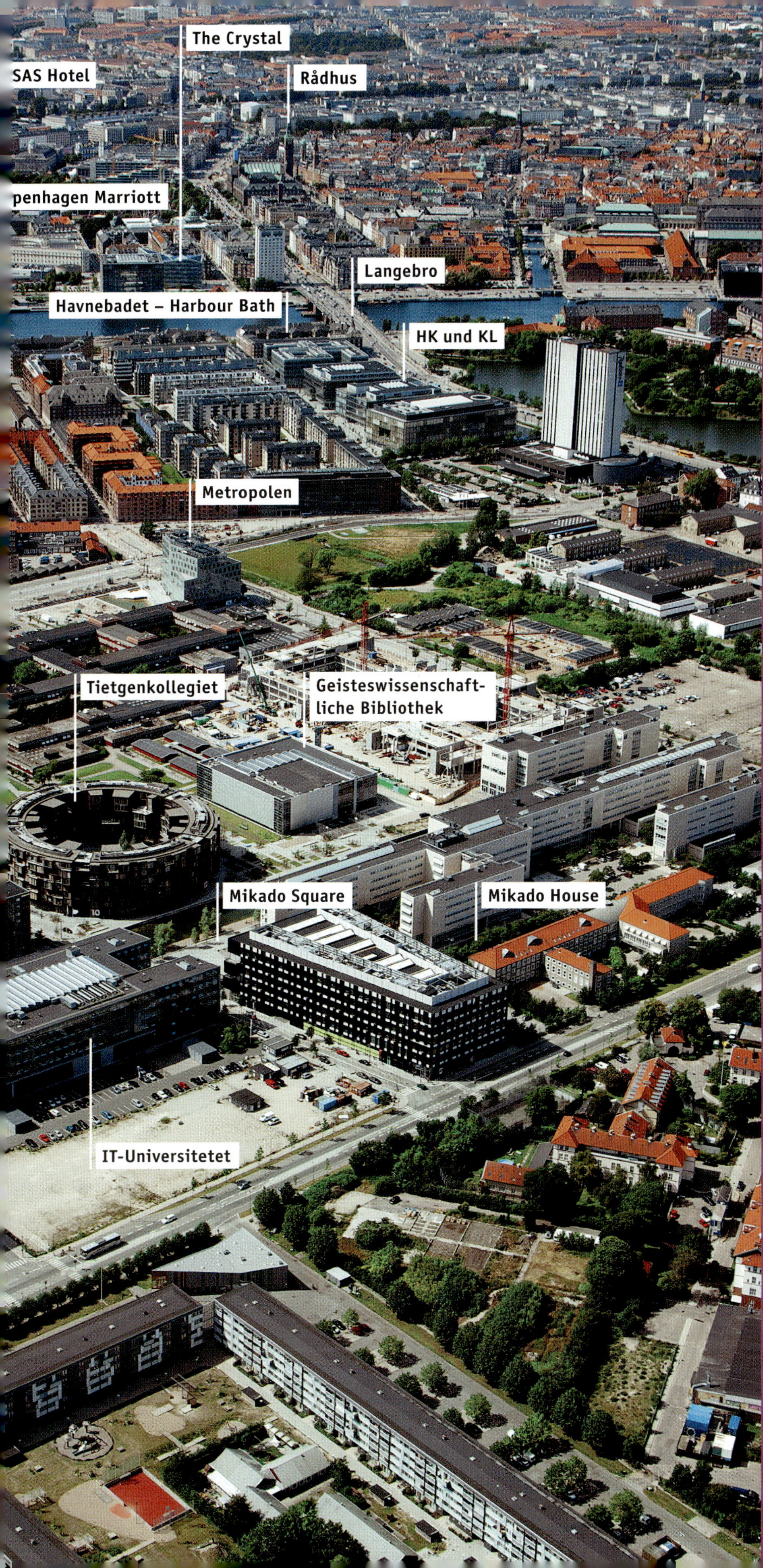
The Crystal
SAS Hotel
Rådhus
penhagen Marriott
Langebro
Havnebadet – Harbour Bath
HK und KL
Metropolen
Tietgenkollegiet
Geisteswissenschaft-
liche Bibliothek
Mikado Square
Mikado House
IT-Universitetet

Mikado Square
Tietgenkollegiet
Mikado House
IT-Universitetet
Boligslangen

Amager Strandpark
Kastrup Søbad
DR Byen
DR Koncerthuset

Parkhaus Ørestad
Signalhuset
Rambøll-Hauptverwaltung

Ørestad Apartments
Bella Sky
Vejlands Allé
Bella House
The Mountain
VM Housing
Porthuset
Gymnasium Ørestad
Ørestad Skole
Ferring Int. Center
Neroport

Signalhuset
Parkhaus Ørestad
Gymnasium Ørestad
Porthuset

Ørestad Apartments
VM Housing
The Mountain

Ørestad – Masterplan

148 F

ARKKI

2030 (geplant)

Anfang der Neunzigerjahre erkannte die Stadtverwaltung, dass die zunehmende Suburbanisierung durch Einfamilienhaussiedlungen auf der eher landschaftlichen geprägten Insel Amager für die Zukunft Kopenhagens nur wenig zuträglich sein wird. Diese Entwicklung zerstört nicht nur einen wichtigen Naturraum – das damit verbundene steigende Verkehrsaufkommen würde die Stadt auch erheblich belasten. So wurde beschlossen, auf einem ehemaligen militärischen Übungsgelände die fünf Kilometer lange Bandstadt Ørestad zu entwickeln. Der 1994 von der Stadtverwaltung ausgelobte internationale Ideenwettbewerb forderte eine ganzheitlich gedachte ökologische Lösung. Im siegreichen Masterplan des finnischen Architekturbüros ARKKI, das sich für die Umsetzung mit dem dänischen Büro KHR zusammenschloss, werden drei hochverdichtete Quartiere vorgeschlagen, so dass ein Großteil des Naturraums erhalten bleibt. Ein Wasserkanalsystem und eine Metro-Linie verbinden die Quartiere miteinander. Qualitativ hochwertige Architektur, unterschiedliche Wohn- und Bürostandorte sowie Freizeit- und Kulturangebote sollen aus Ørestad einen lebendigen und eigenständigen Stadtteil machen. Ein zentrales Merkmal, das den Stadtteil prägen wird, ist die heterogene Bebauung. Einheitlichkeit wird kategorisch ausgeschlossen, vielmehr werden wie in einem Setzkasten auf jedem Baufeld verschiedene Gebäudeformen mit unterschiedlichen Materialien, Höhen und Erschließungskonzepten realisiert. Um den Pkw-Verkehr zu reduzieren, steht für die über 20.000 Menschen, die hier einmal leben sollen, eine Metro-Linie zur Verfügung, die das Viertel direkt an das Stadtzentrum anbindet. Aus dem in Wasserreservoirs gesammelten Regenwasser entstehen künstliche Seen mit hohem Naherholungswert. Erst in etwa 20 Jahren wird der Gesamtplan komplett umgesetzt sein – und bis alles »eingewachsen« und »eingewohnt« ist, wird noch weitere Zeit vergehen. Dann wird es interessant, Ørestad neu zu betrachten und zu hinterfragen – insbesondere welche der Pläne sich letztlich als sinnvoll erwiesen haben.

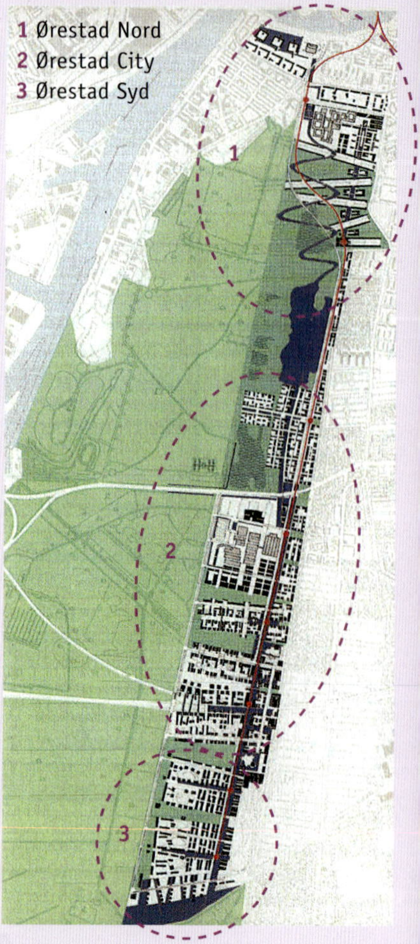

Fakten zum Masterplan

- Ein Drittel von Ørestad besteht aus Parkanlagen und Grünzonen.
- Das Gebiet ist fünf Kilometer lang und umfasst 3,1 Millionen Quadratmeter.
- Über 20.000 Menschen sollen hier in Zukunft leben; derzeit sind es bereits 7.000 Menschen.
- 60.000 bis 80.000 Personen werden in den Business-Zonen arbeiten.
- Bereits 20.000 Menschen studieren schon in Ørestad.
- Von Ørestad City bis nach Kongens Nytorf sind es nur zehn Minuten mit der Metro.
- Vom Bahnhof Ørestad dauert es mit dem Regionalzug nur 29 Minuten nach Malmø (Hauptbahnhof).

Ørestadt wird von einer neuen Metro-Linie erschlossen.
Parallel dazu verläuft ein Wasserkanal.

Wassersysteme, Grünräume und Verkehrsinfrastruktur wurden angelegt, noch bevor überhaupt ein Großteil der geplanten Bebauung realisiert wurde.

Ørestad Nord 149 F

KHR Arkitekter

2030 (geplant)

Das nicht weit vom Kopenhagener Zentrum entfernte Ørestad Nord hat eine Vermittlerfunktion zwischen Ørestad und der »alten« Stadt. Die Gesamtstruktur dieses Quartiers wurde 1997 durch einen Wettbewerb entschieden, aus dem das Büro KHR siegreich hervorging. Planerische Grundidee ist die Nord-Süd-Ausrichtung der Bebauungsstruktur entlang der beiden Kanäle. In Ørestad Nord ist die städtebauliche Entwicklung am weitesten fortgeschritten. Es ist ein neues Zentrum für Kultur, Medien und Kommunikationstechnologien, ein belebter, junger Stadtteil. Das liegt vor allem an den vielen Bauten für Bildung und Kultur, wie etwa der *IT-Universitetet*, dem *Amager Campus* der Universität Kopenhagen, dem Hauptquartier des staatlichen Rundfunks *DR Byen* mit dem Konzerthaus von Jean Nouvel oder dem Studentenwohnheim *Tietgenkollegiet*. In Ørestad Nord wohnen etwa 2.000 Menschen, darüber hinaus beleben ihn tagsüber etwa 20.000 Studierende und etwa

Was ist Ihrer Meinung nach das Besondere an Kopenhagens Architektur?
Kopenhagens Architektur spiegelt die dänische Mentalität wider: Die Dänen waren schon immer sehr pragmatisch. Zu jeder Zeit – auch heute – haben wir besonderen Wert auf den menschlichen Maßstab gelegt. Das schafft einen gemeinsamen Nenner und hilft neuen Gebäuden, sich in den historischen Kontext einzufügen.

Welchen Ort oder welches Gebäude sollte man auf keinen Fall bei einem Besuch in Kopenhagen verpassen?
Das Radisson SAS Royal Hotel und die Dänische Nationalbank: Beide sind wunderbare Gebäude von Arne Jacobsen. Das Royal Danish Playhouse im Innenhafen ist auch einen Besuch wert. Es zeigt, welchen Beitrag Architektur leisten kann, um eine »Rückseite« der Stadt in eine attraktive und lebendige Uferzone zu verwandeln.

Was ist Ihr liebster Ort in Kopenhagen?
Derzeit bin ich ganz verliebt in eine Stadtentwicklung namens Sluseholmen im südlichen Teil des Kopenhagener Hafens. Dieses Gebiet ist inspiriert von den Kanälen und Grachten Amsterdams und ein gutes Beispiel für eine erfolgreiche Planung der heutigen Zeit. Ich mag die schlichte Urbanität. Die Jægersborggade in Nørrebro ist ebenfalls sehenswert. Sie ist einer der zahlreichen Orte in der Stadt, die vor allem durch das Engagement der Bewohner zu einem lebhaften Hotspot mit zahlreichen unterschiedlichen Aktivitäten geworden ist.

Was würden Sie jemandem empfehlen, der nach einem typischen »Kopenhagen-Erlebnis« fragt?
Ich würde jedem, der Kopenhagen besucht, empfehlen, ein Fahrrad zu mieten und die »DNA« der Stadt zu erkunden: die alte und die neue Stadt und alle Stufen dazwischen. Kopenhagen ist für Fußgänger und Fahrradfahrer gemacht und sollte daher in einem menschlichen Tempo »erfahren« werden.

Louis Becker
International Design Director bei Henning Larsen Architects (www.henninglarsen.com)

7.000 Mitarbeiter von Unternehmen. Die öffentlichen Räume werden durch ihre angrenzenden Nutzungen bestimmt. So befinden sich am mäandernden Kanal westlich der U-Bahn überwiegend Grünflächen und Spielplätze. Hier dominieren Wohnbauten. Zwischen den Universitätsgebäuden und den Kultureinrichtungen am Hauptkanal liegen Räume mit eher urbanem Charakter.

Dichte urbane Strukturen für Wohnen und Arbeiten ermöglichen ...

... große Freiflächen für Grünräume, Sport- und Freizeitanlagen.

An warmen Tagen zeigt sich, dass schon jede Menge Leben in Ørestad ist.

Die Metro-Linie verbindet das neue Stadtviertel mit dem Zentrum.

Metropolen

150 F

Njalsgade 81
C. F. Møller Architects
2010

Direkt am Ørestad Boulevard steht das achtgeschossige Bürohaus *Metropolen*. Besonderes Merkmal dieses eher rationalen Baus ist die siebbedruckte Glasfassade: Je nach Licht- und Witterungsbedingungen ändert sie ihr Aussehen und verleiht dem Haus so mehr Lebendigkeit. Im öffentlich genutzten Erdgeschoss sind Geschäfte und Cafés untergebracht. Das Volumen der Obergeschosse ist »seitlich angeschnitten« und so verschoben, dass sich aus jeder Etage unterschiedliche Perspektiven auf Ørestad ergeben. Ein Atrium verbindet die Etagen miteinander und gewährleistet darüber hinaus den einfachen Zugang von jedem der Arbeitsplätze zu den Außenflächen. Der flexible Grundriss bietet Raum für zwei verschiedene Mieter pro Geschoss.

Bikuben Kollegiet

151 F

Amager Fælledvej 50A
aart A/S
2006

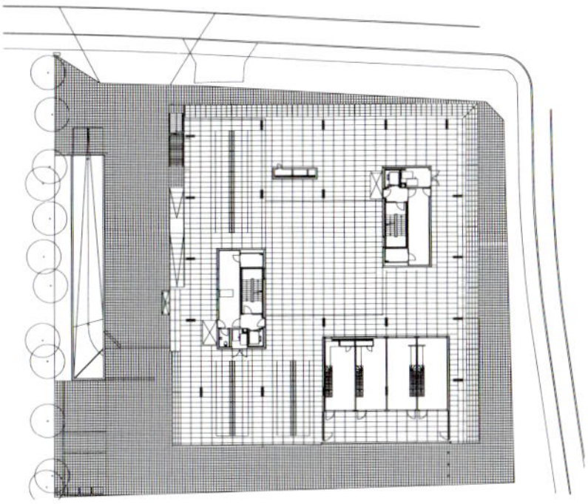

Das *Bikuben Kollegiet*, ein Wohnheim für 107 Studierende, eröffnete 2006 in der Nähe des *Amager Campus* der Universität Kopenhagen. Der markant fragmentierte sechsgeschossige Würfel am Rand von Ørestad Nord befindet sich unmittelbar an einer belebten Kreuzung. Auf Stützen gestellt, hält er genügend Abstand zur umgebenden Bebauung. Orangefarbene Einschnitte in den Kubus markieren die Gemeinschafts- und Außenbereiche sowie die Dachterrasse. Die restlichen Fassadenflächen sind mit Platten in verschiedenen Grautönen verkleidet, was dem eher massigen Würfel ein fast schon kleinteiliges Erscheinungsbild verleiht. In einer doppelten Spirale sind die Wohnungen und die öffentlichen Bereiche um einen Innenhof angeordnet. Küchen und gemeinsame Aufenthaltsräume sind hierbei nach innen orientiert und schaffen visuelle Verbindungen. Die Installationen aus illuminierten Buchstaben in der Lobby wurden von der Lichtdesignerin Viera Collaro geschaffen.

Mikado House

152 F

Rued Langgaards Vej 8
Arkitema
2010

Das Bürogebäude *Mikado House* befindet sich in Ørestad Nord, zwischen dem *Amager Campus* der Universität Kopenhagen und der *IT-Universitetet*. Inspiration für Design und Namen des Hauses war das bekannte Geschicklichkeitsspiel, bei dem durch die Stäbchen permanent neue Verbindungen und Überlagerungen geschaffen werden. Dies soll auch das Haus bewerkstelligen, indem es durch sein Raumangebot Synergien, den Wissensaustausch und die Vernetzung der Nutzer (zu denen auch die Entwerfer selbst gehören) untereinander und zu den benachbarten Universitäten fördert. Außen bringt die Fassade dieses Konzept durch die Kombination von Glas mit geschlossenen und herausgeschobenen Elementen zum Ausdruck. Der zentrale Raum des fünfgeschossigen Gebäudes ist ein lichtes Atrium. Hier befinden sich Besprechungsräume, Loungebereiche und andere flexibel nutzbare Zonen. Zudem sind die Büros für Teamarbeit zum Atrium orientiert. Das 4.000 Quadratmeter große öffentliche Erdgeschoss beherbergt ein Restaurant, ein Café, einen Supermarkt und kleinere Läden.

Mikado Plads

153 F

Rued Langgaards Vej 8
MUTOPIA Architects
2005 / 2006

Mikado Plads war ein temporäres Projekt, das die Interaktion zwischen den hier lebenden, arbeitenden und studierenden Menschen fördern sollte. Eine 2.400 Quadratmeter große, mit Gras und Fichten bewachsene Anlage wurde von drei hellblauen Wegen und einem asphaltierten Weg durchschnitten. Der Asphaltweg konnte für Sport und Spiel genutzt werden, während die anderen Pfade Möglichkeiten zum Treffen und Ausruhen boten (Liegestühle, Grillgelegenheiten). Bewusst wurde auf temporäre Gestaltung gesetzt: Öffentliche Räume sollen sich den wechselnden Nutzerbedürfnissen innerhalb der städtischen Entwicklung von Ørestad anpassen. Heute steht das *Mikado House* an diesem Ort.

Geisteswissenschaftliche Bibliothek, Amager Campus
154 F
Njalsgade 112
Dissing + Weitling
1998 (1. BA), 2008 (2. BA)

Die Bibliothek der geisteswissenschaftlichen Fakultät ist ein wichtiger Dreh- und Angelpunkt auf dem *Amager Campus* der Universität Kopenhagen. In dem siebengeschossigen Magazingebäude von 1998, das zu den modernsten der Königlichen Bibliothek gehört, werden unter optimalen Lagerbedingungen auf 73 Regalkilometern Medien aufbewahrt. Der Bibliotheksbau von 2008 ist ein glänzender Kasten aus Glas und Aluminium. Den Haupteingang markiert eine glasverkleidete Säule vor dem Gebäude. Im Inneren stehen – ganz im Sinne der Nutzer – Flexibilität, Einfachheit und Überschaubarkeit im Vordergrund. Auf drei offenen Ebenen stapeln sich die Bereiche übereinander. Geordnet sind sie nach ihrer Geräuschintensität: beginnend mit dem Infostand und angeschlossener Lounge und Café am Eingangsbereich im Erdgeschoss, über die Arbeitsbereiche für Studiengruppen im ersten Obergeschoss bis hin zu den Leseplätzen im zweiten Obergeschoss für eine ungestörte, intensive Lektüre. Die zweischalige Gebäudefassade schafft ein angenehmes Raumklima und sorgt für den maximalen Einfall von Tageslicht in die Lesesäle. Für den ersten Bauabschnitt erhielten die Architekten den prestigeträchtigen japanischen *G-mark Award* (*Good Design Award*).

Tietgenkollegiet

155 F

Rued Langgaards Vej 10–18
Lundgaard & Tranberg
2006

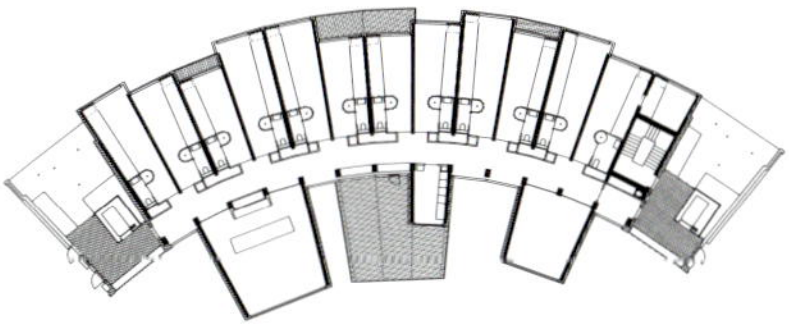

Das nach dem Bankier und Industriellen Carl Frederik Tietgen benannte Studentenwohnheim befindet sich in Ørestad Nord in unmittelbarer Nähe zur Universität Kopenhagen und zur *IT-Universitetet*. Das Besondere dieses Gebäudes ist die Form seines Grundrisses: Der Kreis soll als »Inner Circle« die Gemeinschaft stärken, den Studierenden eigenen Freiraum verschaffen und zugleich für individuelle Rückzugsmöglichkeiten sorgen. Fünf vertikale Fassadeneinschnitte, die die Zugänge zum Haus und zum Innenhof bilden, strukturieren das Gebäude optisch und funktional. Das Wohnheim verfügt über 360 Zimmer auf sieben Geschossen. Im Erdgeschoss befinden sich unter anderem ein Café, Computerräume, ein Fitnessraum, ein Musikzimmer, ein Waschsalon und Fahrradabstellräume. Jedes der fünf Segmente beherbergt zwölf Wohnungen. Die Einzelzimmer liegen an der Außenfassade, ihre Größe variiert zwischen 29 und 42 Quadratmeter. Sie sind auf einzelne, übereinander gestapelte Kuben verteilt. Jedes Zimmer verfügt über ein eigenes Bad. Sämtliche Gemeinschaftsräume sowie alle Gemeinschaftsküchen (eine Küche ist jeweils zwölf Zimmern zugeordnet) sind zum Innenhof orientiert. Dadurch soll das Gefühl der Zusammengehörigkeit unter den hier lebenden Studenten gestärkt werden. Die Fassade wird durch die vor- und zurückspringenden Kuben bestimmt, was dem Wohnheim in der Vogelperspektive das Aussehen eines überdimensionalen Zahnrads verleiht.

Boligslangen **156 F**

Tom Kristensens Vej 6–16
Domus Arkitekter (Fælledhaven), Arkitema (Universitetshaven)
2005, 2006

Eines der größten Wohnungsbauprojekte in Ørestad Nord ist *Boligslangen*, die »Wohnschlange«. Auf einem zickzackförmigen Grundriss sind 320 Appartements in fünf Baukörpern angeordnet. Ein gemeinsames Dach fasst sie zu einer Großform zusammen. Diese bildet mit ihren Öffnungen gleichsam das Eingangstor zu dem dahinter liegenden Stadtquartier mit dem *Tietgenkollegiet* (Projekt 155) und den Universitätsgebäuden. *Boligslangen* vereint zwei Wohnformen unter einem Dach: In der achtgeschossigen Zeile *Fælledhaven* befinden sich Genossenschaftswohnungen, während *Universitetshaven* größtenteils Eigentumswohnungen beherbergt. Die Appartements in *Fælledhaven* zeichnen sich durch flexibel gestaltbare Grundrisse aus: Ein innen liegender Kern aus Nasszelle und Schacht ermöglicht eine freie Einteilung. Der zehn Meter tiefen Zeile ist eine fünf Meter breite, vom Baukörper abgerückte Erschließungsschicht aus Betonfertigteilen mit innen liegenden, dezentral angeordneten Treppenhäusern als Laubengang vorgelagert. Gemeinschaftlich genutzte Balkone am Laubengang sowie Terrassen schaffen Raum für Begegnungen. Die andere, private Seite von *Fælledhaven* wird durch Kombinationen von Erkerfenstern, Fenstertüren und Loggien rhythmisiert. *Universitetshaven* besteht aus zwei Gebäuden, die

wiederum aus drei Hauptelementen zusammengesetzt sind: einem vertieften Kellerbereich aus weißem Beton, den eigentlichen Baukörpern mit schwarzer Plattenfassade und Glaselementen sowie dem gemeinsamen Betondach. Alle Appartements in *Universitetshaven* verfügen über mindestens einen Balkon. Diese sorgen für etwas Abwechslung in der Fassade des sonst sehr klar strukturierten Gebäudes. Die landschaftliche Gestaltung der umgebenden Grünanlagen übernahm Peter Holst.

IT-Universitetet

157 F

Rued Langgaards Vej 7
Henning Larsen Architects
2004

In Ørestad Nords zentraler Lage direkt am Kanal, zwischen dem *Tietgenkollegiet* (Projekt 155) und *DR Byen* (Projekt 159), befindet sich Dänemarks kleinste Universität, die *IT-Universitetet*. An ihrer einzigen Fakultät befassen sich etwa 2.000 Studierende mit allen Aspekten der Informatik. Das Bauensemble besteht aus zwei lang gestreckten Riegeln mit eher unspektakulären Außenhüllen aus Stahl und Glas, die jeweils von einem durchgehenden Metallriegel eingefasst sind. Horizontale Fensterbänder, deren grünliches Glas abwechselnd opak und transparent ist, strukturieren die Fassaden. Verbunden werden die beiden Riegel durch ein beeindruckendes fünfgeschossiges Atrium. Hier ist es den Architekten gelungen, eine Art Innenhof zu schaffen, der für die Studenten, Mitarbeiter und Gäste der Universität zum zentralen Ort für Austausch, Kommunikation und Bewegung geworden ist. In den Erdgeschossen der Riegel befinden sich Hörsäle, die Bibliothek, eine Mensa und ein Café. Die oberen Geschosse sind der Verwaltung sowie der Forschung und Lehre vorbehalten. Den Architekten war es wichtig, die Verwaltungsbereiche an den Enden der Riegel und zu den Außenfassaden hin unterzubringen. Denn alle Lehrräume, »Concentration Spaces« und Gruppenarbeitsplätze sind so entlang des Atriums platziert, dass ein permanenter Blickkontakt gegeben ist. In das Atrium hineinkragende weiße Boxen mit Arbeitsbereichen, herausgezogenen Schubladen nicht unähnlich, gewähren ebenfalls einen Blick in den Innenhof und in die anderen Bereiche. Die Projektion von Wörtern und Bildern auf die Schmalseiten dieser Schubladen, eine Installation des US-Künstlers John Maeda, erzeugt eine zusätzliche visuelle Dynamik.

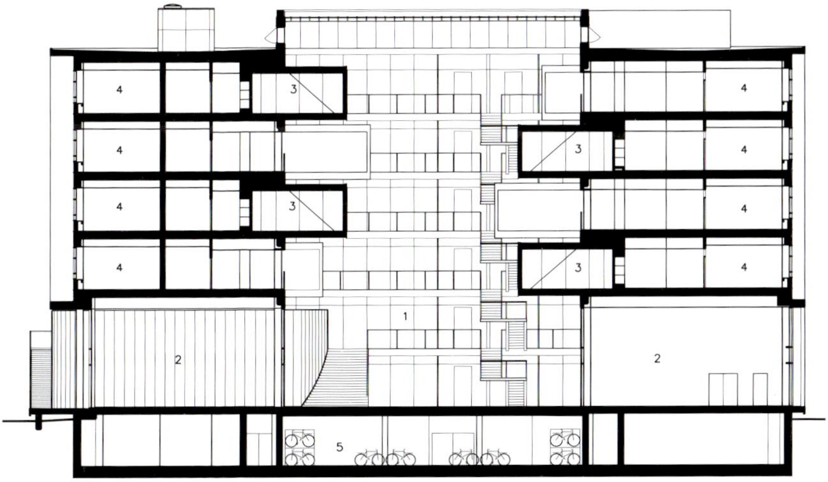
4
3
4
4
3
4
4
3
4
4
3
4
4
1
2
2
5

DR Koncerthuset **158 F**
Emil Holms Kanal 20
Ateliers Jean Nouvel
2009

Das im Norden von Ørestad liegende *DR Koncerthuset* gehört zum Gesamtensemble *DR Byen* (»DR-Stadt«) des dänischen Rundfunksenders DR. Geplant und entworfen vom französischen Architekturbüro Jean Nouvel, zogen sich die Bauarbeiten fast sechs Jahre hin. So erwies sich der Boden weicher als erwartet, was teure und aufwendige zusätzliche Verankerungen für die gesamte Konstruktion erforderte. Zudem explodierten die Kosten für den Bau durch die erheblichen Fehlkalkulationen seitens der Architekten. Der 45 Meter hohe, 96 Meter lange und 58 Meter breite Kubus zeichnet sich äußerlich vor allem durch seine kobaltblaue Glasfiberfassade aus, die die Betonkonstruktion des großen Saals hindurchschimmern lässt. Die Konstruktion ist an drei Treppentürmen aufgehängt und steht zusätzlich auf sechs Säulen. Durch die Folienschalung der einzelnen Betonelemente entsteht eine lebendige Maserung auf der Oberfläche. Im Inneren befinden sich vier unterschiedlich große Konzertsäle, Studios genannt. Der größte Saal, *Studio 1*, ist 24 Meter hoch und kann bis zu 1.800 Besucher fassen. Hervorzuheben ist die geschwungene Formgebung ohne rechte Winkel. Hier wollte Nouvel den Eindruck eines frei schwebenden Raums erzielen. Warme Holztöne, terrassenartig angeordnete Ränge und wechselnde Lichtstimmungen vermitteln das Bild einer (Musik-) Landschaft. Durch ein 75 Tonnen schweres verstellbares Schallsegel, das über der Orchesterbühne schwebt, kann die Raumakustik präzise dem jeweiligen Konzert angepasst werden. In den drei anderen Sälen, den Studios 2–4 mit 250 bis 450 Plätzen, finden Kammermusikaufführungen, experimentelle Konzerte sowie Jazz-, Rock- und Popveranstaltungen statt.

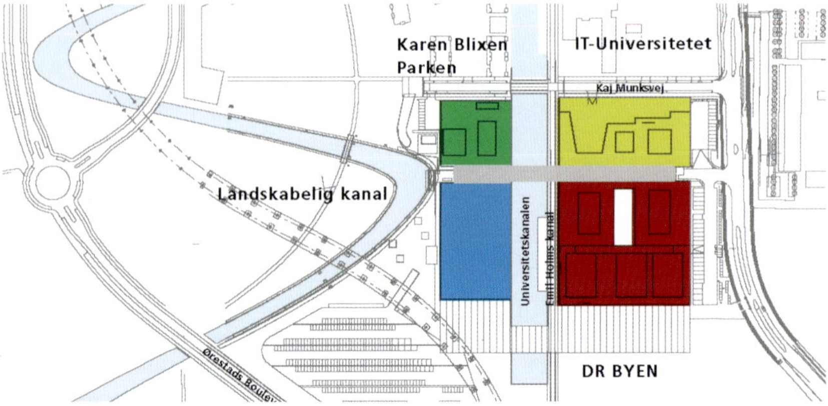

DR Byen – Medienhaus ≈ 159 F

Emil Holms Kanal 20
Dissing + Weitling
2006

Unmittelbarer Nachbar des Nouvel'schen Konzerthauses und ebenfalls ein Teil von *DR Byen* ist das Medien- und Nachrichtenhaus. Der schwarz schimmernde, von einem weißen Stahlträgergerüst umbaute Glaskubus beherbergt vielfältige Nutzungen. So werden hier nicht nur Sport- und Nachrichtensendungen für TV und Radio aufgezeichnet, sondern es befinden sich auch sämtliche administrativen Bereiche von *Danmarks Radio* in diesem Haus. Die gläserne Fassade gewährt einen uneingeschränkten Blick nach außen. Das Innere wird durch ein großes mehrgeschossiges Atrium dominiert. Um die Kommunikation der Mitarbeiter untereinander zu fördern, wurden in den organisch geschwungenen Ebenen offene »Büro-Landschaften« eingerichtet. Für sein Energiesparkonzept (Grundwasserkühlung, Doppelfassaden, natürliche Belüftung und Solarzellen innerhalb der Dachkonstruktion) wurde das Medienhaus 2006 mit dem Solarpreis der Stadt Kopenhagen ausgezeichnet.

AlmenBolig+ ≈ 160 F

Amagerfælledvej 135–147
ONV Arkitekter
2011

AlmenBolig+ ist ein Projekt, bei dem in einer Art Reihenhaussiedlung für junge Familien und Senioren günstiger Wohnraum zur Verfügung gestellt wurde. Es handelt sich dabei um zwei- bis dreigeschossige, in ihrer äußeren Erscheinung gleiche Niedrigenergiehäuser. Dominierende Materialien sind schwarzer Schiefer und Holz. Damit die Gebäude nicht zu dunkel wirken und auch um einer gewissen Monotonie vorzubeugen, sind einzelne Elemente der Häuser – etwa an den Fenstern – in leuchtendem Gelb oder Orange markiert. Jedes Haus verfügt über einen eigenen kleinen Garten. Die Grundrisse sind klassisch aufgeteilt: Bei den zweigeschossigen Häusern befindet sich der Wohn- und Essbereich im Erdgeschoss und im Obergeschoss das Schlafzimmer. Die dreigeschossigen Baukörper setzen sich aus einer Wohnung im Erdgeschoss und einem darauf »aufgesetzten« Hausmodul zusammen. In diesem Fall erfolgt der Zugang zum Haus über eine außen liegende Treppe.

Ørestad City & Downtown 161 H
Ørestad City
Daniel Libeskind
2015

Dieses Quartier – in direkter Nähe zur Autobahn und zur Bahntrasse gelegen – soll das lebendigste der Gesamtplanung Ørestad werden. Auch hier wurde die Infrastruktur noch vor dem Bau der ersten Gebäude realisiert. Dazu gehören neben den Straßen und der neuen Metro-Linie auch Kanäle und Grünanlagen, die während des 20-jährigen Bauprozesses eine hohe Lebens- und Wohnqualität im Quartier sichern sollen. 2004 eröffnete das Einkaufszentrum. Mit ihm ist nicht nur die Versorgung mit Lebensmitteln und Waren gewährleistet, sondern es bietet darüber hinaus auch verschiedene

Möglichkeiten zur Freizeitgestaltung. Der Masterplan für Ørestadt City stammt von Daniel Libeskind, der sich bei seinem Entwurf von der mittelalterlichen Stadt Kopenhagen inspirieren ließ. So soll ein zentraler offener Platz entstehen, der im Norden und Süden von 20-geschossigen, markant geschwungenen Hochhäusern flankiert wird. Diese werden – historischen Kirchtürmen gleich – den ellipsenförmigen Platz als das Herzstück von Ørestad City kennzeichnen. Hier sollen sich Cafés, Restaurants und öffentliche Einrichtungen ansiedeln. Andere öffentliche Räume sind an diesen zentralen Platz angeschlossen und werden von einer heterogenen Baustruktur umgeben sein. Ein Großteil der Räume wird nur für Fußgänger zugänglich sein, um den Pkw-Verkehr so gering wie möglich zu halten.

Bürohaus Vejlands Allé 162 H

Vejlands Allé / Ørestads Blvd.
Henning Larsen Architects
2010

Das fünfgeschossige Gebäude mit der charakteristischen schwarzen Schieferfassade und den umlaufenden horizontalen Fensterbändern steht an der Schnittstelle zwischen Landschaftsraum und städtischem Gebiet. Durch ihre unterschiedlichen Höhen bieten die weiß gerahmten Fenster ein abwechslungsreiches Erscheinungsbild. Zugleich sorgen sie für einen optimalen Lichteinfall in die Büros. Die parkähnlich gestaltete Fläche vor dem Eingang bietet Pkw-Stellplätze und schafft darüber hinaus auf den künstlichen Hügeln kleine Treffpunkte für die Büropausen.

Bella Hus 163 H

Ørestads Boulevard 31
schmidt hammer lassen
2007

Der Wohnblock befindet sich zwischen dem Ørestads Boulevard und dem Wasserkanal. Mit der Schmalseite zur Straße gerichtet, staffelt er sich nach Osten von acht auf vier Geschosse ab und verbindet so die Wohnquartiere miteinander: Denn während im Osten die Bebauung niedriger ist, erreichen die Gebäude im Westen oft mehr als acht Geschosse. Die Südfassade prägen die horizontalen Fensterbänder der Wohnräume, unterstrichen durch die Balkonbrüstungen in frischem Grün und Blau. Sie werden von den vertikalen Fensterbändern der Funktionsbereiche rhythmisch unterbrochen.

Bella Sky Comwell Hotel 164 H
Center Boulevard 5
3XN architects
2011

Mehr »Schieflage« als der Turm von Pisa bietet Skandinaviens größtes Hotel! Die zwei Türme des *Bella Sky* sind direkt neben dem Kongresszentrum *Bella Center* platziert. Aufgrund der Nähe zum Flughafen war es nicht möglich gewesen, alle 814 Zimmer in einem einzigen Hochhaus unterzubringen. Also wurden sie auf zwei 75 Meter hohe asymmetrische Türme verteilt, die sich etwas schüchtern in entgegengesetzte Richtungen neigen. So können die Gäste aus allen Zimmern einen unverstellten Ausblick genießen. Darüber hinaus minimieren die Neigungswinkel der Türme entstehende Windturbulenzen. Der zweigeschossige Sockel beherbergt unter anderem die Lobby und Restaurants. Eine Brücke verbindet die beiden Türme im 23. Geschoss miteinander. Die Konstruktion besteht aus vorgefertigten Betonplatten, die einen effizienten Bauprozess ermöglichten. Markant ist die grafische, pixelartige Außenhaut. Weltweit ist das *Bella Sky* wohl das erste Gebäude mit einer geneigten und verdrehten Fertigteilkonstruktion. 2012 erhielt es die Auszeichnung *International Hotel Awards 2012, Best Hotel Architecture in Europe*.

The Mountain 165 H

Ørestads Boulevard 55

BIG + JDS (vormals PLOT)

2008

The Mountain soll das Beste aus zwei Welten in sich vereinen: das Leben am Stadtrand im eigenen Haus und Urbanität durch Dichte. Der ungewöhnliche Wohnblock ist direkter Nachbar der nicht minder markanten Anlage *VM Housing*, die ebenfalls von BIG + JDS geplant wurde (Projekt 166). Im »Berg« verschmelzen die Funktionen Wohnen und Parken im Verhältnis von einem Drittel zu zwei Drittel miteinander. Die 80 Eigentumswohnungen, zwischen 80 und 150 Quadratmeter groß, verteilen sich über elf terrassenartig übereinandergestapelte Geschosse. Sie verfügen alle über eine große Dachterrasse mit einem Gartenbereich sowie einen Parkplatz an der Straße. Zusätzliche 480 Stellplätze gibt es im Inneren des »Bergs«. Wie eine terrassierte Einfamilienhausschicht ziehen sich die Appartements an der Südseite über das hangartige Fundament aus Parkgeschossen und erhalten so die optimale Mischung aus Licht, Luft und Sonne. Mit einem Schrägseilaufzug sind die einzelnen Parkebenen erreichbar. Die Nord- und die Westfassade des Wohnblocks sind mit perforierten Aluminiumplatten verkleidet, die Licht und Luft in die Parkgeschosse lassen. Darüber hinaus ergeben die Löcher von Weitem eine riesige Reproduktion des Mount Everest. Der Wohnblock erhielt zahlreiche Auszeichnungen, wie etwa den *WAF World Architecture Festival Award 2008 (Best Housing Project)*, den *Danish Wood Award Træprisen 2008*, den *Forum AID Award 2009* sowie eine Nominierung für den *Mies van der Rohe Award 2008*.

VM Housing **166 H**

Ørestads Boulevard 57–59
BIG+JDS (vormals PLOT)
2005

Das charakteristisch »geknickte« Bauensemble *VM Housing* war das erste Wohnprojekt, das in Ørestad fertiggestellt wurde. Aus der Vogelperspektive betrachtet formen die zwei Häuser die Buchstaben »V« und »M«. So sollen alle Bewohner in gleichem Maße mit Tageslicht und Ausblicken versorgt werden, ohne dass dabei jedoch ihre Privatsphäre gestört wird. Denn das Visavis mit dem Nachbarn wird durch die Verzerrung der Gebäudekörper in der Mitte vermindert. Nach Norden hin sind alle Wohnungen zweigeschossig, nach Süden verfügen sie über einen weiten Panoramablick. *Haus V* ist auf fünf Meter hohen Stützen aufgeständert, was dem im Norden gelegenen gemeinsamen Hof Helligkeit und Offenheit verschafft. Seine Südfront wird durch die stachelig spitz auskragenden Balkone charakterisiert. In *Haus M* gibt es individuelle private Freiräume in Form von Balkonnischen. Das Erdgeschoss beherbergt einen Kindergarten. *VM Housing* bietet etwa 80 verschiedene Wohnungstypen für unterschiedliche Nutzergruppen: vom Ein-Personen-Haushalt über kinderlose Paare bis hin zu Familien mit Kindern.

Was ist Ihrer Meinung nach das Besondere an Kopenhagens Architektur?
Kleinmaßstäbliche Gebäude stehen im Kontrast zu den Kirchtürmen und Hochhäusern. Diese Heterogenität wird verstärkt durch die vielen unterschiedlichen Materialien wie Backstein, Schiefer, Kupfer, Sandstein oder Granit und geben Kopenhagen ein sinnliches und authentisches Antlitz.

Welchen Ort oder welches Gebäude sollte man auf keinen Fall bei einem Besuch in Kopenhagen verpassen?
Die hölzerne Promenade und das Foyer des Royal Danish Playhouse sind ein wunderbarer Ort direkt am Wasser!

Was ist Ihr liebster Ort in Kopenhagen?
Der ist entlang der Kanäle in Christianshavn – in dem Stadtteil, in dem ich lebe.

Was würden Sie jemandem empfehlen, der nach einem typischen »Kopenhagen-Erlebnis« fragt?
Nimm ein Fahrrad und starte bei der Torvehallerne, überquere die Dronning Louises Bro und fahre dann weiter auf der multikulturellen Nørrebrogade. Durchquere den Assistens Kirkegård bis zu der mit Kopfstein gepflasterten Jægersborggade, wo man derzeit die angesagte Mischung von kleinen Läden und Cafés finden kann: Ein echtes »Copenhagen Now!«-Erlebnis!

Lars Toksvig
Architekt und einer von 10 Partnern bei PLH Arkitekter (www.plh.dk)

Porthuset **167 H**
Ørestads Boulevard 61
Holgaard Arkitekter
2007

Ebenfalls direkt am Kanal, zwischen dem Gymnasium Ørestad (Projekt 171) und dem Ensemble *VM Housing* (Projekt 166), steht die achtgeschossige Wohnanlage *Porthuset*. Sie beherbergt 155 Eigentumswohnungen (zwischen 54 und 104 Quadratmeter). Das Besondere dieser Anlage ist die das Gebäude durchwegende Straße. Um dennoch einen zusammenhängenden Baukörper errichten zu können, entschieden sich die Architekten für eine dreigeschossige Brücke über die Fahrbahn. Dadurch erinnert die Form des Blocks an ein liegendes »S«. Die gleich großen, rasterartig angeordneten bodenhohen Fenster und Balkone vermitteln ein homogenes, aber dennoch elegantes Außenbild. Das Fassadenmaterial (Weißzement) hat die Anmutung von sehr präzise gerastertem Kopfsteinpflaster.

Ørestad Apartments

168 H

C. F. Møllers Allé 58–66

Lundgaard & Tranberg

2006

Die an den neuen Stadtpark *Byparken* angrenzende Wohnanlage *Ørestad Apartments* setzt sich aus vier Baukörpern zusammen, die einen großen Innenhof bilden. Dabei variieren die Höhen der einzelnen Blöcke zwischen acht und zwölf Geschossen. Alle 127 Wohnungen verfügen über einen Balkon oder über eine Terrasse. Diese sind zum belebteren Stadtpark orientiert, während auf der Seite zum ruhigen Innenhof Erkerfenster platziert sind. Zum Park hin wird die schlichte braunrote Backsteinfassade durch die versetzte Anordnung der weißen, expressiv nach oben geschwungenen Balkone aufgelockert.

Signalhuset 169 H

Arne Jacobsens Allé 11A–E
NOBEL arkitekter
2006

Signalhuset ist ein unkonventionelles Wohnheim für insgesamt 288 Studenten am Kanal von Ørestad. Der zehngeschossige Baukörper steht auf einer Reihe von Betonplatten, die ihm einen fast schwebenden Charakter verleihen. Die bunte Fassade mit den verzinkten Streckmetallelementen vor den Laubengängen lockert das Erscheinungsbild auf. Hier ließ sich der Architekt von Le Corbusiers *Unité d'Habitation* in Marseille (1952) inspirieren. Jeweils vier Studenten teilen sich eines von insgesamt 172 Appartements, bestehend aus vier Individualzimmern, zwei Bädern, einer Küche und einem Gemeinschaftsbereich. So stehen jedem Bewohner etwa 25 Quadratmeter inklusive anteiliger Gemeinschaftsfläche zur Verfügung. Darüber hinaus gibt es einen Waschsalon und einen großen Gemeinschaftsraum im Erdgeschoss.

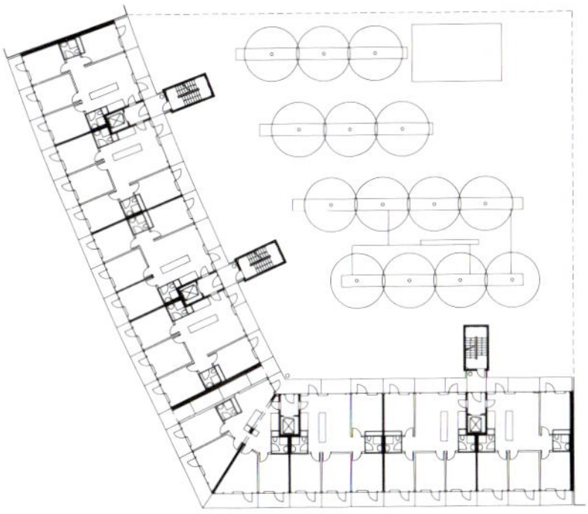

Parkhaus 170 H

Hannemanns Allé/
Edvard Thomsens Vej
PLH Arkitekter
2011

Die an das Parkhaus angrenzende Wohnbebauung ist äußerst heterogen, sowohl in ihren Fassaden als auch in der Gestaltung der öffentlichen Räume. Daher sollte sich das Gebäude nicht als ein einfacher Funktionsbau darstellen, sondern in seiner Gesamtheit als ein ästhetischer Bau, dessen Nutzung dennoch klar erkennbar ist, in die Nachbarschaft einfügen. Dieses Ziel erreichten die Architekten, indem sie das Parkhaus mit einer transluzenten Außenhaut aus weißem Material ausstatteten. Es fasst 700 Stellplätze.

Gymnasium Ørestad
Ørestads Boulevard 75
3XN architects
2007

171 H

Offenheit und Flexibilität sind die Hauptmerkmale, die die Richtlinien der dänischen Gymnasialreform von 2005 für neue Schulbauten fordern. Dies übersetzten die Architekten von 3XN im Gymnasium Ørestad in fließende Räume, schwebende Ruheinseln und geschwungene Treppenlandschaften. Etwa 1.200 Schüler zwischen 16 und 19 Jahren lernen in dem fünfgeschossigen Kubus am Ørestads Boulevard. Das Innere überrascht: Denn tritt man durch den Eingang, öffnet sich eine weite, über vier Geschosse reichende Halle mit organisch geformten Einbauten. Herzstück ist die breite geschwungene Treppe, die zu vier bumerangförmigen, geschossweise verdrehten Galerien führt. Diese werden von drei »Mega-Stützen« getragen, in denen die Fluchttreppenhäuser, Toiletten und Technik untergebracht sind. Anstelle der sonst üblichen geschlossenen Klassenzimmer gibt es zahlreiche flexibel

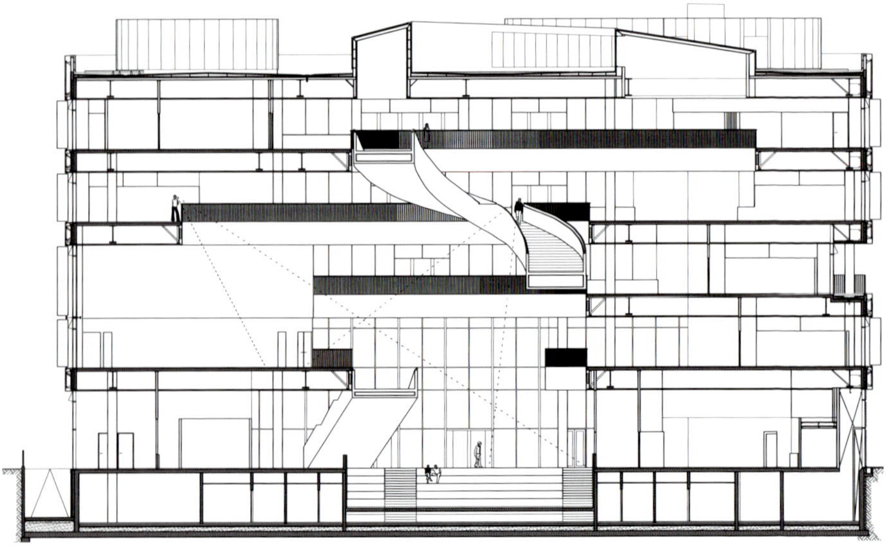

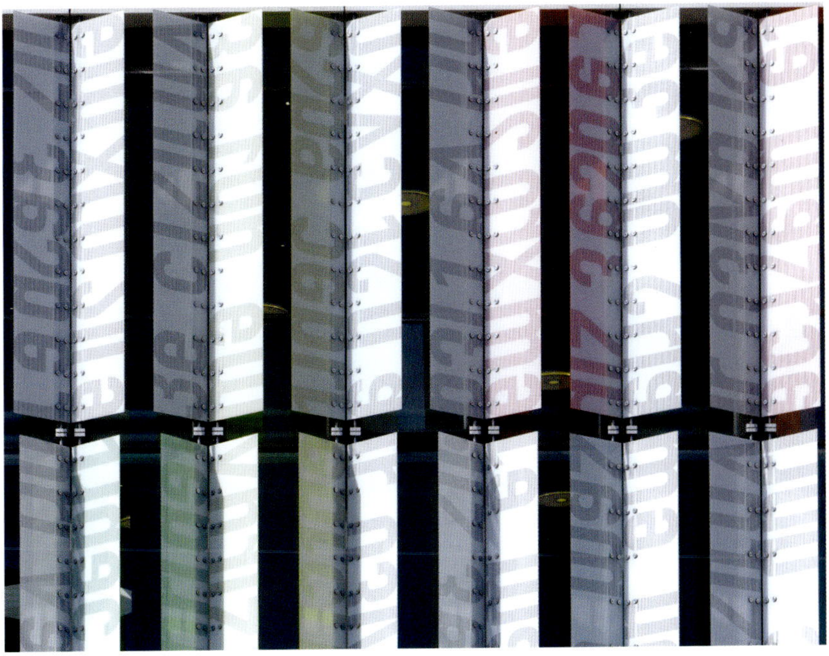

abtrennbare Passagen, Öffnungen, Teilräume und Nischen, denn die Schüler sollen sich frei bewegen, aufeinander zugehen und sich gegenseitig inspirieren können. Lediglich die Verwaltung und einige Fachräume haben feste Strukturen. Die verdrehten Ebenen sind auch in der Fassade ablesbar. Vertikale farbige Glaslamellen umhüllen das Gebäude und dienen teilweise als Sonnenschutz. 2007 erhielt das Gymnasium Ørestad, das zu den begehrtesten Schulen Kopenhagens gehört, die Auszeichnung »Bestes Gebäude in Skandinavien«.

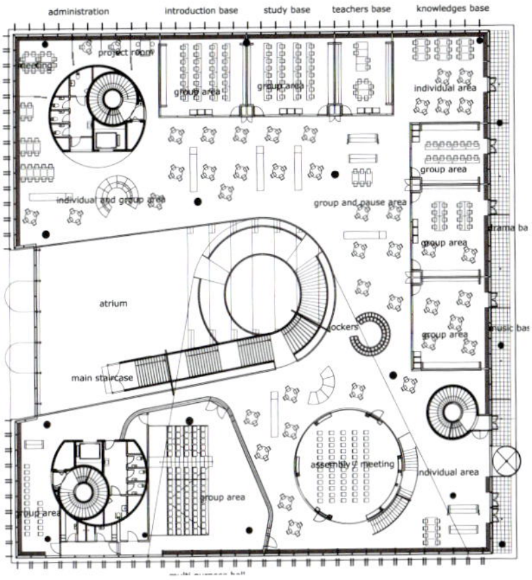

Ørestad Skole 172 H

Arne Jacobsens Allé 21

KHR Arkitekter

2012

Alles unter einem Dach: Ørestads neue öffentliche Schule, der Schulhort und eine Stadtteilbibliothek finden in diesem achtgeschossigen Gebäude auf insgesamt 14.500 Quadratmetern Platz. Mit den versetzten Vor- und Rücksprüngen aus Glas und Klinker verleiht die Fassade dem Komplex eine angenehme Kleinteiligkeit. Die Funktion des Hauses als neues soziales und kulturelles Zentrum für Menschen aller Altersstufen und Schichten wird durch eine Vielzahl von Treffpunkten im Außen- und Innenbereich unterstrichen. Eine großzügige Treppe schafft die Verbindung zwischen der Bibliothek im Erdgeschoss und der Schule mit Hort in den oberen Ebenen. Der besondere Schwerpunkt der Schule liegt auf ästhetischen und virtuellen Themen und Lernprozessen. Räume unterschiedlichster Größe, Ausstattung, Orientierung und Belichtung sollen dies unterstützen. Im Außengelände und auf dem Dach befinden sich vielfältig gestaltete Bereiche mit viel Platz zum Lernen, Spielen und auch Erholen. Bei der Planung legten KHR Arkitekter großen Wert auf Nachhaltigkeit: Das CO_2-neutrale Gebäude hat einen niedrigen Energieverbrauch und speist überschüssige Heizenergie wieder in das Netz ein.

Ferring International Center **173 H**

Kay Fiskers Plads 11
Henning Larsen Architects
2001

Das *Ferring International Center*, die dänische Hauptverwaltung des Schweizer Pharmakonzerns Ferring, war das erste Gebäude in Ørestad. Es besteht aus einem dreigeschossigen Basiskörper, der vorwiegend Forschungslabore beherbergt, und einem aufgesetzten 13-geschossigen Verwaltungsturm mit Büros, Kantinen und einer Aula. Die Fassade aus schwarz eloxiertem Aluminium lässt viel Licht herein und bietet einen überragenden Weitblick über die Stadt. Seine exponierte Lage, die markante Fassade und vor allem die Höhe machen das Gebäudeensemble des *Ferring International Center* zu einer wichtigen Landmarke für das Quartier Ørestad. Zudem ist die Hauptverwaltung exzellent infrastrukturell vernetzt: Die Metro-Station befindet sich in unmittelbarer Nähe und es besteht eine sehr gute verkehrliche Anbindung zum Flughafen.

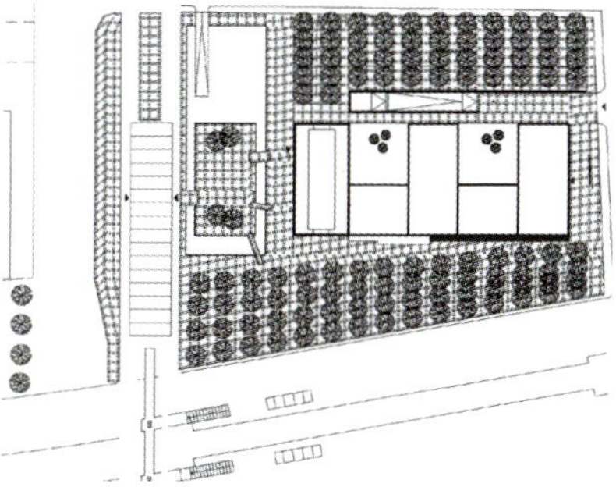

Neroport **174 H**

Kay Fiskers Plads 11
Henning Larsen Architects
2010

Neroport ist eine Erweiterung des *Ferring International Center*. Mit seiner lamellenartigen schwarzen Fassade passt sich das achtgeschossige Bürogebäude hervorragend an das Ensemble von 2001 an und bildet mit diesem eine harmonische Einheit. Im Erdgeschoss befinden sich öffentliche Nutzungen, wie ein Café und ein loungeartiger Bereich. Dies schafft einen Mehrwert auch für die umliegende Bebauung. Bei diesem Projekt war es den Architekten wichtig, Funktionalismus und nachhaltiges Bauen miteinander zu kombinieren. So wurde etwa auf eine größtmögliche natürliche Belichtung der Büroräume geachtet, um die für eine künstliche Beleuchtung aufgewendeten Energiekosten zu reduzieren.

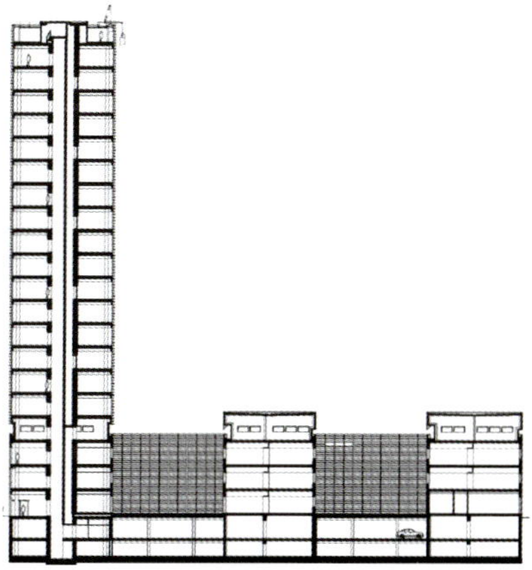

Ørestad Syd – Masterplan
ARKKI
2035 (geplant)

175 H

Ørestad Syd ist, wie der Name schon sagt, der südlichste Abschnitt der Quartiersplanung. Wer nun vermutet, das die Bebauung an Dichte und Höhe verliert, um sich »in den Naturraum aufzulösen«, der wird enttäuscht sein. Hier sollen in etwa 15 Jahren mehr als 10.000 Menschen leben. Das entspricht ungefähr der durchschnittlichen Größe einer dänischen Provinzstadt – und impliziert auch Neuplanungen von Kindergärten, Schulen, Sportplätzen und Einkaufsmöglichkeiten sowie anderen relevanten

Nutzungen, die zu einem urbanen Quartiersleben beitragen. Das für den Masterplan verantwortliche Büro ARKKI teilt das Gebiet in zwei Abschnitte, zwischen denen ein großer Park entstehen soll. Der nördliche Bereich, nahe der Autobahn, ist weitestgehend für Büronutzungen vorgesehen. Sie bilden einen dichten Blockrand um einen öffentlichen Raum, der später mit Bäumen bepflanzt werden soll. Der südliche Abschnitt ist zu gleichen Anteilen Wohn- und Büronutzung. Die drei Baufelder sind längsseitig nord-süd-gerichtet. Zwischen ihnen verbindet jeweils ein durchgehender öffentlicher Raum den nördlichen Abschnitt mit dem südlichen Ende der Gesamtplanung von Ørestad.

Hauptgeschäftsstelle Rambøll 176 H

Hannemanns Allé 53
Dissing + Weitling
2010

Der Grund für die Entscheidung des Ingenieur- und Beratungsunternehmens Rambøll, die Hauptgeschäftsstelle nach Ørestad zu verlegen, war ein ganz pragmatischer: Die über 1.500 Mitarbeiter in Kopenhagen sollten wieder unter einem Dach arbeiten. Das neue Hauptquartier kommuniziert Rambøll als eine transparente, flexible Organisation mit einem ganzheitlichen Ansatz nach außen. Gemeinsam mit Dissing + Weitling wurde ein innovatives, nachhaltiges Gebäudekonzept entwickelt, das eine offene Atmosphäre schafft. Der rechtwinklige Baukörper weist eine abgerundete Ecke auf. Seine insgesamt 250 Meter lange Außenhülle ist eine 5.000 Quadratmeter große Doppelfassade. Grund hierfür sind die hohen Lärmbelastungen durch die nahe Durchgangsstraße und die Metro-Linie. Die Außenhaut fertigte die chinesische Firma Yuanda an, der die 800 Fassadendetails von den Architekten per Handzeichnung übermittelt wurden. Zentrales Element ist die von traditionellen spanischen Küstenstraßen inspirierte *Rambla*: ein 80 Meter langes Atrium, das alle Ebenen horizontal und vertikal über eingefügte Stege und Balkone verbindet. So können die Mitarbeiter mühelos zwischen den acht Geschossen wechseln. Überhaupt ist es überraschend einfach, den Weg durch das Gebäude zu finden und die gesamte Anlage zu erfassen. Darüber hinaus legten die Architekten großen Wert darauf, den Übergang von den offenen Flächen zu den ruhigen Büros hervorzuheben, um so auf allen Ebenen ein konzentriertes und gemeinschaftliches Arbeiten zu ermöglichen. Für eine leichtere Orientierung innerhalb des Gebäudes wurden die Möbel in jedem Geschoss in einer anderen Farbe gestaltet.

Seniorenwohnheim **177 H**

Robert Jacobsens Vej / Asger Jorns Allé
JJW Arkitekter
2012

Mit diesem Seniorenwohnheim ist ein weiterer wichtiger Baustein entstanden, der aus Ørestad einen lebendigen, vielfältigen und nachhaltigen Stadtteil für Jung und Alt macht. Vorbild für den Entwurf ist die traditionelle Dorfstruktur mit ihren kleinen Straßen und Plätzen. Die Grundrisse sind verschiedene »Bänder«, die Variationen für die Innenräume schaffen. Kleinteilige Erker- und Balkonelemente transportieren dieses Konzept auf die bunten Fassaden und verleihen dem Komplex einen menschlichen Maßstab. Um einen intimen Innenhof verteilen sich 114 Wohnungen über bis zu sieben Geschosse. Jedes der Appartements verfügt über einen Balkon, eine Terrasse oder einen Dachgarten. Im Blockinneren befinden sich sechs Häuser für betreutes Wohnen. Das transparent gestaltete Erdgeschoss beherbergt Serviceeinrichtungen sowohl für die Heimbewohner als auch für die Anrainer von Ørestad Syd. Da das Pflegeheim direkt an der Metro-Station Vestamager gelegen ist, ist die Mobilität des Personals und der rüstigeren Senioren sichergestellt.

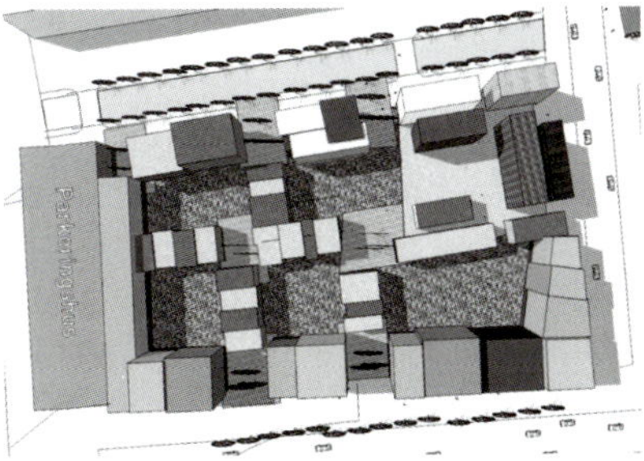

8 Tallet

178 H

Richard Mortensens Vej 61
BIG
2010

Dänemarks größtes Wohngebäude ist das *8 Tallet* (»Nummer 8«) – vormals bekannt als *Big House*. Das Gebäudeensemble, das aus der Vogelperspektive wie eine riesige eckige Acht aussieht, befindet sich ganz im Süden von Ørestad, am Rande des Kopenhagener Kanals und mit direktem Blick auf das Naturschutzgebiet *Kalvebod Fælled*. Der doppelte Block hat zwei primäre Funktionen: Wohnen und Gewerbe. Die Nutzungen wurden ebenenweise getrennt: Sämtliche Wohnbereiche liegen in den oberen Etagen, die kommerziellen Einrichtungen befinden sich in der Basis. Im *8 Tallet* finden Menschen jedes Alters und in allen Phasen des Lebens ein Zuhause: Singles, Paare und Familien. Die 476 Wohneinheiten, die 125-fach variiert wurden, umfassen Duplex-Stadthäuser mit Höfen, Wohnungen mit Balkon, Penthouses mit Dachterrassen und kleine exklusive Appartements. Jede Wohneinheit des in Aluminium getauchten Superblocks wird nach außen über eine großzügige Loggia in das Gesamtbild individuell eingebunden. Der Block soll wie ein kleines Stadtquartier funktionieren: Über einen Rundweg kann ein Großteil der Wohnungen mit dem Fahrrad erreicht werden. Eine 1,5 Kilometer lange »Quartiersstraße« erklimmt schließlich alle Geschosse und erstreckt sich auch über das gesamte Gebäude. Die beiden Innenhöfe sind Gemeinschaftszonen für Spiel und Begegnungen. An der südlichen Spitze befindet sich das kleine Café *8 Tallet* mit Blick auf einen künstlichen See und in die weite dänische Landschaft. »Dies ist ein komplexes und beispielhaftes Projekt einer neuen Typologie«, befand die Jury des *AIA Institute Honor Award for Architecture* und würdigte das *8 Tallet* mit ihrem begehrten Preis im Jahr 2012.

Bispebjerg, Vanløse und Region Kopenhagen

Bellahøj Svømmestadion ≈ ≈ **179 I**

Bellahøjvej 1–3

Arkitema

2009

Das über 50 Jahre alte Freibad im Stadtteil Bellahøj konnte bisher nur in den Hochsommermonaten genutzt werden – Kopenhagen ist nun mal nicht in Südeuropa. Mit der Renovierung und der Erweiterung um eine Schwimmhalle für bis zu 1.000 Badegäste ist die Anlage jetzt vom dänischen Wetter unabhängig. Zusätzlich erfüllt sie alle notwendigen Standards, um als Austragungsort für internationale Wettbewerbe genutzt werden zu können. Das neue Bad ist jetzt direkt mit seiner unmittelbaren Umgebung verbunden, vor allem mit der Wohnsiedlung *Bellahøjhusene* und dem angrenzenden Bellahøj-Park, der als modulierte Grünfläche bis unter das markante Flachdach der Schwimmhalle geführt wird. Dieses schwebt dominant über der Landschaft, was der Anlage eine klare horizontale Ausrichtung verleiht. Die Dachverkleidung aus grünlichem Glas und die umlaufende gebäudehohe Glasfassade spiegeln die benachbarten kupferverkleideten Bauten wider. Eine neue Liegewiese sowie zusätzliche Bereiche für Kinder – ein Spielplatz und ein Planschbecken – komplettieren die Anlage.

Emaljehaven » **180 I**

Rentemestervej 1

Entasis

2007

Bis vor wenigen Jahren noch war der Nordwesten von Kopenhagen von der dort angesiedelten Schwerindustrie geprägt. Mit dem Niedergang der Industrie kam es zur Umwidmung: Neue Wohn- und Bürobauten mit ansprechenden Grünanlagen sollen diese Areale zu lebenswerten urbanen Quartieren machen. So entstand auf dem Gelände einer ehemaligen Metallfabrik der Wohnblock *Emaljehaven*. Auf insgesamt 17.600 Quadratmetern umfasst das fünfgeschossige Gebäude 192 Appartements, zu gleichen Teilen Miet- und Eigentumswohnungen mit Größen zwischen 75 und 99 Quadratmetern. Dachterrassen oder Tore markieren die Ecken des 18 Meter hohen und 11 Meter breiten Baukörpers. Die klassische Blockstruktur ermöglichte die Anlage einer parkähnlichen Grünfläche mit Baumgruppen im Innenhof, die inzwischen sowohl von den Bewohnern als auch von externen Besuchern rege genutzt wird. Zugänglich ist sie über einen 30 Meter breiten Durchgang an der Nordwestecke sowie über zwei kleinere Tore am Rentemestervej und am Rebslagervej. Neben den Wohnungen beherbergt *Emaljehaven* auch ein Café am Parkzugang, einen Laden und eine Tiefgarage für 124 Pkw. Die Fassade besteht aus unterschiedlich großen, in ihrer Tiefe variierenden Terrazzo-Elementen. Auf diese Weise entsteht ein schönes Licht- und Schattenspiel, das durch die Glasbalkone akzentuiert wird.

Sjakket
Skaffervej 4–6
BIG + JDS (vormals PLOT)
2007

181 I

In Bispebjergs Teilquartier *Mjølnerparken* wohnen viele Familien mit Migrationshintergrund. Für die hier lebenden Kinder und Jugendlichen ist seit 1996 der in einem verlassenen Fabrikgelände untergebrachte Jugendclub *Sjakket* (»The Gang«) ein zentraler Anlaufpunkt. 2007 wurden die ehemaligen Industriebauten einer umfassenden Renovierung unterzogen. Mit Respekt vor der historisch wertvollen Bausubstanz interpretierten die Architekten das aus zwei Tonnenhallen bestehende Ensemble neu. Die roh belassenen Oberflächen – vor allem aus Beton, Mauerwerk, Stahl und Industrieglas – sind erhalten geblieben. Ergänzt wurde lediglich ein Riegel, der drei Soundstudios beherbergt. Er liegt wie ein knallroter Schiffscontainer quer über den Hallendächern. Innen ist der Komplex zweigeteilt und mit knalligen Farben ausgestaltet. In der einen Halle befinden sich die Büros von *Sjakket* sowie Schuleinrichtungen und ein Thaibox-Studio. Die zweite Halle beherbergt einen Mehrzweckraum, der über große Garagenrolltore nach außen zu einem Hof geöffnet werden kann und sowohl *Sjakket* als auch anderen Vereinen aus dem Viertel zur Verfügung steht. Das Dach zwischen den Hallen ist begehbar und bildet einen versteckt gelegenen Rückzugsort für die Jugendlichen. Erhellt werden die Hallen über in das Dach eingelassene runde Oberlichter. Sie sorgen für eine helle und freundliche Stimmung im Inneren.

Zentralverwaltung LPSF ≈ ≈ **182** I
Dortheavej 37
Entasis
2005

Der Auftraggeber, die Bauträgerfirma Oskar Jensen Group, wünschte sich ein innovatives Gebäude, das zugleich Beständigkeit verkörpert und sich gut in die umliegende grobe Bebauung einfügt. So entschieden sich die Architekten für eine raue, massive Betonfassade. Das Innere ist ein visueller und haptischer Kontrast zum Äußeren: Hier kamen ausschließlich warme, helle Materialien zum Einsatz. Durch die großen Fenster und den Lamellenvorhang aus Lärchenholz dringt viel Licht in das Gebäude ein, was die angenehme Atmosphäre zusätzlich verstärkt. Hauptmieter ist der dänische Bund der Lager-, Post- und Servicearbeiter LPSF.

Bibliothek und Konzertsaal » **183** I
Rentemestervej 76
COBE, Transform
2011

2009 gewann COBE gemeinsam mit dem Büro Transform den Wettbewerb für die Erweiterung des Kulturhauses und den Neubau einer Bibliothek in Bispebjerg. Dieses Ensemble befindet sich in einer Art Durchgangszone zwischen Nørrebro und dem Villengebiet vor Kopenhagen, es soll daher ein Ort der Identität für das Quartier sein. Das neue Gebäude beherbergt sowohl die Bibliothek als auch einen Konzertsaal. Zusammengesetzt ist es aus übereinandergestapelten, unterschiedlich großen Quadern, die an einen Bücherstapel erinnern und um einen zentralen Versorgungskern gruppiert sind. Im Inneren ergeben sich spannende Übergänge an den Schnittstellen zwischen den Quadern. So wirken einzelne Bereiche im Schnitt, als würden sie schweben. Der wichtigste Raum im

Gebäude, der Konzertsaal, befindet sich an der exponiertesten Stelle: Im obersten Baukörper thront er über den Bibliotheksräumen (geschossweise geordnet nach Kinder-, Jugend- und Erwachsenenliteratur). Die Fassade sowie einige Bereiche des Innenraums sind mit ockerfarbenem Rillenblech verkleidet, einem verhältnismäßig unscheinbaren Material. Hier stehen die Form des Gebäudes und vor allem seine Nutzung im Fokus.

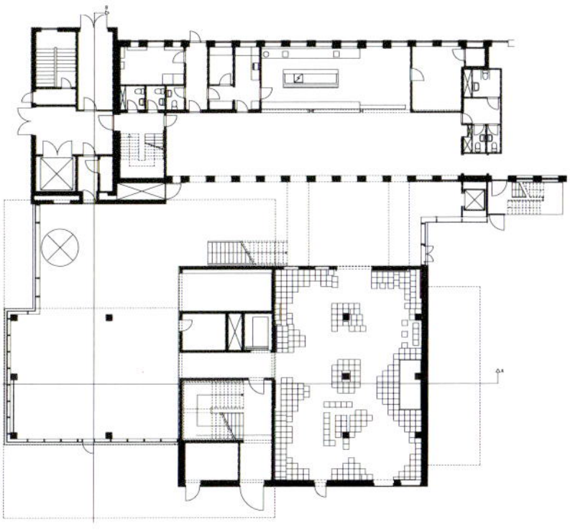

Utterslev Skole

184 I

Skoleholdervej 20

KHR Arkitekter

2006

Dieses Haus war nach mehr als 25 Jahren der erste Neubau einer Grund- und Mittelschule in Kopenhagen. Bei der Planung legten die Architekten besonders großen Wert auf das Raumklima, die Flexibilität und die Nachhaltigkeit des Gebäudes. Die Lage zwischen zwei großen Freiflächen beeinflusste maßgeblich die Formgebung und das Erscheinungsbild der Schule. Zum einen soll sie eine Art Erweiterung der offenen Flächen sein und als eine kulturelle Einrichtung für die örtliche Gemeinschaft fungieren. Andererseits sollen die Schwerpunkte der Schule, Umwelt und Naturwissenschaften, von außen ablesbar sein. Die zurückhaltende Fassade besteht lediglich aus zwei Materialien: Holz und Klinker. Ein Kanal, durch Regenwasser aus den Dachrinnen gespeist, durchzieht die Außenanlagen. Er wird als Treffpunkt für Schüler und Besucher, aber auch für den Unterricht genutzt. Die Trennwände im Inneren sind flexibel gestaltet, um für zukünftige bildungspolitische Ansprüche und Entwicklungen optimal gerüstet zu sein.

Krematorium Bispebjerg

185 I

Frederiksborgvej 125
Friis & Moltke A/S
2003

Das Krematorium steht im Zentrum des Friedhofs Bispebjerg: ein Koloss aus rotem Ziegelstein, in dessen Masse hohe, schlanke Fensteröffnungen und ein Innenhof geschnitten wurden. Die schlichte Gestalt nimmt sich aus Respekt vor den Toten und ihren Hinterbliebenen zurück. Alle Funktionen im Gebäude sind linear, entlang einer zentralen Achse, angeordnet. Blickbeziehungen in die Außenanlagen führen diese Linearität weiter. Markante Kennzeichen des Innenraums sind die mächtigen kupferverkleideten Türflügel und die ausgedehnten Bodenflächen aus Granit. Hier und da finden sich hölzerne Einbauten, gefertigt aus den Ulmen, die zuvor auf dem Grundstück gestanden hatten. Der räumliche Höhepunkt ist die Bestattungshalle: ein neun Meter hoher Raum, in dem vier Bestattungsöfen aus poliertem Kupfer stehen. Das Krematorium wurde so entwickelt, dass Angehörige der Feuerbestattung beiwohnen können und darüber hinaus den verschiedenen Bestattungsriten der dänischen Migranten Rechnung getragen wird. Im Jahr 2003 wurde das Gebäude mit einem Preis der *Kopenhagen Art Foundation* ausgezeichnet.

Grundtvigs Kirke
186 I

På Bjerget 14B
Peder Vilhelm Jensen-Klint
1940

Zu den bekanntesten Sakralbauten der Stadt gehört dieses Gotteshaus im Viertel Bispebjerg. Benannt ist es nach dem Philosophen, Pädagogen, Schriftsteller, Politiker und Pastor Nikolai Frederik Severin Grundtvig (1783–1872). Für den Bau der Kirche war 1913 ein Wettbewerb ausgeschrieben worden, aus dem Peder Jensen-Klint siegreich hervorging. Aufgrund des Ersten Weltkriegs erfolgte die Grundsteinlegung jedoch erst acht Jahre später. Peder Jensen-Klint konnte lediglich noch die Fertigstellung des Kirchturms 1927 erleben. Nach seinem Tod im Jahr 1930 übernahm Sohn Kaare Klint die Leitung der Bauarbeiten, die erst 1940 abgeschlossen waren. Die Kirche ist eine Synthese aus expressionistischen und neogotischen Elementen. Darüber hinaus ließ sich Peder Jensen-Klint von der traditionellen Bauweise und den Materialien dänischer Dorfkirchen inspirieren. So wird der geometrische Backstein mit den für die Gotik typischen vertikalen Linien kombiniert. Der 76 Meter lange und 35 Meter breite Innenraum ist in drei Schiffe gegliedert. Durch die gelben Backsteine und die klare Linienführung vermittelt er Einfachheit und Einheitlichkeit. Ein 49 Meter hoher Glockenturm an der Westfassade prägt das gesamte Erscheinungsbild des Baus. Die *Grundtvigs Kirke* kann 1.800 Gottesdienstbesucher aufnehmen, damit ist sie Dänemarks Kirche mit den meisten Sitzplätzen. Auch die angrenzenden Bauten (1924–1936) wurden von Vater und Sohn Klint entworfen. Ihre niedrige Höhe akzentuiert die Größe der Kirche zusätzlich.

Munkegårdsskolen **187**

Vangedevej 178, Gentofte
Arne Jacobsen / Dorte Mandrup Arkitekter
1957 / 2009

Gentofte ist eine kleine, etwa neun Kilometer nördlich von Kopenhagen und damit innerhalb der Hauptstadtregion gelegene Ortschaft mit etwa 70.000 Einwohnern. Hier steht ein Klassiker der modernen Schularchitektur: die 1957 eröffnete *Munkegårdsskolen,* bereits 1948 von Arne Jacobsen entworfen. Das Gebäude, eine der ersten Pavillonschulen, galt und gilt als ein Musterbeispiel eines demokratischen, »unhierarchischen« Schulbaus. Wie ein Teppich breitet sich die Anlage auf dem Gelände zwischen den Ortsteilen Vangede und Dyssegård aus. Das regelmäßige Muster der aneinandergereihten Pavillons, Höfe und Korridore wird im Zentrum des Ensembles, das unter anderem den Festsaal beherbergt, aufgebrochen. Im Norden wird die eingeschossige Pavillonlandschaft von einem zweigeschossigen Riegel begrenzt. Dort befinden sich vor allem Fachräume. Im Südwesten fügt sich die Turnhalle an. Die in den Pavillons

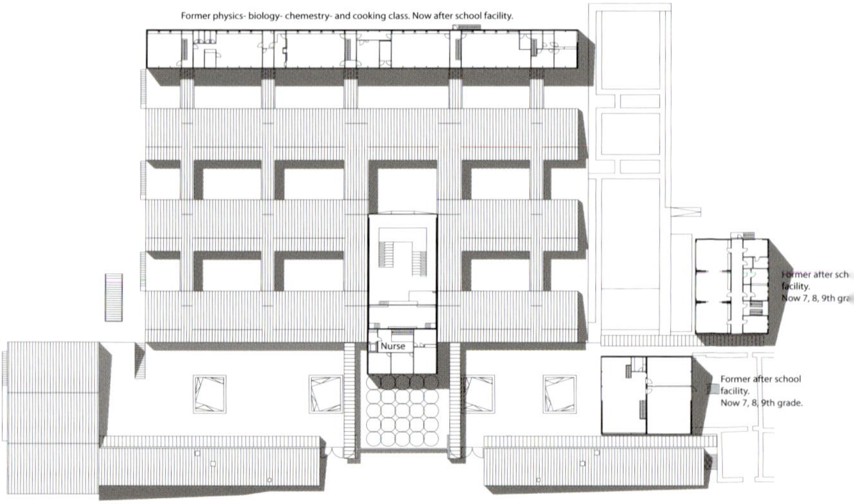

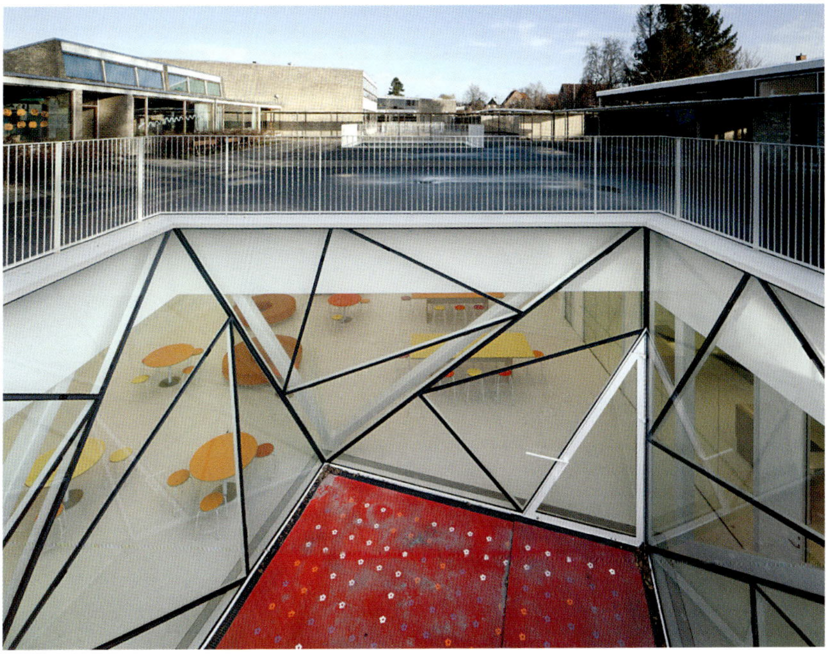

untergebrachten Klassenzimmer haben alle jeweils einen direkten Zugang zu den ihnen zugeordneten Gartenhöfen, die seinerzeit auch für den Unterricht im Freien genutzt wurden. Die nach einem halben Jahrhundert erforderliche Sanierung der seit 1995 denkmalgeschützten Schule sowie die Erweiterung des Raumprogramms waren eine große architektonische Herausforderung, denn die Struktur und das Erscheinungsbild der Anlage sollten weitestgehend erhalten bleiben. Dem bestehenden Raster folgend, entwickelten Dorte Mandrup Arkitekter die Erweiterung vor allem unterirdisch. Unterhalb des Pausenhofs sind neue Fachräume und eine große, hallenartige Gemeinschaftszone angeordnet. Letztere ist, durch vier große Lichthöfe natürlich belichtet, der Arbeits- und Aufenthaltsbereich der Schüler. Mittels einer Raumhöhe von nahezu vier Metern und der durchgängig weißen Oberflächengestaltung gelang es, im Untergeschoss ein lichtdurchflutetes Raumkontinuum zu schaffen. Für seinen überaus respektvollen Umgang mit dem architektonischen Erbe erhielt das Büro Dorte Mandrup Arkitekter 2010 die Auszeichnung *Store Arne* des dänischen Architektenvereins.

Vangede Kirke ≈ **188**

Vangedevej 50, Gentofte
Johan Otto von Spreckelsen
1974

Die Sakralbauten von Johan Otto von Spreckelsen (1929–1987) zeichnen sich alle durch eine schlichte Linienführung und die präzise Quader- oder Würfelform aus. So auch die *Vangede Kirke* (»Volkskirche«) in Gentofte. Der Grundriss des Kirchenschiffs und auch der des diagonal anschließenden Saals sind quadratisch. Durch die diagonal aufgehängte Kassettendecke dringt diffuses Tageslicht in das Schiff. In seinem Zentrum steht der Altar, während die ebenfalls von Spreckelsen entworfene Orgel mit schmiedeeisernem Rahmen in der nordwestlichen Ecke positioniert ist. Das Äußere der Kirche prägen handgeformte rote Ziegel und mit Glasbausteinen

gefüllte Fensteröffnungen. Zu der Anlage gehören außerdem Büros, Sitzungsräume und die Pfarrerwohnung. Den frei stehenden Campanile mit drei Glocken fertigte die Firma Anker Hasle ApS.

Bagsværd Kirke

189

Taxvej 14–16, Bagsværd
Jørn Utzon
1976

Die *Bagsværd Kirke* polarisiert. Erinnert sie äußerlich an einen eher kahlen Industriebau, so eröffnet sich im Inneren ein aufwendiges Spiel verschiedener geometrischer Formen, die sich zu einem harmonischen Gesamtbild zusammenfügen. Außen lassen die scharfkantigen Abstufungen des Kirchenschiffs zu den Nebengebäuden nichts von der geschwungenen skulpturalen Betondeckenverkleidung des Innenraums erahnen. Die geschwungene Decke verwendete Utzon als Metapher für Wolken, die über das Meer und die Küste ziehen. Durch sie hindurch fällt diffuses Licht, das dem Raum seine besondere Atmosphäre verleiht. Die netzartige Altarwand aus weißen Kacheln unterstützt den künstlerischen Gestaltungsgedanken Utzons. Über Gänge ist das Kirchenschiff mit den Nebenbauten verbunden, so dass ein einheitlicher Baukörper entsteht. Seinerzeit war die *Bagsværd Kirke* eine neue Form des Kirchenbaus. Utzon entwarf frei, ohne konkretes bauliches Vorbild.

Arken Museum for Moderne Kunst

190

Skovvej 100, Ishøj
Søren Robert Lund
1996

1988 gewann der damalige Architekturstudent Søren Robert Lund den öffentlichen Wettbewerb für einen Museumsbau in der 18 Kilometer südwestlich von Kopenhagen gelegenen Ortschaft Ishøj. Lunds Konzept war von der Gestalt eines Schiffs inspiriert. Aus diesem Grund sollte sich das Museum direkt am Strand befinden. Das war zwar letztlich doch nicht möglich, aber wenigstens ermöglicht der Standort den Blick auf die Køgebucht. Das *Arken* (»Arche«) wirkt sowohl von außen als auch von innen wie eine große Skulptur. Die Grundidee: Eine 150 Meter lange Kunstachse mit einer geraden und einer geschwungenen Wand bildet das Zentrum des Gebäudes. An die gerade Wand fügen sich rechtwinklige Ausstellungsräume an, während sich an der gebogenen Wand das ebenfalls geschwungene Foyer und der Multifunktionssaal befinden. Folglich weist das Museum keine kontinuierliche Struktur auf, sondern setzt sich aus vielen Bauteilen zusammen. Kleine geschlossene Räume wechseln sich mit hohen offenen Bereichen ab, so dass spannende Übergänge entstehen. Bei der Auswahl der Materialien verständigte man sich auf glatte Wände mit Metalltreppen.

Kulturhuset Viften ≈

191

Rødovre Parkvej 130, Rødovre
Dissing + Weitling
1989

Im Kopenhagener Vorort Rødovre wurden 1955 eine Stadthalle und 1969 eine Bibliothek nach den Entwürfen von Arne Jacobsen errichtet. Letzter Baustein der insgesamt drei kommunalen Gebäude war 1989 das *Kulturhuset Viften*, geplant von Dissing + Weitling, dem Jacobsen-Nachfolgebüro. Die Form des Baus zeigt klar die dortigen Nutzungen: Das Theater ist ein geschlossener, weiß verputzter Block, der nur durch die Ausbuchtung einer Wendeltreppe aufgebrochen wird. Im Gegensatz dazu öffnet sich das fächerförmige zinkverkleidete Nebengebäude,

das Foyer und Café beherbergt, zum städtischen Platz hin. Auch die Haupterschließung, ein runder Treppenturm, ist deutlich von außen erkennbar. Zurückhaltend stellt sich das *Kulturhuset Viften* in die Reihe moderner Architektur an diesem Standort. Allerdings hat es aufgrund mehrerer Anbauten und Ergänzungen heute nicht mehr sein ursprüngliches Aussehen.

Lange Eng ≈ »

192

Gadagervej 1, Albertslund
Dorte Mandrup Arkitekter
2009

Bei der Planung des Wohnprojekts *Lange Eng* in der zur Hauptstadtregion gehörenden Kommune Albertslund lag die Priorität auf den Räumen für Gemeinschaft und Familie – sowohl innen als auch außen. Obwohl die Anlage am Waldrand im Grünen positioniert wurde, ist sie als ein typischer urbaner Wohnblock um einen großen gemeinsamen Hof konzipiert. Die 54 familienfreundlichen, meist zweigeschossigen Appartements sind zwischen 71 und 128 Quadratmeter groß. Außenfassaden und das Dach sind schwarz verkleidet. Im

Kontrast dazu stehen die Hoffassaden, die in einem hell und offen wirkenden Polycarbonat ausgeführt sind. Alle Wohnungen verfügen über große Fenster mit Blick auf den grünen Innenhof. Ihr Zugang erfolgt jeweils von der Außenseite. Entlang der Hoffassade verläuft eine umlaufende Terrasse, die jedem Bewohner den direkten Zugang zum Innenhof gewährt. Ein großes Gemeinschaftshaus mit einer Industrieküche, einem Speisesaal, Spielbereichen, einer Lounge mit Café sowie einem Mini-Kino komplettiert das Programm.

Theater Taastrup **193**

Kjeld Abells Plads 1, Taastrup

COBE

2009

In der Kommune Taastrup wurde das in den Siebzigerjahren erbaute Theater einer energetischen Sanierung unterzogen. Wie ein Theatervorhang wurde eine zweite isolierende Fassade vor die vorhandene Betonkonstruktion gestellt und so das Haus um zusätzliche Flächen für ein Foyer und ein Café erweitert. Darüber hinaus wurden die Funktionsabläufe im Inneren neu organisiert. Elegant lehnt sich die neue Fassade aus grauen Acrylglas-Prismen an den Bestandsbau. Das Material variiert in seiner Durchlässigkeit – von transparent über durchscheinend bis opak – und erzeugt so ein abwechslungsreiches Spiel aus Licht, Schatten und Reflexion. An der Stelle des alten Eingangsbereichs befindet sich jetzt ein Serviceblock, in dem die Toiletten, eine Bar, die Kassen und die Verwaltung zusammengefasst sind.

Øresund-Verbindung

Georg Rotne,
Dissing + Weitling
1995–2000

194

1993 gewannen Dissing + Weitling den ausgeschriebenen Wettbewerb für die Øresund-Querung (*Øresundsforbindelsen*), die Kopenhagen über den Øresund mit Malmö in Schweden verbindet. Eine Überfahrt dauert lediglich 15 Minuten. Die fast 16 Kilometer lange Verbindung setzt sich aus der *Øresundbroe* mit vier Fahrbahnen und einer zweigleisigen Bahntrasse, dem Drogdentunnel und der während der Bauarbeiten entstandenen künstlichen Insel Peberholm zusammen. Die Architekten planten auch die Rampen, Portalbauten sowie die angrenzende Landschaftsarchitektur. Nach sechsjähriger Bauzeit wurde die Brücke am 1. Juli 2000 eingeweiht. Ihr Name *Øresundsbron* ist eine Kombination aus dänischer und schwedischer Schreibweise. Heute ist die schlanke Konstruktion ein Wahrzeichen der Region.

Ordrupgaard Museum «

195

Vilvordevej 110, Charlottenlund
Zaha Hadid Architects
2005

Zwölf Kilometer nördlich der dänischen Hauptstadt, in Charlottenlund, steht inmitten eines weitläufigen Parks das Kunstmuseum Ordrupgaard. Es umfasst ein altes Herrenhaus mit Galeriegebäude, Stallungen und einem Wintergarten sowie einen modernen Erweiterungsbau von Zaha Hadid aus dem Jahr 2005. Vilhelm Hansen, Direktor der Hafnia-Versicherung, hatte den Landsitz für sich und seine Frau 1916–1918 von Gotfred Tvede errichten lassen. Das Ehepaar sammelte dänische und französische Kunstwerke des 19. Jahrhunderts. Nach beider Tod gingen Anwesen und Kollektion in dänischen Staatsbesitz über, 1953 wurde das *Ordrupgaard Museum* eröffnet. Zaha Hadid will ihren Erweiterungsbau als eine Fortsetzung der Parklandschaft verstanden wissen. Das schwarzgraue Betongebäude beherbergt neben Ausstellungsräumen auch ein Auditorium, eine Empfangshalle und ein Café. Der Raumeindruck, den die Erweiterung mit ihren teilweise vollständig verglasten Fassaden hinterlässt, ist immens: Die geschwungenen Formen verleihen dem Neubau einen skulpturalen Charakter und stehen in völligem Kontrast zu den historischen Gebäuden.

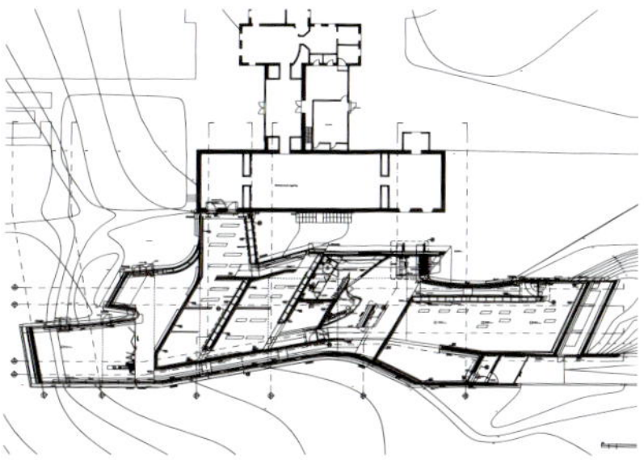

Tankstelle Skovshoved

196

Kystvejen 24, Skovshoved
Arne Jacobsen
1937

Direkt am Hafen des kleinen Küstenorts Skovshoved befindet sich ein architektonisches Kleinod des Funktionalismus: der kleine, strahlend weiße Bau einer Tankstelle inklusive Tankwarthäuschen und Werkstatt, entworfen 1936 von Arne Jacobsen im Auftrag von Texaco. Zentrales Element ist das runde, schmale Betondach. Nur an einer Seite mit dem Tankwarthäuschen verbunden und von einer mittigen Stütze getragen, wirkt es fast schwebend. Darunter befindet sich die Zapfsäule. Nachts wird das Dach von Scheinwerfern unterstrahlt, was die Leichtigkeit dieser schlanken Konstruktion zusätzlich unterstreicht. Das Tankwarthäuschen ist ein rechteckiger eingeschossiger Bau, verkleidet mit vertikal ausgerichteten Fliesen. Neben der Fensterfront an der Westseite befindet sich eine rot beleuchtete Uhr, die nicht zum ursprünglichen Entwurf gehört. Eine umfassende Sanierung der Tankstelle durch Dissing + Weitling erfolgte 2003.

Wohnsiedlung Bellavista

197

Strandvejen 419–433
Arne Jacobsen
1934

Bellevue ist eine von Arne Jacobsen geplante Anlage am Strand von Klampenborg. Sie besteht aus einem Theater, der Wohnbebauung *Bellavista* und einer Badeanstalt. Die zwei- und dreigeschossigen, weiß verputzten Wohnhäuser mit geteerten Flachdächern sind in jeweils zwei L-förmigen Gruppen angeordnet, die sich zum Strand hin öffnen. Dabei sind Gebäude und Balkone so zueinander versetzt, dass auch die Bewohner der Appartements in den Seitenflügeln den Meerblick genießen können. Eine weitere Besonderheit sind die in den Baukörper integrierten (und nicht wie gewöhnlich angesetzten) Balkone. Jacobsen ist es gelungen, mittels der abgerundeten Ecken und des auskragenden Trägerwerks über den Balkonen ein spannendes, sich im Tagesverlauf ständig änderndes Licht- und Schattenspiel auf den weißen Putzflächen zu erzeugen. Mit ihren hellen Fassaden und den großzügigen Eckfenstern vermitteln die Bauten eine elegante, geradezu mondäne Atmosphäre. Sie sind eines der besten Beispiele für Jacobsens Funktionalismus.

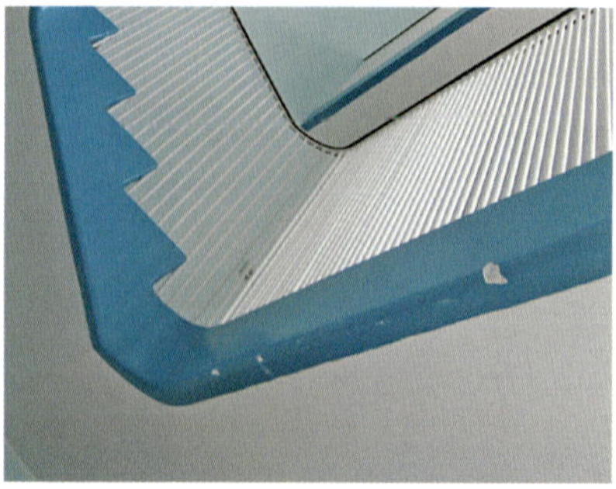

Bellevue Teatret

198

Strandvejen 451, Klampenborg
Arne Jacobsen
1936

Direkt neben der Anlage *Bellavista* steht das ebenfalls von Jacobsen entworfene Theater *Bellevue*. Ihm ist ein Restaurant angegliedert, das die Wohnsiedlung mit dem Theater verbindet. Die Hauptseite ist in Richtung Meer leicht geschwungen. Verstärkt wird diese weiche Front durch das ebenso geformte Vordach. Die Fassade ist mit einem Rautenmuster versehen. Wie bei der Siedlung wurde auch hier weiß verputzter Ziegelstein verwendet. Der Eingang ist mit einer schmalen Holzlattung ausgebildet und hebt sich dadurch von dem sonst strahlend weißem Gebäudekomplex ab. Klampenborg ist ein beliebter Naherholungsort für die Hauptstädter, die hier im Sommer Meer und Strand genießen. Daher entwarf Jacobsen das Theater als Freilichtbühne mit einem Dach, das sich mechanisch wegschieben lässt. Dies sollte die Gäste auch bei Sommerwetter ins *Bellevue* ziehen – und zugleich ein besonderes Erlebnis bieten. Leider wurde das Theater schon drei Jahre nach der Fertigstellung nur noch als Kino genutzt. Erst nachdem der jetzige Direktor im Jahr 1979 das Theater übernommen hatte, wird auch wieder die Bühne bespielt.

Skodsborg Spa & Fitness ≽ **199**

Strandvej 139, Skodsborg
Henning Larsen Architects
2012

Das Spa- & Fitnesscenter in Skodsborg ist eine Erweiterung des bestehenden Gesundheitszentrums. Zwei Jahre dauerten die Baumaßnahmen, ehe das Gebäude 2012 eröffnet werden konnte. In seiner Formensprache folgt der weiße Kubus zwar den aktuellen Trends, dennoch fügt er sich gut in die Bebauungsstruktur von Skodsborg, einem kleinen Ort etwa 20 Kilometer nördlich von Kopenhagen, ein: Vorherrschend sind klare Linien und eine ruhige Kubatur. Zentrum des Gebäudes ist der Poolbereich im Erdgeschoss mit Spa-Bädern, kleineren Pools mit Liegeflächen im Wasser und einer Saunalandschaft, die durch Höhenversprünge im Raum verteilt sind und ihn so optisch auflockern. Vom Poolbereich aus sind die Terrasse und der neu gestaltete Garten zugänglich. Im ersten Obergeschoss befinden sich ein Fitnesszentrum und ein Trainigsbereich. Das ruhigere Yoga-Zentrum liegt im zweiten Obergeschoss. Ein zentrales Atrium verbindet die einzelnen Geschosse visuell miteinander.

Louisiana Museum of Modern Art

200

Gl. Strandvej 13, Humlebæk
Jørgen Bo & Vilhelm Wohlert
ab 1958

Dänemarks wohl bedeutendstes Museum für moderne und zeitgenössische Kunst befindet sich in dem 35 Kilometer nördlich von Kopenhagen gelegenen Ort Humlebæk. Die Anlage erstreckt sich auf einem Grundstück in Hanglage, direkt am Ufer des Øresund. Mehr als 3.000 Exponate unterschiedlichster Kunstgattungen nach 1945 umfasst die Sammlung des *Louisiana*, darunter Werke von Yves Klein, Andy Warhol, Roy Liechtenstein, David Hockney, Anselm Kiefer, Georg Baselitz, Wolfgang Tillmanns, Isa Genzken und Jonathan Meese. Ausgangspunkt war eine alte Villa, 1855 erbaut. Besitzer war der königliche Jägermeister Alexander Brun, der das Anwesen nach seinen drei Ehefrauen, die alle Louise hießen, *Louisiana* taufte. Noch heute ist die Villa das Empfangsgebäude. 1958 wurden Jørgen Bo und Vilhelm Wohlert beauftragt, das Haus in ein Museum für moderne dänische Kunst umzubauen. Im Laufe der Zeit wurde die Ausrichtung des Museums internationaler und es kamen weitere Bauten auf dem Gelände hinzu. Bei jeder Erweiterung blieb die Grundidee jedoch dieselbe: Die Architektur soll das einzigartige Zusammenspiel von Kunst und Natur betonen. 1966–1971 wurde das Museum im Bereich des Westflügels erweitert. 1976 kam die Konzerthalle hinzu, die mit ihren Fensterbändern den Landschaftsraum quasi in den Konzertsaal hineinzieht. Die Bestuhlung stammt von dem Designer Poul Kjærholm. An den Stirnwänden sind zwei Arbeiten des US-amerikanischen Malers Sam Francis platziert. Der 1982 erbaute Südflügel wurde in die Landschaft gegraben, um einen »tief liegenden« Look zu erhalten. Hier ist die museumseigene Sammlung untergebracht. Unterschiedliche Raumhöhen ermöglichen ein präzises Zusammenspiel von Kunst und Architektur. 1992 folgte der Bau des Ostflügels, der seither West- und Südflügel miteinander verbindet. Damit können die Ausstellungen in einem »Rundgang« durchwandelt werden. Aufgrund der guten Lichtverhältnisse eignet sich dieser Teil der Anlage besonders für Fotografie, Video- und Lichtkunst. Der Ostflügel endet in der großen Halle, die unter der *Calder Terrasse* vor dem Museumscafé liegt. 1994–1998 entstanden das Kinderhaus am See und

der *Lake Garden*, der Museumsshop wurde in den Keller verlegt. Das Kinderhaus dient der pädagogischen Kunstvermittlung. Es liegt direkt am Garten, der auf seinen verschlungenen Pfaden und steilen Hängen Werke u. a. von Ralph Erskine, Josef Paul Kleihues, Aldo Rossi und Dominique Perrault zeigt. 2003–2006 wurde die Bausubstanz hinsichtlich ihrer Sicherheit und Klimatechnik modernisiert. Skulpturen, Landschaftskunst und gestaltete Natur bilden eine Einheit. Die Gebäude sind schlicht und zurückhaltend ausgeführt, dominierende Materialien sind Holz, weiße Backsteinwände und roter Steinboden. Durch präzise platzierte, oft große Fenster verschmelzen Innen- und Außenraum miteinander.

200

Präsentation des Projekts »Block City« des niederländischen Architekten Bart Goldhoorn während der Ausstellung LIVING im Louisiana Museum of Modern Art, Juni bis Oktober 2011.

Anhang

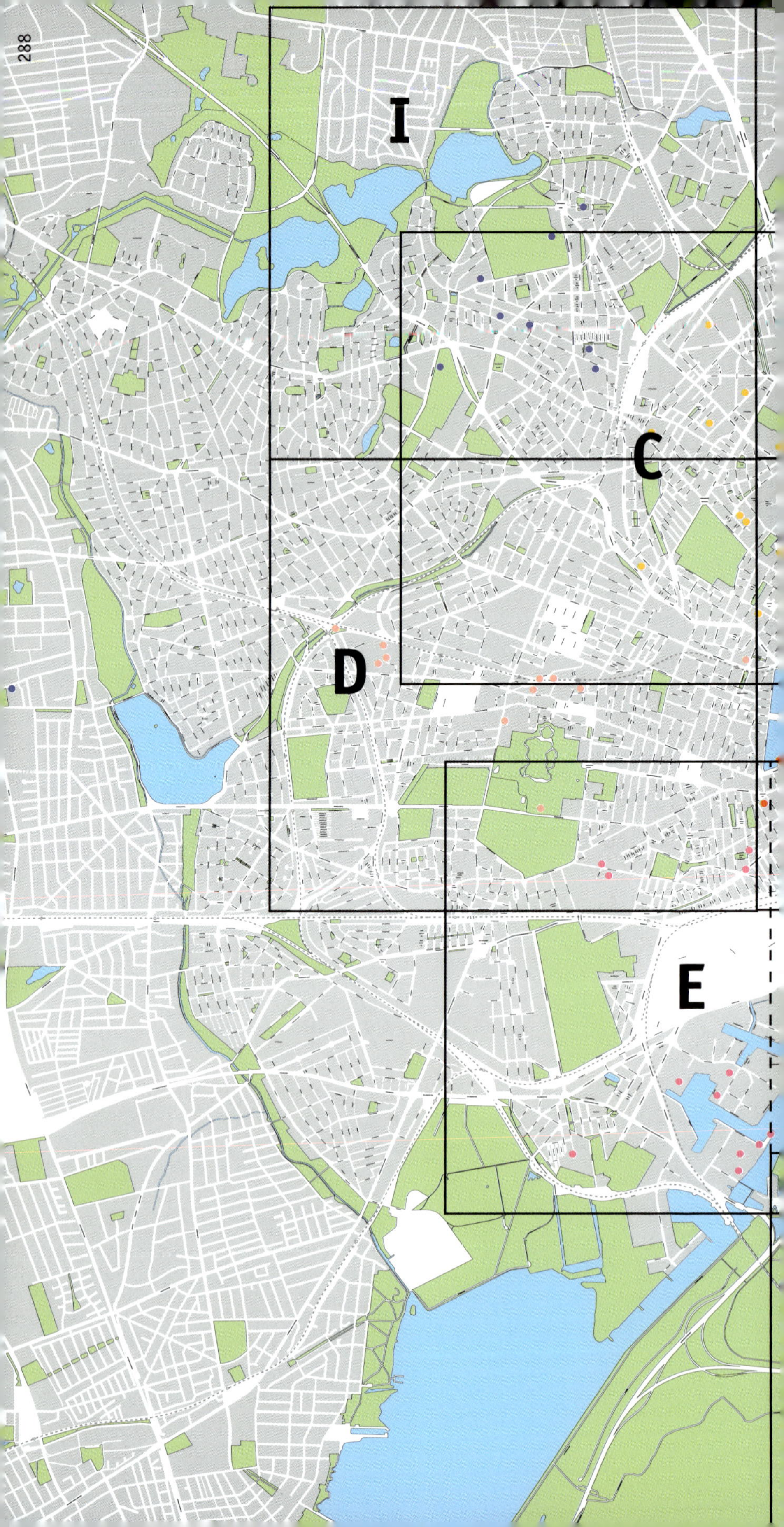
I
C
D
E

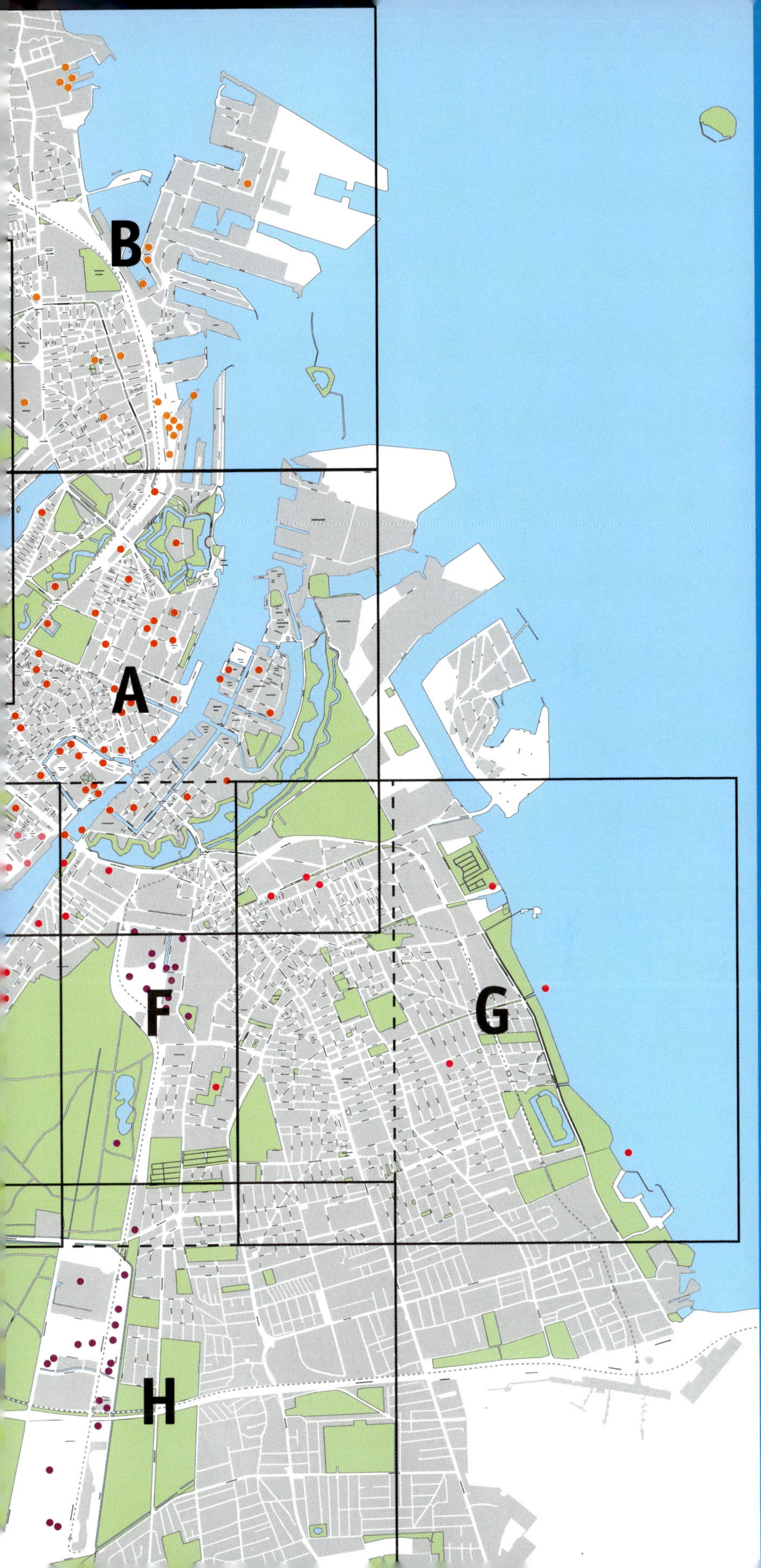
B
A
F
G
H

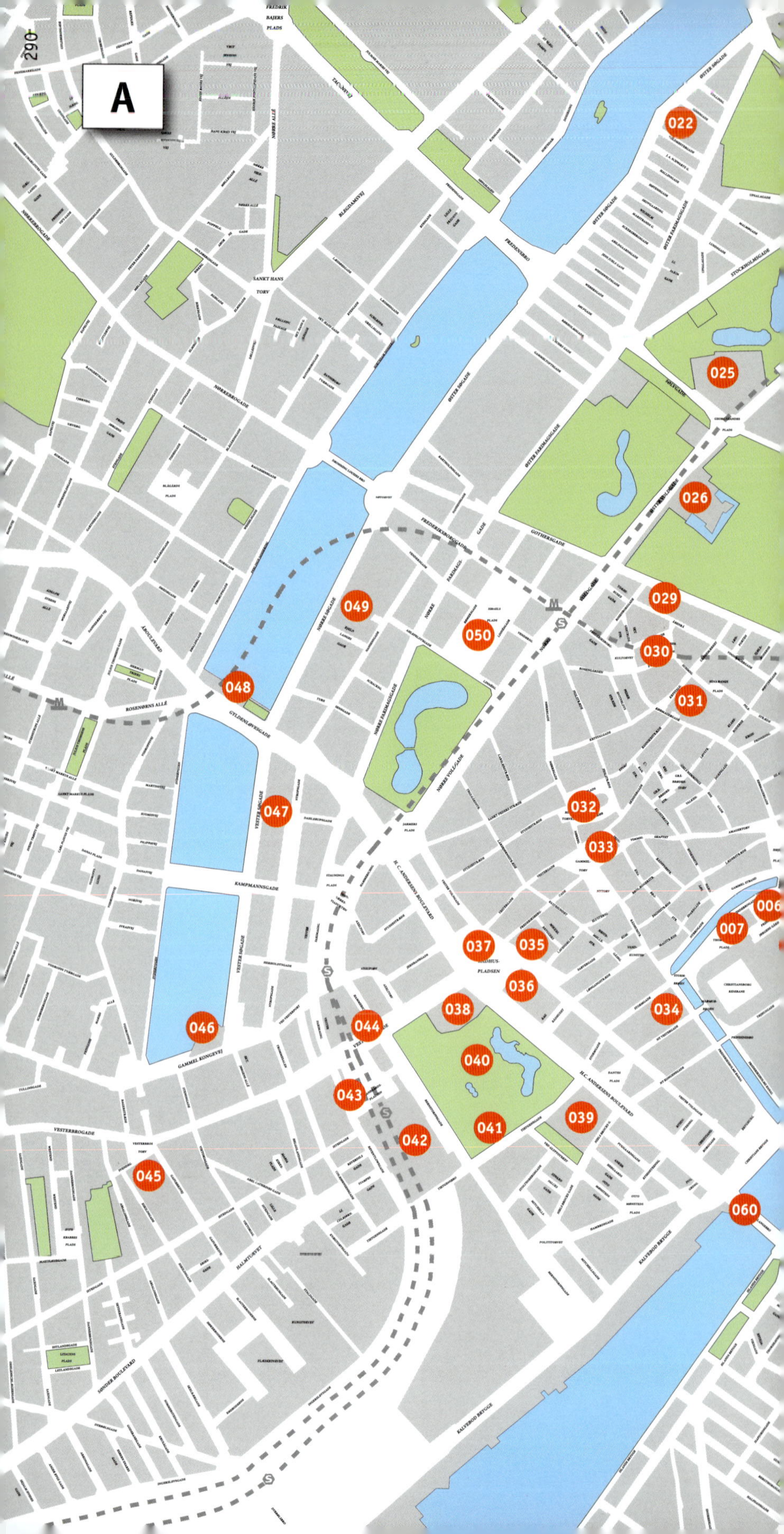
A
FREDRIK
BAJERS
PLADS
NØRREBROGADE
SANKT HANS
TORV
BLEGDAMSVEJ
FREDENSBRO
ØSTER SØGADE
STOCKHOLMSGADE
SØLVGADE
ØSTER FARIMAGSGADE
GOTHERSGADE
FREDERIKSBORGGADE
GADE
ØSTER VOLDGADE
NØRRE SØGADE
NØRRE VOLDGADE
NØRRE FARIMAGSGADE
ÅBOULEVARD
ROSENØRNS ALLÉ
GYLDENLØVESGADE
VESTER SØGADE
KAMPMANNSGADE
H.C. ANDERSENS BOULEVARD
RÅDHUS-
PLADSEN
GAMMEL KONGEVEJ
VESTERBROGADE
HALMTORVET
SØNDER BOULEVARD
KALVEBOD BRYGGE
022
025
026
029
030
031
032
033
034
035
036
037
038
039
040
041
042
043
044
045
046
047
048
049
050
060
006
007
M
S

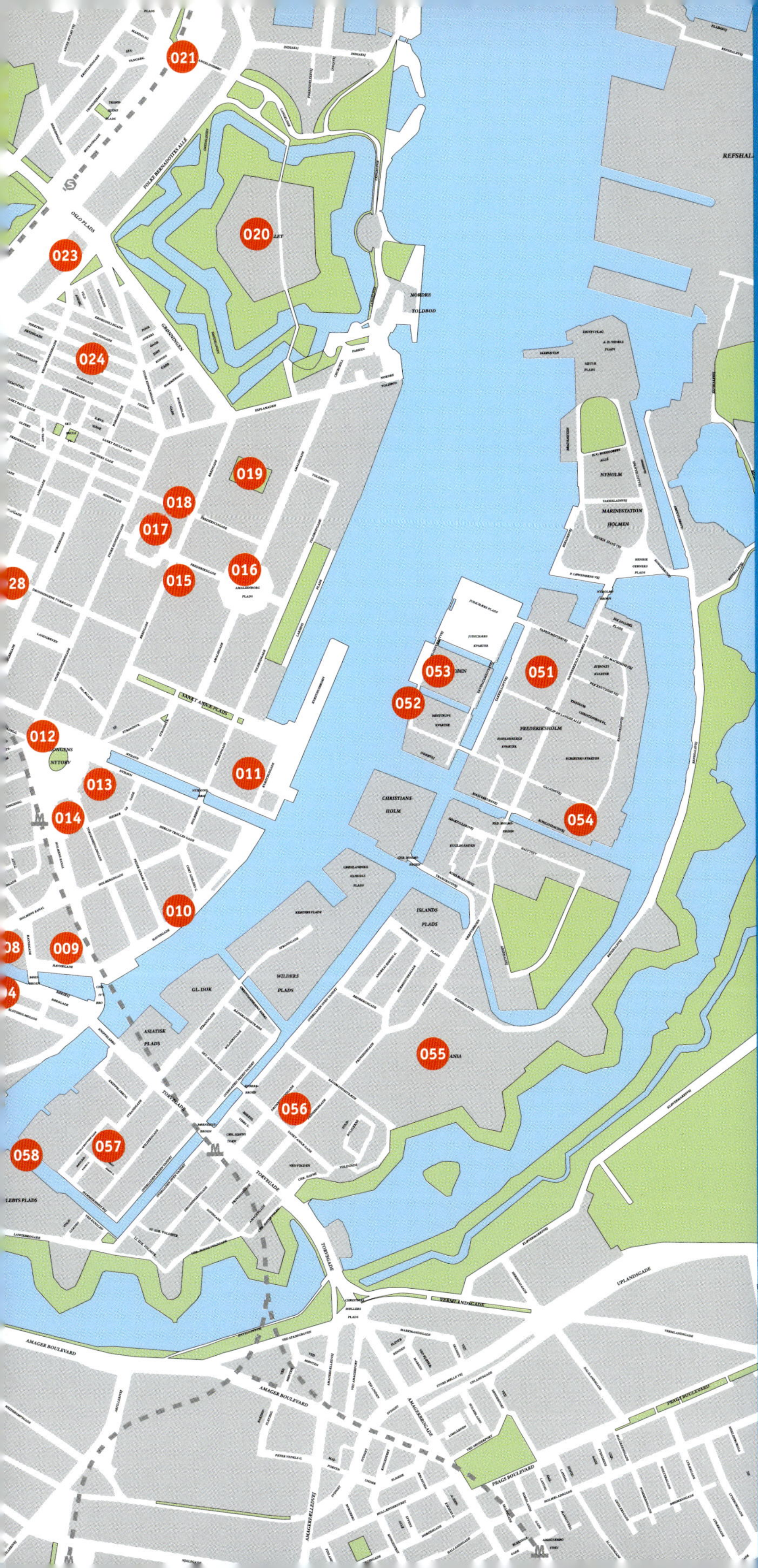
021
020
023
024
019
018
017
016
015
28
012
013
014
011
010
009
08
053
051
052
054
055
056
057
058
NORDRE
TOLDBOD
ESPLANADEN
GRØNNINGEN
OSLO PLADS
NYHOLM
FREDERIKSHOLM
CHRISTIANS-
HOLM
ISLANDS
PLADS
WILDERS
PLADS
GL. DOK
ASIATISK
PLADS
TORVEGADE
AMAGER BOULEVARD
UPLANDSGADE
VERMLANDSGADE
PRAGS BOULEVARD
REFSHAL
SANKT ANNÆ PLADS
KONGENS
NYTORV
AMAGERBROGADE

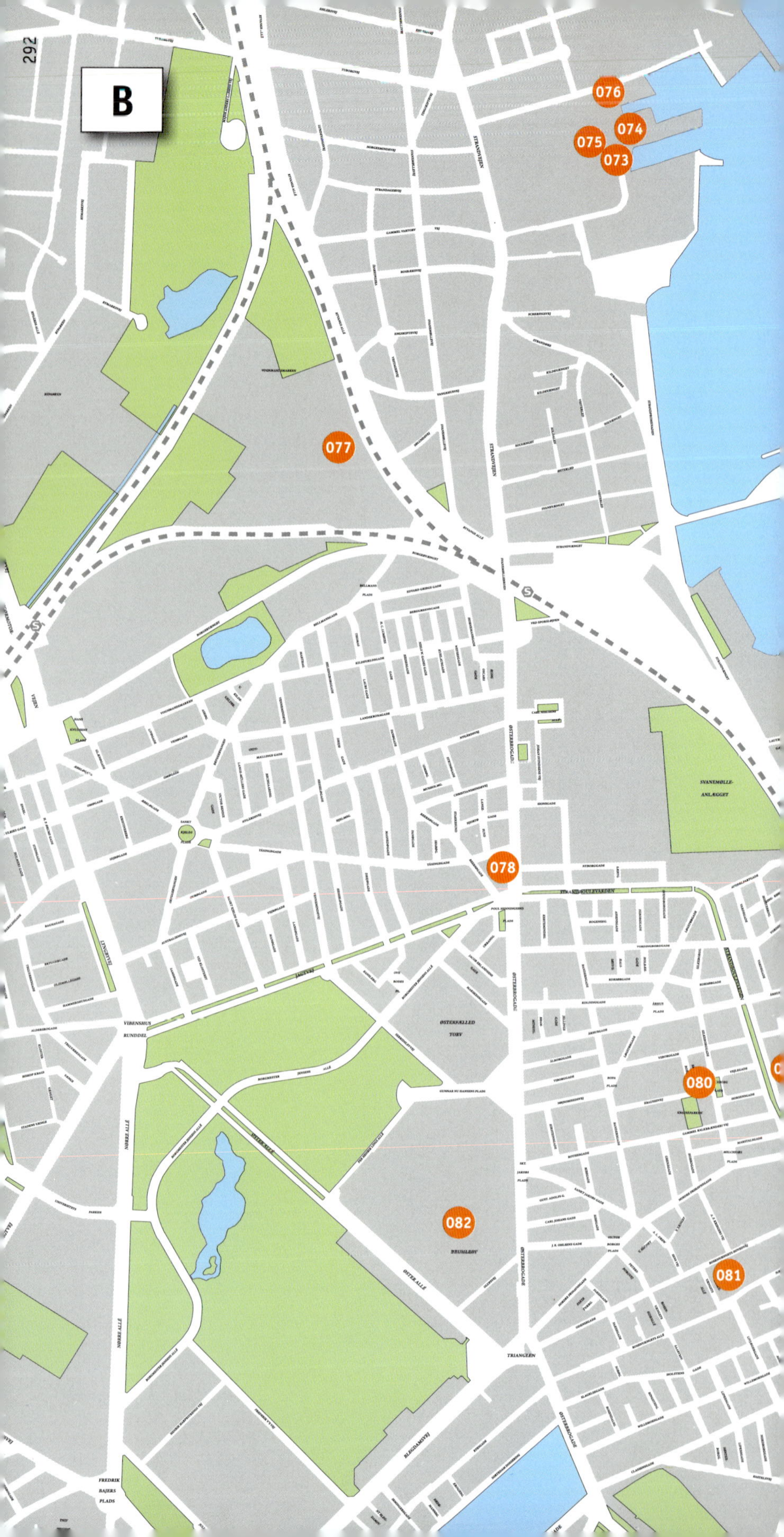
B
076
074
075
073
077
078
080
081
082
STRANDVEJEN
ØSTERBROGADE
STRANDBOULEVARDEN
SVANEMØLLE-ANLÆGGET
JAGTVEJ
VIBENSHUS RUNDDEL
ØSTERFÆLLED TORV
NØRRE ALLÉ
ØSTER ALLÉ
BRUMLEBY
TRIANGLEN
BLEGDAMSVEJ
FREDRIK BAJERS PLADS

061
062
063
064
065
066
067
068
070

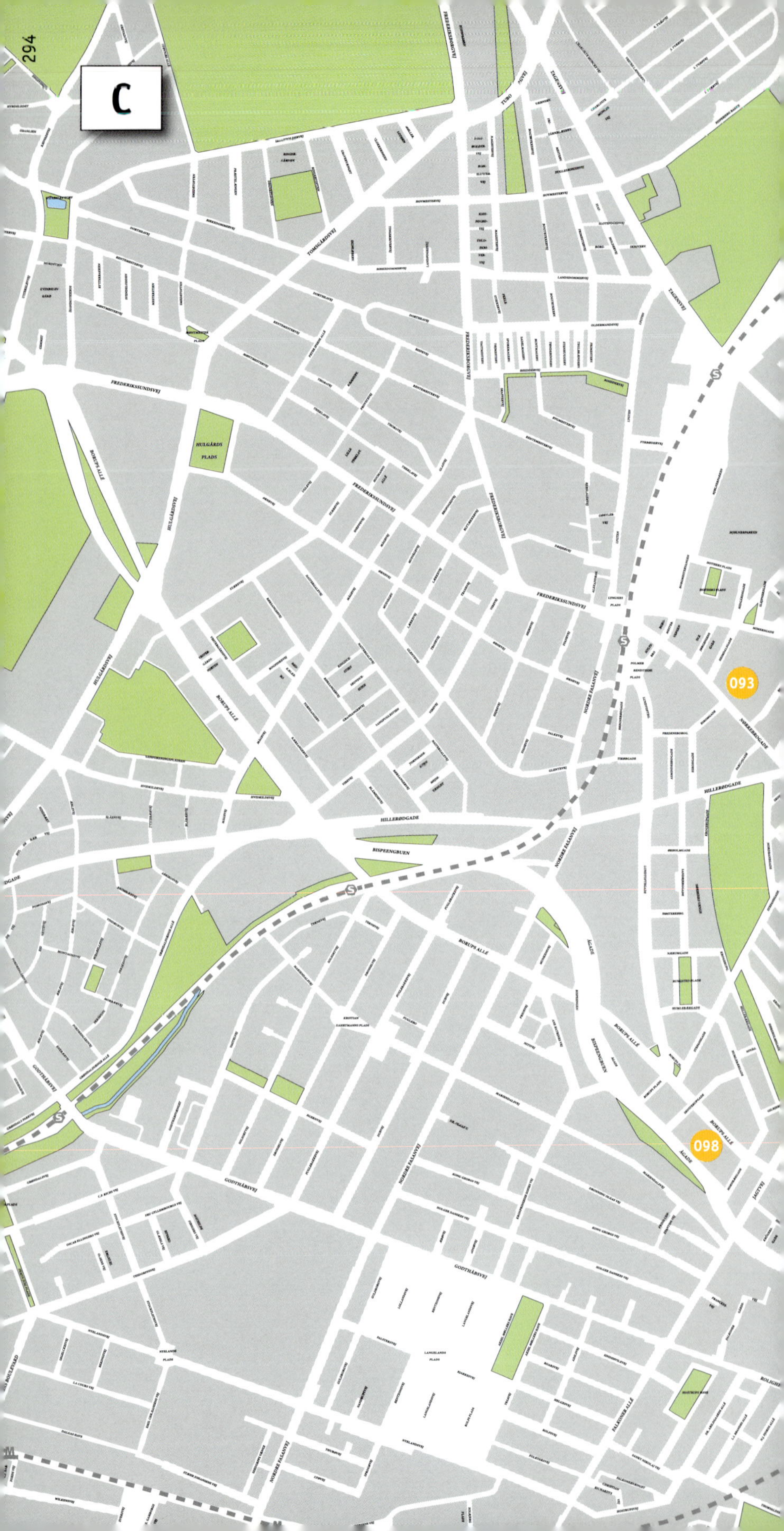
C
FREDERIKSSUNDSVEJ
HULGÅRDS PLADS
HULGÅRDSVEJ
BORUPS ALLÉ
TOMSGÅRDSVEJ
FREDERIKSBORGVEJ
TAGENSVEJ
HILLERØDGADE
BISPEENGBUEN
NORDRE FASANVEJ
NØRREBROGADE
ÅGADE
GODTHÅBSVEJ
JAGTVEJ
FALKONER ALLÉ
093
098

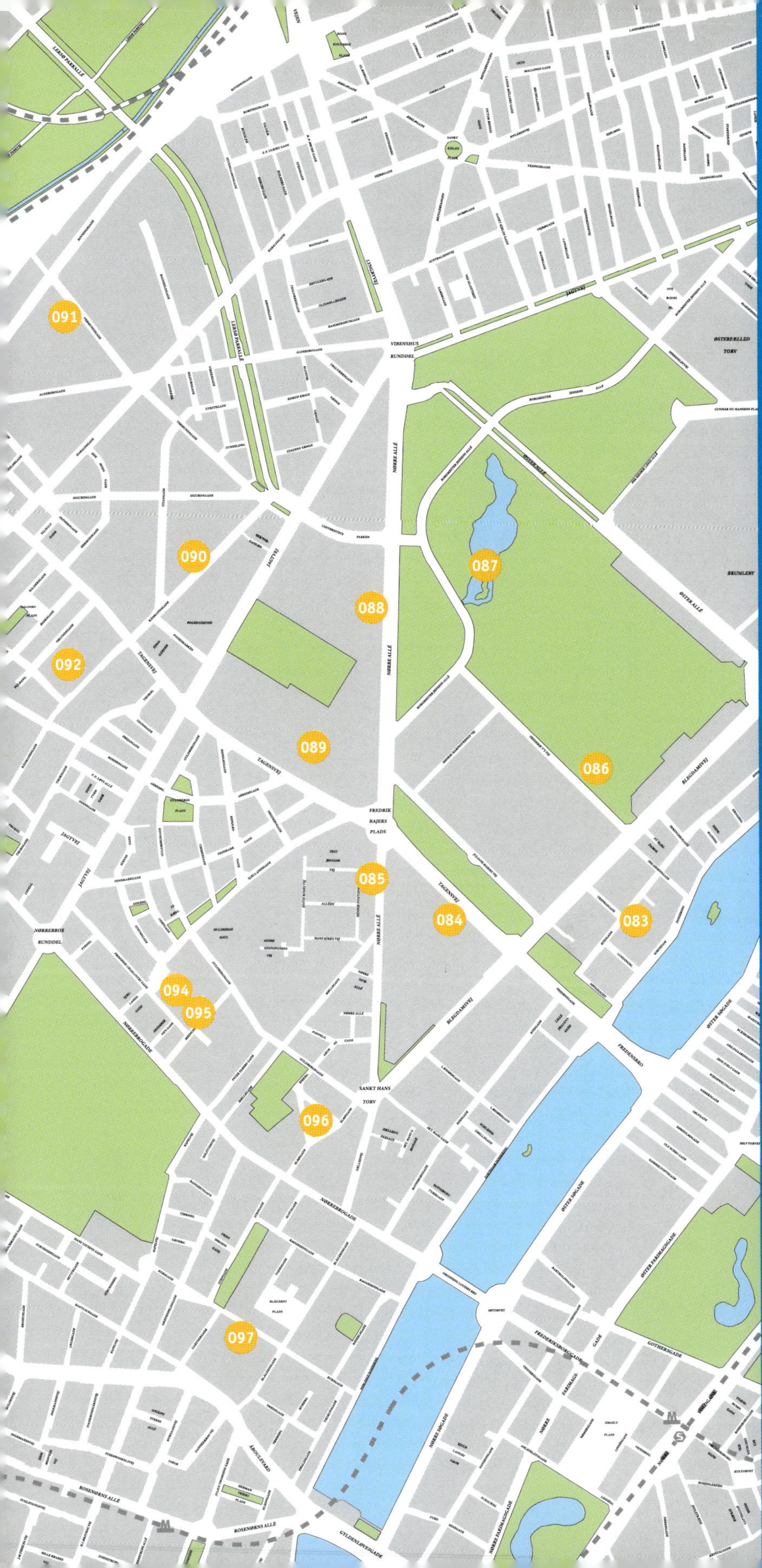
083
084
085
086
087
088
089
090
091
092
094
095
096
097
VIBENSHUS RUNDDEL
ØSTERFÆLLED TORV
BRUMLEBY
FREDRIK BAJERS PLADS
SANKT HANS TORV
NØRREBROS RUNDDEL
NØRRE ALLÉ
TAGENSVEJ
JAGTVEJ
BLEGDAMSVEJ
ØSTER ALLÉ
LERSØ PARKALLÉ
NØRREBROGADE
FREDENSBRO
ØSTER SØGADE
GOTHERSGADE
ÅBOULEVARD
ROSENØRNS ALLÉ

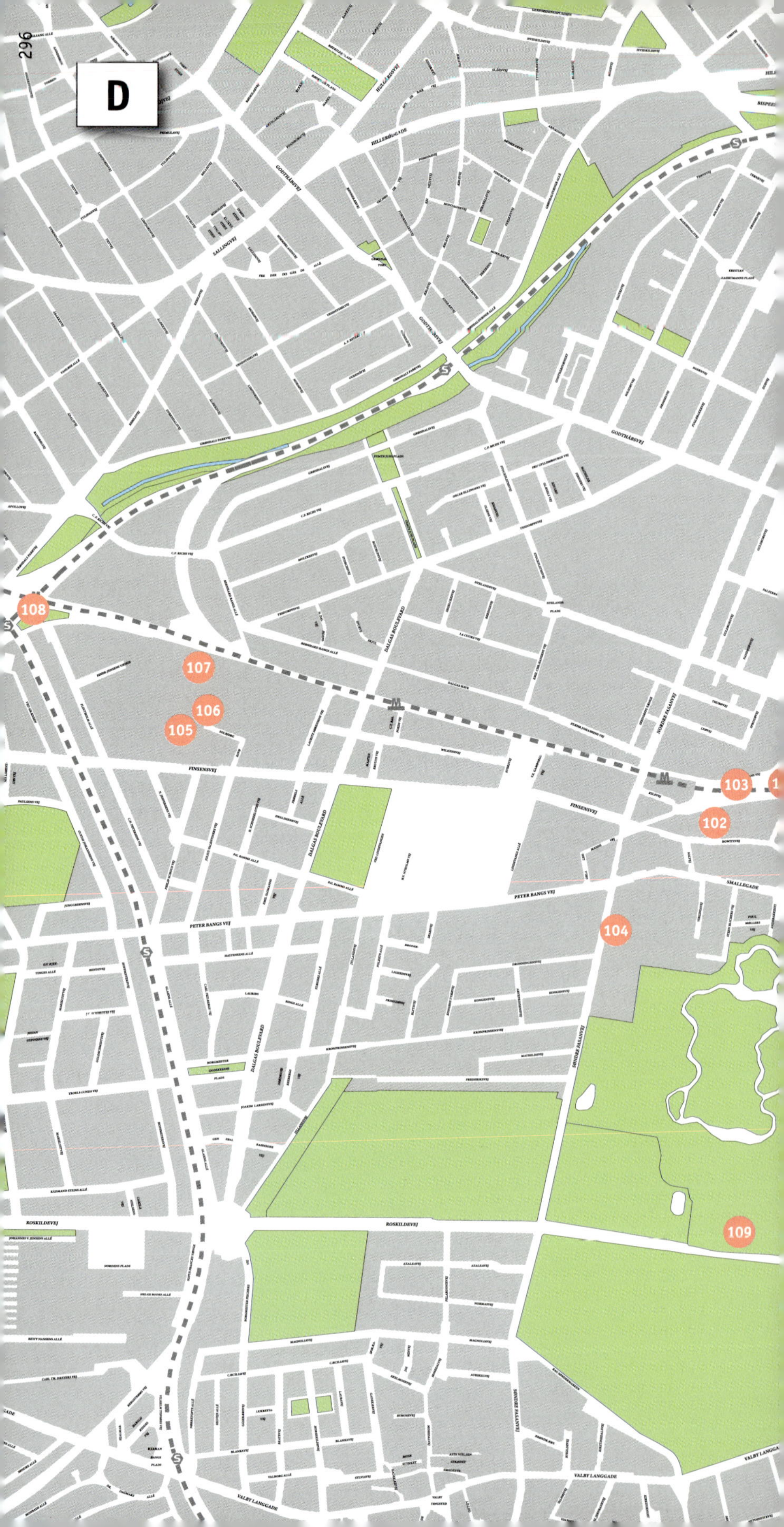
D
GODTHÅBSVEJ
HILLERØDGADE
SALLINGVEJ
GRØNDALS PARKVEJ
C.F. RICHS VEJ
APOLLOVEJ
BERNHARD BANGS ALLÉ
DALGAS BOULEVARD
DALGAS HAVE
NORDRE FASANVEJ
FINSENSVEJ
SMALLEGADE
PETER BANGS VEJ
KRONPRINSENSVEJ
SØNDRE FASANVEJ
ROSKILDEVEJ
VALBY LANGGADE
108
107
106
105
103
102
104
109

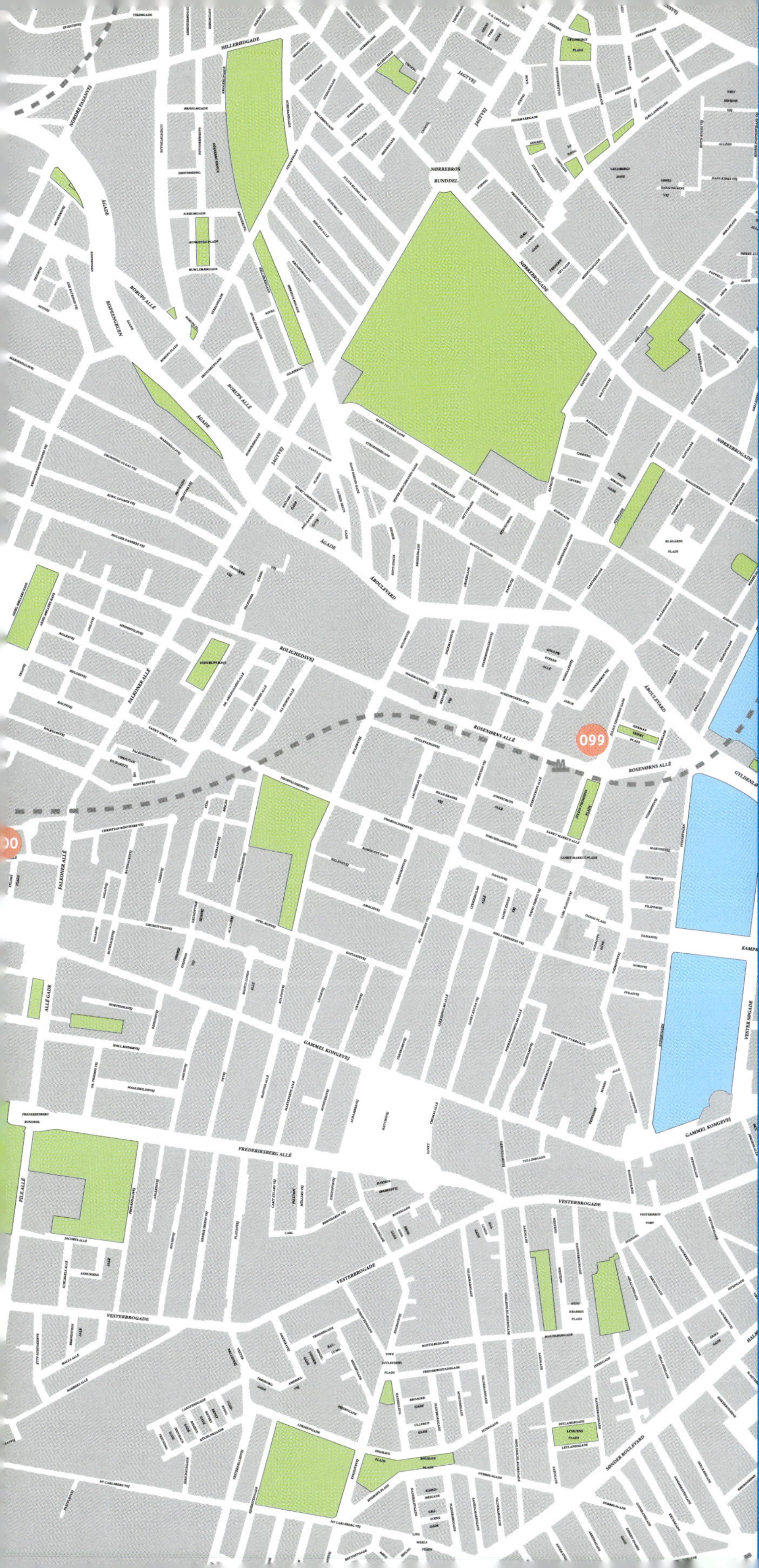
HILLERØDGADE
NORDRE FASANVEJ
ÅGADE
NØRREBROS
RUNDDEL
JAGTVEJ
NØRREBROGADE
BORUPS ALLÉ
BISPEENGBUEN
ÅBOULEVARD
ROLIGHEDSVEJ
ROSENØRNS ALLÉ
099
FALKONER ALLÉ
ALLÉ GADE
GAMMEL KONGEVEJ
VESTER SØGADE
FREDERIKSBERG ALLÉ
PILE ALLÉ
VESTERBROGADE
SØNDER BOULEVARD

E
FREDERIKSBERG ALLÉ
ROSKILDEVEJ
PILE ALLÉ
VESTERBROGADE
VALBY LANGGADE
121
120
SØNDER BOULEVARD
VIGERSLEV ALLÉ
TOFTEGÅRDS PLADS
BAVNEHØJ ALLÉ
SJÆLØR BOULEVARD
ENGHAVEVEJ
SYDHAVNS PLADS
P. KNUDSENS GADE
123
ELLEBJERGVEJ
BORGMESTER CHRISTIANSENS GADE
MOZARTS PLADS
SCANDIAGADE
SYDHAVNSGADE
129

VESTERBROGADE
H.C. ANDERSENS BOULEVARD
HALMTORVET
SØNDER BOULEVARD
KALVEBOD BRYGGE
KALVEBOD BRYGGE
VASBYGADE
VASBYGADE
TEGLHOLMEN
NOKKEN
VED SLUSEN
VEJLANDS ALLÉ
SJÆLLANDSBROEN
110
111
112
113
114
115
116
117
118
119
122
124
125
126
127
128

F
GAMMEL KONGEVEJ
VESTERBROGADE
H.C. ANDERSENS BOULEVARD
HALMTORVET
KALVEBOD BRYGGE
KALVEBOD BRYGGE
KALVEBOD BRYGGE
APPLEBYS PLADS
LANGEBRO
BALLONPARKEN
THORVALD BORGS GADE
NOKKEN
130
131
132
133
134
135
136
137
138
139
148

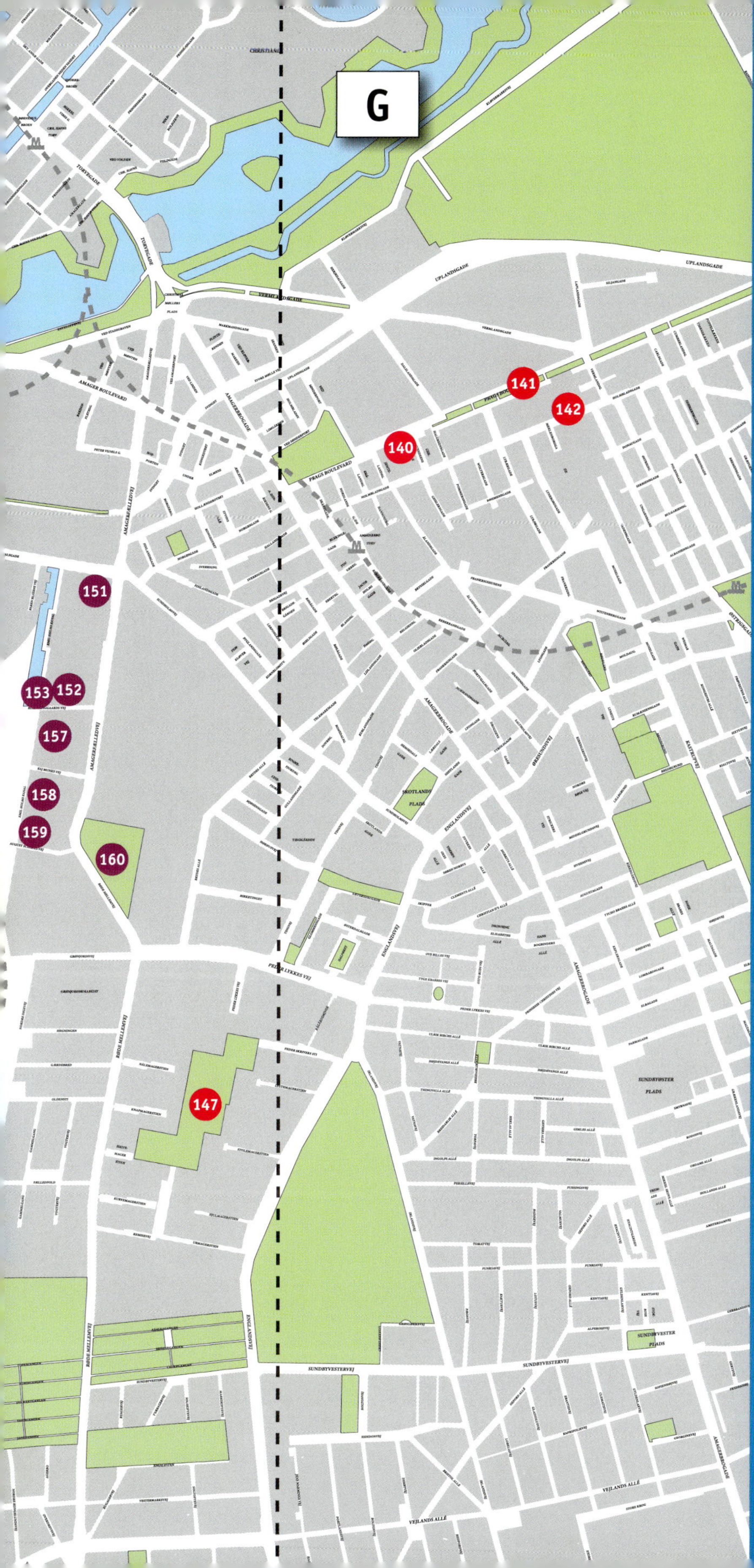
G
TORVEGADE
AMAGER BOULEVARD
UPLANDSGADE
PRAGS BOULEVARD
AMAGERBROGADE
AMAGERFÆLLEDVEJ
ENGLANDSVEJ
SKOTLANDS PLADS
PEDER LYKKES VEJ
SUNDBYØSTER PLADS
SUNDBYVESTER PLADS
SUNDBYVESTERVEJ
RØDE MELLEMVEJ
VEJLANDS ALLÉ
140
141
142
147
151
152
153
157
158
159
160

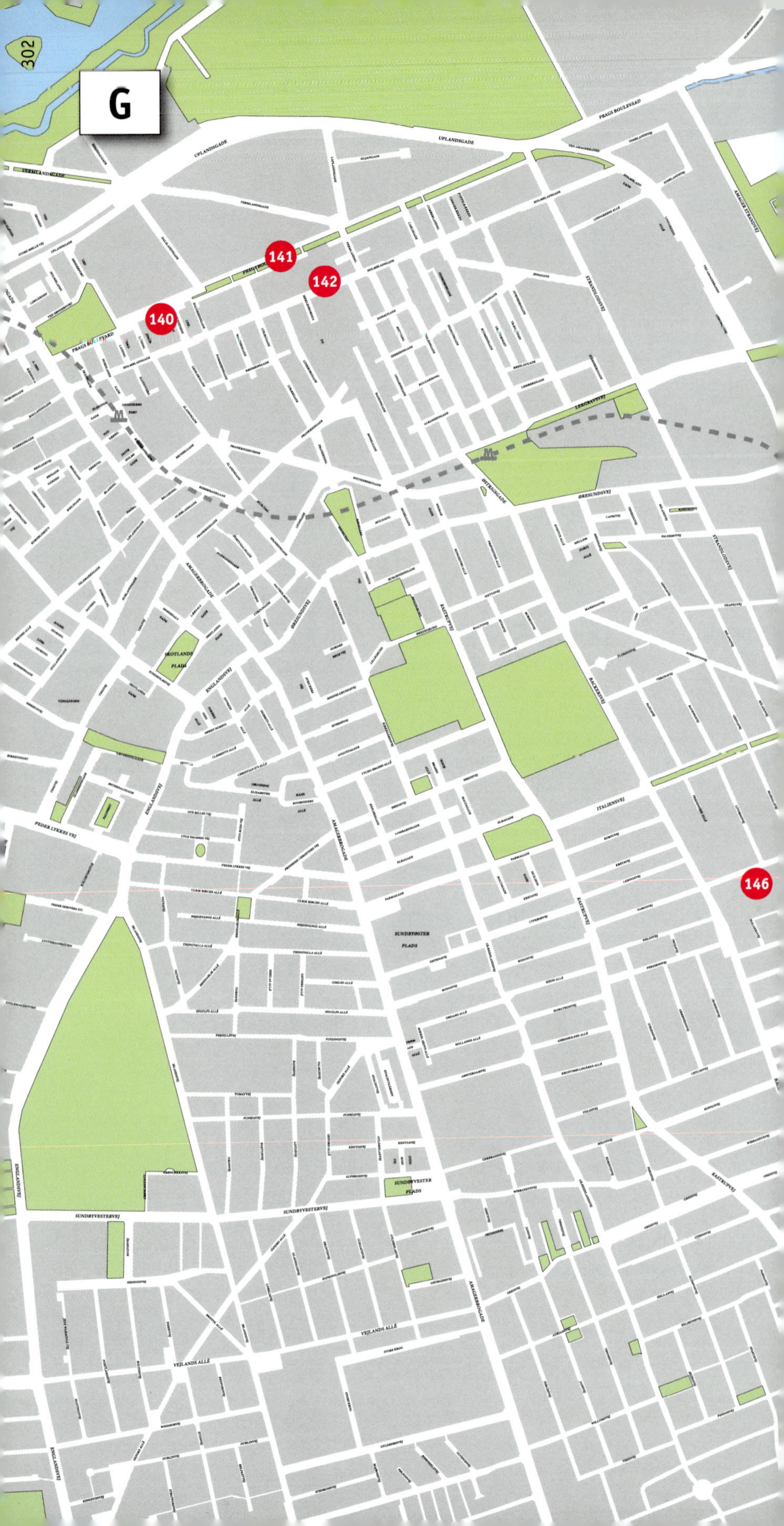

302
G
140
141
142
146
UPLANDSGADE
PRAGS BOULEVARD
VERMLANDSGADE
AMAGER STRANDVEJ
STRANDLODSVEJ
LERGRAVSVEJ
ØSTRIGSGADE
ØRESUNDSVEJ
AMAGERBROGADE
KASTRUPVEJ
BACKERSVEJ
ITALIENSVEJ
SKOTLANDS PLADS
ENGLANDSVEJ
PEDER LYKKES VEJ
SUNDBYØSTER PLADS
SUNDBYVESTER PLADS
SUNDBYVESTERVEJ
VEJLANDS ALLÉ

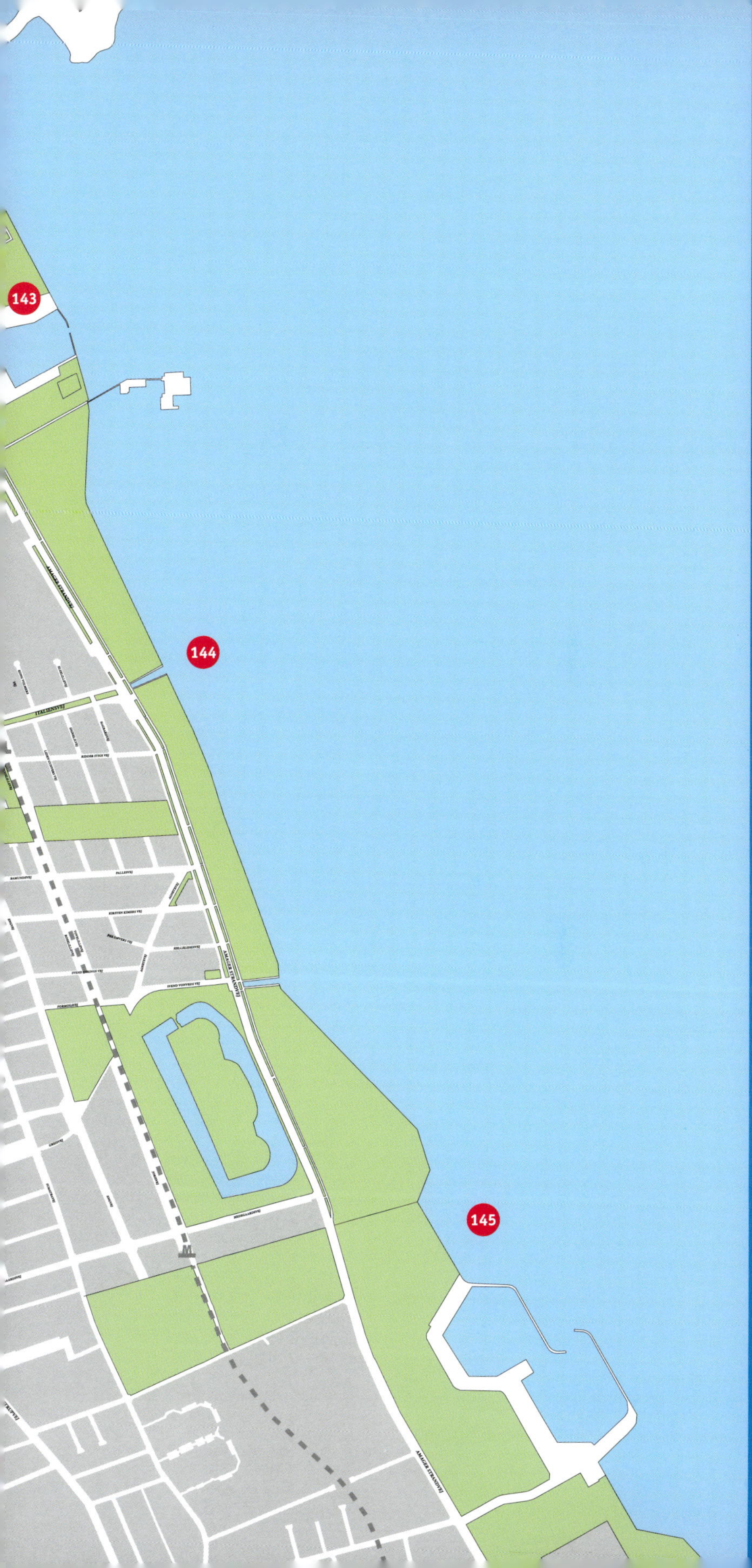
143
144
145
AMAGER STRANDVEJ
ITALIENSVEJ

H
VED SLUSEN
VEJLANDS ALLÉ
ØRESUNDSMOTORVEJEN
CENTER BOULEVARD
ØRESTADS BOULEVARD
KANALVEJ
C. F. MØLLERS ALLÉ
EDVARD THOMSENS VEJ
ARNE JACOBSENS ALLÉ
HANNEMANNS ALLÉ
OTTO BACHES ALLÉ
161
162
163
164
165
166
167
168
169
170
171
172
173
174
175
176
177
178

SUNDBYVESTERVEJ
SUNDBYVESTER PLADS
VEJLANDS ALLÉ
AMAGERBROGADE
ENGLANDSVEJ
TÅRNBYVEJ
AMAGERLANDEVEJ
ØRESUNDSMOTORVEJEN
LØJTEGÅRDSVEJ

I
HILLERØDMOTORVEJEN
HARESKOVVEJ
184
183
FREDERIKSSUNDSVEJ
179
BELLAHØJVEJ
BORUPS ALLÉ
HULGÅRDS PLADS
HULGÅRDSVEJ

TUBORGVEJ
EMDRUPVEJ
BOLLEGÅRD ALLÉ
BISPEBJERG PARKALLÉ
BISPEBJERG TORV
FREDERIKSBORGVEJ
TUBORGVEJ
LERSØ PARKALLÉ
LYNGBYVEJ
HELSINGØRMOTORVEJEN
TAGENSVEJ
186
181
180
MJØLNERPARKEN
FREDERIKSSUNDSVEJ
NORDRE FASANVEJ
NØRREBROGADE
HILLERØDGADE
JAGTVEJ

Architekten

Sortierung nach Projektnummern

Projekte

Sortierung nach Projektnummern

Nutzung

Sortierung nach Projektnummern

TIL SALG:
26832455

Autoren

Insa Reichenau *Autorin*
Dipl.-Ing., studierte Architektur an der Technischen Universität Darmstadt. Ab 2005 Mitarbeit und Projektleitung bei verschiedenen Architekturbüros in Darmstadt. Seit 2008 wissenschaftliche Mitarbeiterin am Fachgebiet Entwerfen und Baugestaltung, Prof. Eisele, Fachbereich Architektur der Technischen Universität Darmstadt. Seit Frühjahr 2009 Mitglied der Redaktion und des Studios *GENERALIST*. (www.generalist.in)

Oliver Krämer *Mitarbeit*
Dipl.-Ing., Studium der Architektur an der TU Darmstadt. Seit 2011 Mitarbeit bei Florian Krieger Architekten. Während des Studiums Mitarbeit bei diversen Projekten im Bereich Lehre und Forschung sowie Grafik und Fotografie.

Michael Kuss *Gastbeitrag*
Dipl.-Ing., studierte Raumplanung an der Universität Dortmund und am Institut d'Aménagement Régional der Université d'Aix-Marseille. Mitarbeit bei verschiedenen Büros, 2007–2011 Forschungs- und Beratungstätigkeit im Bereich Regionalmanagement, Migration/Integration und Stadtentwicklung beim Institut für Landes- und Stadtentwicklungsforschung, Dortmund. Seit 2011 Städtebaureferendar beim Land Hessen.

Adeline Seidel *Autorin*
Dipl.-Ing., Studium der Architektur und Stadtplanung. Tätig für verschiedene Büros in Zürich und Berlin. 2006–2011 wissenschaftliche Mitarbeiterin am Lehrstuhl für Entwerfen und Siedlungsentwicklung der TU Darmstadt. 2010–2011 wissenschaftliche Mitarbeiterin des Weißenhof Instituts an der ABK Stuttgart. 2008 Gründung des Studios und Magazins *GENERALIST*. Seit 2012 Mitglied des *Think Tank Zukunftsinstitut* in Frankfurt.

Laura-Katharina Jansen *Mitarbeit*
Seit Oktober 2007 Studium der Architektur an der Technischen Universität Darmstadt. Mitarbeit bei pool Architekten, Zürich und am Lehrstuhl für Siedlungsentwicklung, Fachbereich Architektur der TU Darmstadt.

Ein besonderer Dank gilt den zahlreichen Architekturbüros, unseren Interviewpartnern, den Fotografen sowie Paul Barnett, Milena Bertram, Hans Drexler, Adam Drobiec, Wiebke Grösch, Björn Hekmati, Laura Jansen, Oliver Krämer, Michael Kuss, Ingo Liebehenz, Frank Metzger, Søren Nielsen, Tom Reichenau, Paul Reichenau, Sigrid Reichenau, Jan Schipull, Lutz Schulze, Thimo Seidel, Carlos Silva, Joao Vieira Costa und Cem Yücetas.

Die Deutsche Nationalbibliothek verzeichnet diese Publikation in der *Deutschen Nationalbibliografie;* detaillierte bibliografische Daten sind im Internet über http://dnb.d-nb.de abrufbar.

ISBN 978-3-86922-156-4

DOM publishers

Lektorat
Uta Keil

Grafische Gestaltung
Masako Tomokiyo

QR-Codes
Christoph Gößmann

Karten
Oliver Krämer

Druck
Tiger Printing (Hongkong) Co., Ltd., Shenzhen/China

Abbildungsnachweis

@hoetter: 166; 3XN architects: 74–76, 118o, 119o, 158, 162u, 250u, 251m; aart A/S: 229m; Ackermann, Sarah: 73; Andersen, Hans: 272o; Angermann, Thomas: 279ur; Arbejde, Eget: 131o; Arkitema A/S: 183ol, 188, 189u, 230o, 230ul, 235o; Avatar-1: 63, 79u; Bach, Kim: 263u; Bang, Klaus: 200; BernieCB: 55o; BIG: 142–143u, 143o, 259u; BitterBredt: 41r; Bonderup, Peter Lind: 121, 179; Boserup, Jakon: 244; Brahl Fotografi: 175o; By og Havn: 13 o, 14, 15, 36–39, 96–101, 150/151, 194–196, 216–223, 227mr, 232, 233ml, 233ur, 234, 235mr, 235u, 238o, 240–241, 242ol, 252, 254–255; Bystrup Architects and Designers, Rambøll Lighting Design: 58; C. F. Møller Architects: 62, 107mr, 108ur, 122m, 130, 228; Cambra, Pedro: 55m; Capetillo, Christina: 207; COBE: 83u, 138, 265u; COBE, Sleth, Polyform & Rambøll: 102/103; danielsen architecture: 190; De Smedt, Julian: 198–199; Devilm25: 54o; Diotalevi, Filippo: 72o; Dissing + Weitling: 183r, 205, 231, 238u, 239ul, 256, 274u; Dorte Mandrup Arkitekter: 59m, 126m, 206u, 208, 210ul, 270u, 275u; Dpol: 277m; Dragor Luftfoto: 142, 258m; Engelaar, Lars: 284–285; Entasis: 182; Eskerod, Torben: 59o, 59u, 60, 107ml, 122o, 123, 171or, 189o, 209, 229o, 229u; Fowelin, Johan: 246o; Friis & Moltke: 267; Fuhr, Kristina: 280ul; Galtt, Jakob: 82; Giåm: 69u; google: 213or; Guerra, Fernando: 278, 279ol; Gunnarsen, Lars: 262; Hagerman, Andreas: 226o; Hansen, Thorbjoern: 153, 159; Hassel, Melanie: 45o, 57m, 127, 147o, 171ul, 280o, 282, 283; Henning Larsen Architects: 84m, 86m, 226u, 236o, 237u, 253u; Holgaard Arkitekter A/S: 203m; Holsøe Arkitekter A/S, Rheinzink: 106; iStockphoto/Oks-Mit: 16/17, Jansen, Laura-Katharina: 6–11, 41ol, 42, 43m, 78, 80u, 81, 268, 269, 318–319; Jantzen, Ulrik: 245m; JDS Architects: 145; Jersö: 197; JJW Arkitekter: 144, 161, 204, 257; KBP.EU: 66; KHR Arkitekter: 164, 224, 225u, 266; Kmaschke: 212ul; kontraframe: 174m; Kring, Carsten: 210–211o, 245o; Kristine Jensens Tegnestuen: 207r; Kuhlmann, Axel: 53o; Kuusisaari, Jann: 227m, 233o; La Citta Vita: 47r; Liljankoski, Ulf: 225o, 227o; Lindhe, Jens: 87o, 125, 126o, 126u, 139, 154m, 156/157, 160, 172u, 206o, 249ol, 253o, 258o, 259o, 263ol, 264; Lindner, Sven: 72u; Lundgaard & Tranberg: 49, 105, 124, 155m, 172m, 176, 180ul, 233mr, 233ul, 248; lux eterna: 213ul; Lykke, Jan: 175u; Lylloff, Moerke Christian: 279or; Mahlum: 52; Meuser Architekten: 67ur, 77u; Mcintyre, Stuart: 246u; Melin, Alf: 51o; Mew: 120o; mirakelpfoto and ONV architects: 191r, 239o; MLRP: 134u, 135u; Moen, Vegar: 263mr; Mørk, Adam: 48, 64, 84o, 85, 112ol, 114/115, 118m, 118u, 119m, 119u, 120u, 132/133, 137, 141, 144, 162o, 162m, 163, 177, 184, 185o, 186/187, 203, 236u, 237o, 243, 247or, 247mr, 250o, 251o, 251u, 265o, 265m, 270o, 271; MUTOPIA: 178, 230mr; NOBEL arkitekter: 249ul; Nygaard, Stig: 88/89, 191ol, 212–213ol; Nygaard, Niels: 110/111; Öberg, Nils: 77o; OREV Vandingssystemer: 173; Panorama.zoned.dk: 54/55u; Persson, Christopher: 277o; Petersen, Torben: 154u, 155u; Petri, Thomas: 147u; PLH Arkitekter: 247ul; Rasmussen, Ib: 57o, 67ul, 79o, 90; Rodahl Hoppe, Kurt: 174o; Rosselli, Paolo: 210–211m; Schipull, Jan: 67o, 116; schmidt hammer lassen architects: 40, 112or, 112u, 113, 170, 202, 242or, 242u; Scythian: 70; Seidel, Adeline: 46u, 51u, 61, 280ul; Seier + Seier: 47ol, 65o, 68or, 80o, 272u; Silva, Carlos: 43o, 45u, 53u, 56, 65u, 69o, 92o; simonhn: 212ur; Skaaning, Lars: 273; SLA: 172, 180or; Sørensen, Peter: 249ur; Stamers Kontor: 134o, 134m, 135o, 274o, 275o, 276; Studio Olafur Eliasson: 92u; Tegnestuen Vandkunsten: 86/87u, 131u, 185u; Thomsen, Eduard: 249or, 249mr; Thue: 136; Transform: 71; True, Joergen: 107u; Tvrtkovic, Mario: 46o, 93u, 171ml, 181, 281o, 316; Vilhelm Lauritzen Arkitekter: 68ol, 83o, 117, 152; West8: 104; Westher: 93o; Weyer, Julian: 84u,108, 109; WITRAZ arkitekter + landskab: 140; Zaha Hadid Architects: 279ul; Zanferrari, Marco: 91; Wennerwald, Björn: 281u.